高等法律职业教育系列教材审定委员会

主　　任　万安中

副 主 任　王　亮

委　　员　陈碧红　刘　洁　刘晓晖　陈晓明

　　　　　刘树桥　周静茹　陆俊松　王　莉

　　　　　杨旭军　黄惠萍

高等法律职业教育系列教材

司法警务专业综合实训

SIFA JINGWU ZHUANYE ZONGHE SHIXUN

主　编 ○ 龚亭亭　田加知
副主编 ○ 贾甲麟　李　辉　方国雄
撰稿人 ○（按撰写章节先后为序）

刘朝辉　高　锋　李　辉　兰凤英　贾甲麟
龚亭亭　田加知　孙宗伟　齐　霞　邹志坚
方国雄　王凌云　许戈垠　林　岚　邓祁军
闫　燕　余君龙　查宇睿　陈春会　李梦茹
金　琳　曾　郁

中国政法大学出版社

2022·北京

声　明　　1. 版权所有，侵权必究。

　　　　　2. 如有缺页、倒装问题，由出版社负责退换。

图书在版编目（CIP）数据

司法警务专业综合实训/龚亭亭，田加知主编. —北京：中国政法大学出版社，2022.1
ISBN 978-7-5764-0220-9

Ⅰ.①司…　Ⅱ.①龚…②田…　Ⅲ.①司法机关－警察－工作－中国　Ⅳ.①D926.17

中国版本图书馆CIP数据核字(2021)第277640号

出 版 者	中国政法大学出版社
地　　址	北京市海淀区西土城路 25 号
邮　　箱	fadapress@163.com
网　　址	http://www.cuplpress.com（网络实名：中国政法大学出版社）
电　　话	010-58908435(第一编辑部) 58908334(邮购部)
承　　印	北京鑫海金澳胶印有限公司
开　　本	787mm×1092mm　1/16
印　　张	14.5
字　　数	300 千字
版　　次	2022 年 1 月第 1 版
印　　次	2022 年 1 月第 1 次印刷
印　　数	1~5000 册
定　　价	43.00 元

总序 Preface

高等法律职业化教育已成为社会的广泛共识。2008年,由中央政法委等15部委联合启动的全国政法干警招录体制改革试点工作,更成为中国法律职业化教育发展的里程碑。这也必将带来高等法律职业教育人才培养机制的深层次变革。顺应时代法治发展需要,培养高素质、技能型的法律职业人才,是高等法律职业教育亟待破解的重大实践课题。

目前,受高等职业教育大趋势的牵引、拉动,我国高等法律职业教育开始了教育观念和人才培养模式的重塑。改革传统的理论灌输型学科教学模式,吸收、内化"校企合作、工学结合"的高等职业教育办学理念,从办学"基因"——专业建设、课程设置上"颠覆"教学模式:"校警合作"办专业,以"工作过程导向"为基点,设计开发课程,探索出了富有成效的法律职业化教学之路。为积累教学经验、深化教学改革、凝塑教育成果,我们着手推出"基于工作过程导向系统化"的法律职业系列教材。

《国家中长期教育改革和发展规划纲要(2010~2020年)》明确指出,高等教育要注重知行统一,坚持教育教学与生产劳动、社会实践相结合。该系列教材的一个重要出发点就是尝试为高等法律职业教育在"知"与"行"之间搭建平台,努力对法律教育如何职业化这一教育课题进行研究、破解。在编排形式上,打破了传统篇、章、节的体例,以司法行政工作的法律应用过程为学习单元设计体例,以职业岗位的真实任务为基础,突出职业核心技能的培养;在内容设计上,改变传统历史、原则、概念的理论型解读,采取"教、学、练、训"一体化的编写模式。以案例等导出问题,根据内容设计相应的情境训练，将相关原理与实操训练有机地结合，围绕关键知识点引入相关实例，归纳总结理论，分析判断解决问题的途径，充分展现法律职业活动的演进过程和应用法律的流程。

　　法律的生命不在于逻辑，而在于实践。法律职业化教育之舟只有驶入法律实践的海洋当中，才能激发出勃勃生机。在以高等职业教育实践性教学改革为平台进行法律职业化教育改革的路径探索过程中，有一个不容忽视的现实问题：高等职业教育人才培养模式主要适用于机械工程制造等以"物"作为工作对象的职业领域，而法律职业教育主要针对的是司法机关、行政机关等以"人"作为工作对象的职业领域，这就要求在法律职业教育中对高等职业教育人才培养模式进行"辩证"地吸纳与深化，而不是简单、盲目地照搬照抄。我们所培养的人才不应是"无生命"的执法机器，而是有法律智慧、正义良知、训练有素的有生命的法律职业人员。但愿这套系列教材能为我国高等法律职业化教育改革作出有益的探索，为法律职业人才的培养提供宝贵的经验、借鉴。

2016 年 6 月

前言 Foreword

根据教育部的要求，高职院校学生实训教学必须占课程教学的50%以上，除了认知实训、课程实训、综合实训外，还有跟班实习，这些无不显示了高职院校学生实训的重要性。而到目前为止，包括我校在内的全国所有设有司法警务专业的警字号院校，都没有一本专门针对司法警务专业的实训教材。基于实训课程的重要性与实训教材的缺乏形成的矛盾，编写组编写了本教材。我们一直在重点思考如何开展实践教学以提高学生实践能力，而实践教学的关键又在于如何设计、组织、实施好专业实训项目。鉴于此，我们组织了广东司法警官职业学院、吉林警察学院等院校中长期从事司法警务专业教学和科研的老师以及广州市中级人民法院、广州市白云区法院执行局等实践部门中富有经验的专家共同编写了《司法警务专业综合实训》教材，为警字号院校的相关专业学生的实践教学服务。

在本教材的编写过程中，编写组始终以马克思列宁主义、毛泽东思想、邓小平理论、"三个代表"重要思想、科学发展观、习近平新时代中国特色社会主义思想作为自己的行动指南，以培养合格的复合型、应用型警务人才为目标，结合司法警务工作实践编写教材；并坚持从学习领域到行动领域的基本原则，以岗位能力要求为前提，以实现课程目标为宗旨，吸取现有实训教学经验，达到培养学生技能的目标。

基于这样的编写思路，本教材具有如下特色：

1. 更具实战性。在实训案例的选用上，均注重选用相关专业的实际案例，并经分析、整合、提炼后体现在文本中，以便学生的实训更具实战性。与行业内专家的共同编写，则是力争做到实训标准来自实战、实训内容来自实战，学生通过实训掌握的技能能密切贴合岗位要求。

2. 更新颖的体例系统。本教材作为一本供学生使用四个学期的综合实训教材，充分考虑到学科知识体系的相对完整性，以专业核心课程模块为导向，从司法警务、安全防范、治安管理等岗位技能的需求来构建整个教材体系。形成集基本理论、方法、实践操作为一体的内容体系。

3. 更贴合时代。在教材内容设计上，我们紧贴时代发展脉搏，紧跟行业发展大趋势，并结合专业优势，设置了"警用无人机"的实训项目；又结合当前防疫抗疫的大环境，在安全保卫技能实训的单元中，增设了"突发公共卫生事件及处置"的实训项目等内容，体现了教材编写的与时俱进。

本教材由主编提出编写思想、框架和大纲，经过编写组成员多次讨论修改确定。本教材由龚亭亭、田加知担任主编，贾甲麟、李辉、方国雄担任副主编。参加的编写人员及承担的编写任务为：刘朝辉、高锋（单元一），李辉（单元二），兰凤英（单元三），贾甲麟（单元四、十九），龚亭亭（单元五、十三），田加知（单元六、十二），孙宗伟（单元七），齐霞（单元八），邹志坚（单元九），方国雄（单元十），王凌云（单元十一），许戈垠（单元十二），林岚（单元十四、十五），邓祁军（单元十六、十七），闫燕（单元十八），余君龙、查宇睿（单元二十），陈春会（单元二十一），李梦茹（单元二十二），金琳、李梦茹（单元二十三），曾郁（单元二十四、二十五）。

本教材在编写过程中，编写组还得到了广东司法警官职业学院各级领导的关心和帮助，得到了警务实践部门的大力支持，广州市中级人民法院法警支队肖伟支队长、苏家军政委在百忙之中审阅了全书，为本书的最后付梓倾注了大量心血。同时，本书还广泛收集和借鉴了有关教材、专著的观点。在此一并向有关领导和作者表示衷心的感谢。

《司法警务专业综合实训》编写组
2021 年 3 月

目录 Contents

警务基础技能实训篇

单元一　警绳与手铐 ··· 3
　　项目一　警绳的使用 ··· 3
　　项目二　手铐的使用 ··· 9

单元二　警棍与盾牌 ·· 15
　　项目一　伸缩警棍的使用 ·· 15
　　项目二　盾牌的使用 ··· 20
　　项目三　辣椒水的使用 ··· 25

单元三　网枪 ··· 29

单元四　参与搜查 ··· 34

单元五　讯问 ··· 40

单元六　手印、足迹提取 ·· 48

单元七　警务现场急救 ··· 55
　　项目一　心肺复苏实训 ··· 55
　　项目二　止血包扎技能实训 ··· 60

司法警务技能实训篇

单元八　押解与看管 ·· 69
　　项目一　法庭押解 ··· 69

  项目二 看管 …………………………………………………………… 73
单元九 值庭 ……………………………………………………………………… 80
单元十 配合强制执行 …………………………………………………………… 89
单元十一 执行死刑 ……………………………………………………………… 100
单元十二 警务保护 ……………………………………………………………… 108
单元十三 刑事案件开庭综合警务保障 ………………………………………… 112

安全保卫技能实训篇

单元十四 安全检查 ……………………………………………………………… 123
单元十五 防爆检查 ……………………………………………………………… 131
单元十六 视频监控 ……………………………………………………………… 136
单元十七 出入口控制系统 ……………………………………………………… 145
单元十八 防盗防入侵 …………………………………………………………… 152
单元十九 警用无人机 …………………………………………………………… 162
单元二十 突发公共卫生事件及处置 …………………………………………… 167

治安管理技能实训篇

单元二十一 巡逻 ………………………………………………………………… 179
单元二十二 盘查 ………………………………………………………………… 185
单元二十三 常住人口登记 ……………………………………………………… 193
单元二十四 治安调解 …………………………………………………………… 202
单元二十五 治安案件查处 ……………………………………………………… 208
  项目一 治安案件查处的普通程序 ………………………………………… 208
  项目二 治安案件查处的简易程序 ………………………………………… 217

参考书目 ………………………………………………………………………………… 222

警务基础技能实训篇

单元一

警绳与手铐

项目一 警绳的使用

一、基础知识点

(一)警绳概念

警绳是用于临时看管或押解途中捆绑犯罪嫌疑人或罪犯的专用绳索,一般由棉纱线制成,柔韧性强、防滑效果好。警绳分为长、短两种,长警绳长约5.5米,短警绳约1.5米,直径均约0.5厘米。(如下图)

(二)警绳的捆绑方法

警绳一般分为押解绳、执行绳和腰手绳,主要捆绑方法有腕、指、关节捆绑法,臂、颈捆绑法等。

1. 警绳相关术语。

(1) 半轮:将警绳折半形成之轮(图一)。

(2) 蛇口:警绳一端固定小圈(图二)。

(3) 单结:一扣之结(图三)。

(4) 捕轮:穿入蛇口形成之轮(图四)。

（5）引轮：即活扣（图五）。

（6）活轮：即活套（图六）。

（7）难结：固定性较强之结（图七）。

（8）死结：即系两扣的结（图八）。

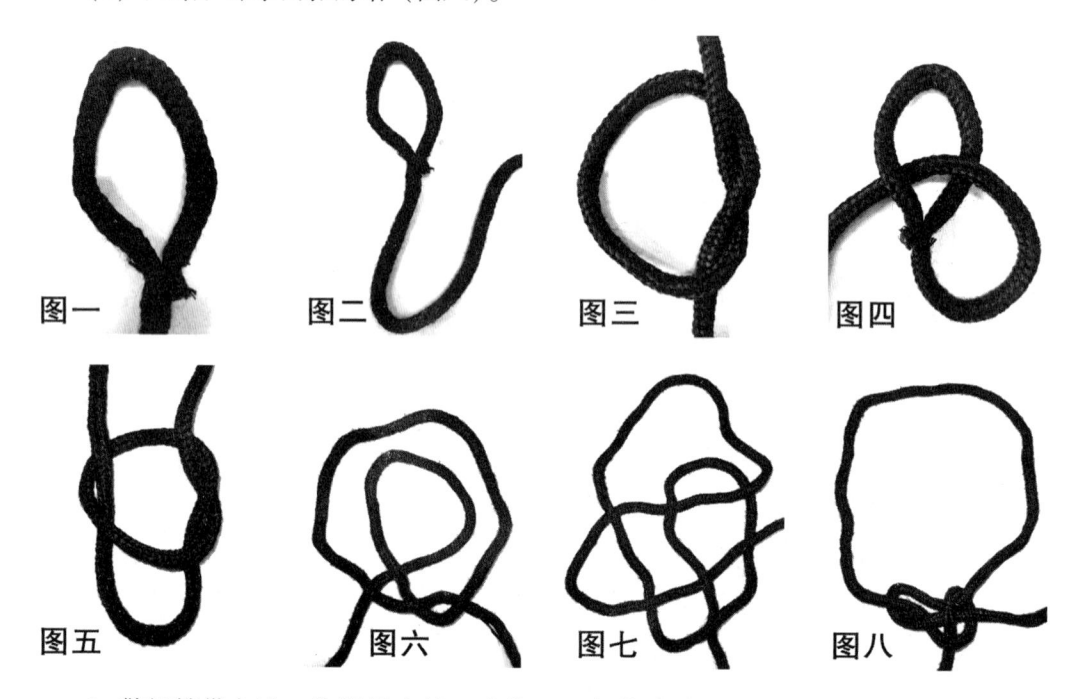

图一　　图二　　图三　　图四

图五　　图六　　图七　　图八

2. 警绳携带方法。将绳折半挂于食指上，拇指和小指张开，余绳牵至小指套挂，再斜挂于拇指上形成"8"字形，来回重叠缠绕至全绳的1/3处，将绳取下握住，从另一端抽挂于食指上的半轮，使之两端长于其余之半轮，余绳再从挂于食指之半轮一端缠绕，缠绕毕，以末端之绳折一半轮，穿入长套内，从一端抽紧即成。使用时抽出半轮即解。

目前警绳在司法警察中最常用的佩戴方法是将警绳装在警绳盒内，佩戴在身体左后侧的制式腰带上。

3. 警绳使用方法。警绳的使用方法多种多样，本单元主要介绍押解绳、执行绳两种。

（1）押解绳：适用于长途押解，其方法简便，结合手铐使用，既不影响罪犯的必要活动又不易逃脱。

方法：将绳折半，打一单结，令罪犯两脚分开或跪下，立于罪犯侧后方，右脚外侧顶罪犯右脚外侧，作护裆防卫，将单结放于罪犯颈后，两绳分开由胸前交叉，在罪犯两大臂上缠绕两至三圈后，余绳打一难结，两绳在背后拉紧打一死结，再将绳结合后穿入颈后单结孔内打一难结即成。

（2）执行绳：对执行死刑的罪犯使用，使用时要特别注意提高警惕，防止罪犯作垂死性报复。

方法：将绳折半，打一单结，令罪犯两腿分开或跪下，立于罪犯一侧，以右脚外侧紧顶罪犯之右脚外侧，将单结置于罪犯颈后，两绳分开由前向后，由上向下地在罪犯两臂上缠绕四至五圈，绳头从腕关节上的最后一圈下穿过，再将罪犯两手拧在背后合在一起，两绳交叉在罪犯手腕上缠绕两圈，打一单结，然后把余绳结合在一起，穿入单结孔内，用手向上猛托罪犯手，将绳拉紧，作一难结，留一引套于罪犯脖子上即成。

4. 警绳使用技巧。

（1）上肢捆绑技术。先让对方两脚左右开立或两腿伸直分开坐在地上，执法人员从后面接近至臀部处，将警绳折半，在折半处打一单结并形成一个蛇口，将单结放于对方颈后，两绳分开经其两肩在胸前交叉，在其两大臂上缠绕两周，余绳从内圈穿过打成一引轮并抽紧；余绳合并穿过其颈后的蛇口，下拉至两绳单结处打结，然后打一引轮即可。常用于较长时间的徒步和乘坐交通工具押解。

（2）上肢及颈部捆绑技术。让对方坐在地上，两腿分开向前伸直或两腿分开呈跪立，执法人员从其后面接近位于其背后，一只膝顶住对方后背；将绳折半，在折半之端打一单结并形成蛇口，将蛇口放于对方颈后，两绳分开在其胸前交叉，然后由后向前分别在其两臂缠绕四到五圈于腕关节处，余绳在末圈处打一难结；将对方两臂拧于背后并将小臂叠合在一起，将两绳在其两腕处相对缠绕两至三圈后打一单结；适当用力上托其两小臂，余绳合并穿过蛇口拉紧并由内向外再绕手腕一圈后，打一难结，将余绳打一引轮套在其颈部，适当拉紧。多用于对重大犯罪分子或犯罪嫌疑人和执行死刑时的押解。

（3）隐蔽捆绑技术。令捆绑对象两脚左右开立，执法人员由后接近至对方背后，一只脚插在其两脚之间；将捆绑对象两只裤袋搜查干净后，将其右手拧于背后，用警绳的一端在其腕关节处缠绕两圈，于手腕背处打一难结，令其右手插入裤袋内；余绳经对方背后的腰带及腰带环缠绕一到两圈后，绕至其左侧，拉紧；在其身体左侧以同样的方法将左手捆绑后，插入裤袋内；余绳在其背后腰带处打一难结，然后将其上衣的下摆拉下并遮住警绳。一般用于犯罪分子或犯罪嫌疑人表示或要求配合下的秘密押解。

（三）警绳的使用原则、时机

警察制止违法犯罪行为时，根据需要，可以依照规定使用警械；使用警械，应当以制止违法犯罪行为，尽量减少人员伤亡、财产损失为原则，不得故意造成人身伤害的结果。

警察依法执行下列任务，遇有违法犯罪分子可能脱逃、行凶、自杀、自伤或者有其他危险行为的，可以使用手铐、警绳等约束性警械：

1. 抓获违法犯罪分子或者犯罪重大嫌疑人的。
2. 执行逮捕、拘留、看押、押解、审讯、拘传、强制传唤的。
3. 遇有违法犯罪分子可能脱逃、行凶、自杀、自伤或者有其他危险行为的。
4. 法律、行政法规规定可以使用警械的其他情形。

（四）使用警绳的注意事项

1. 实施捆绑时，必须在将犯罪分子或犯罪嫌疑人制服、控制和其彻底畏服的前提下进行。
2. 捆绑时不宜过松或过紧，应在拉紧关节的基础上，绳带略勒紧皮肤为限度，防止发生意外情况。
3. 在捆绑过程中，应时刻保持高度的警惕性，随时观察对方的动态，及时制止任何形式的反抗行为。
4. 捆绑的目的是临时看管或在押解途中限制其行动并防止其逃脱或出现意外，起到暂时控制其行动自由的作用，因而要求到达押解地点或结束对其控制之后，要立即解开以免出现伤害。

二、实训案例

【案例1-1】

2013年3月1日下午，湄公河惨案的主谋糯某等4名捆绑对象先后被带出看守所，特警将其交接给法院。在更换戒具后，法院将四人押往执行地，正式执行注射死刑。13时20分，昆明市中院、昆明市检察院负责执行死刑的法官、检察官到达云南看守所，与看守所方面进行交接；13时57分，法院人员与看守所民警办理了执行死刑的相关手续；14时01分，法警人员将糯某从过渡监室内押出。糯某身着绿色衣服、蓝色长裤、黑色鞋子，表情平静；14时03分，法警人员向糯某宣读了执行死刑相关裁定，随后摘下糯某的手铐，并换上警绳，随后桑某、依某、扎某卡先后被摘下手铐换上警绳。

【问题】

1. 使用警绳捆绑，需要做哪些准备工作？
2. 对死刑犯使用执行绳时，应当遵循怎样的程序性要求？

【案例1-2】

2006年2月13日晚23时许，三门峡市公安局110报警台接王某云（女，时年17岁）及其兄王某报警，称王某云在本市棉纺厂浴池南侧巷道内，遭一醉酒男子猥亵，二人已将该男子找到。三门峡市特警一大队派干警赶到现场将该男子抓获，经询问，该男子叫郭某喜，后将郭某喜移交前进派出所。前进派出所根据郭某喜的醉酒情况，按照规定用警绳将郭某喜约束在讯问室椅子上待其醒酒。张某作为该所当晚值班组长、案件主办人，给郭某喜妻子段某芳打电话联系，准备让她将郭某喜带回，但没联系到段某芳。后张某又到段某芳的工作单位市量仪厂寻找，也未找到段某芳。张某在被通知返回派出所后，填写、制作了受案登记表、传唤证，并对郭某喜等人进行了讯问。次日凌晨4时许，张某对郭某喜讯问完毕后，根据领导指示安排崔某涛等人看管郭某喜、让郭某喜校阅笔录，自己到二楼作网络执法程序。因网络不通，后让崔某涛和借调人员薛某看管郭某喜，自己到民警宿舍休息。约凌晨5时许，崔某涛因上厕所便交代在另一个房间的借调人员薛某看管郭某喜，期间，郭某喜趁无人之机挣脱警绳在讯问室内的电扇上自缢。崔某涛返回后发现郭某喜自缢，立刻喊来薛某，二人即对郭某喜进行抢救，同时拨打120急救电话，并通知张某和带班所长刘某山等人。郭某喜因抢救无效死亡。经三门峡市人民检察院法医检验证实，死者郭某喜生前为醉酒状态，死者体表及脏器未见损伤，在上下肢可见索痕；根据病理检验结果可排除因疾病直接造成死亡；死者衣着完整无破损，体表无损伤，指甲内无异物，面部充血呈暗红色，黏膜充血，颈部一条缢痕为前位型，两侧逐渐向上斜行而变浅，形成提空。结合病理检验结果特点，符合机械性窒息死亡。

【问题】

1. 在此次案件中，公安机关人员在办理案件过程中是否合法？为什么？
2. 在警绳押解过程中除了本案中的犯罪嫌疑人自杀的突发事件外，还有哪些较常见的突发状况？应该如何处置？

三、实训目的

根据司法警务专业人才培养方案的要求，依据《人民法院司法警察条例》和《人民法院司法警察训练大纲》的规定，使用警绳工作是司法警察工作中的日常勤务工作之一，也是整个司法警务技能的重要组成部分。通过模拟实训及顶岗实习，学生加深了对使用警绳工作理论知识的理解，掌握了警绳的使用技术与相关的管理办法，为今后从事司法警察相关工作打下坚实的基础。

四、实训内容

1. 依据案例1-1、1-2，制作警绳任务的实施方案。
2. 途中警绳押解任务的执行。
3. 法庭警绳押解任务的执行。
4. 警绳押解中突发事件的处置。

五、实训场地和器材

（一）实训场地

本次实训中，警绳的实训主场地是学院教学楼下的模拟街区，实训前，任课教师对模拟街区进行相应的布置。

（二）实训器材

1. 法警的证件。
2. 警棍、手铐、枪支、警绳等警用器械。
3. 对讲机等通讯器材。

六、实训的步骤、方法和注意的问题

（一）实施步骤、方法

1. 训前准备。

（1）布置实训场地，准备好实训器材。

（2）对学生进行实训前安全教育，再次示范警绳的相关规范与动作要领，提醒学生在进行对抗性训练时，尤其是在捆绑警绳、处置突发事件等环节注意动作的规范操作，既要让整个模拟过程严肃、真实，又要保证充当犯罪嫌疑人的学生的人身安全，避免受伤。

2. 学生分组。根据实训需要，将学生分为若干组，每组不少于 12 人，并确定一名负责人。其中，3 人扮演犯罪嫌疑人，7 人扮演使用警绳的法警，其他人扮演犯罪嫌疑人亲属、法官等。

3. 模拟警绳使用方法。

（1）学生先熟悉、练习各种警绳押解的捆绑方式。注意在不同的环境下要采取不同的警绳押解方式。

（2）按照案例中的情节，模拟突发事件，让担任法警的学生完成对警绳的规范操作。

（3）实训过程中，学生互相配合模拟练习，并进行角色互换练习，同学之间可以针对训练中的问题进行讨论、总结，也可以向老师寻求帮助。

4. 事后总结。

（1）完成实训后，由本组的负责人对本组的实训情况进行总结、自评。

（2）没有进行实训的其他组也可以进行互评，提出实训组存在的问题和建议。

（3）所有组实训完成后，由任课老师进行总结点评，并要求实训组以组为单位提交实训报告。

（二）注意问题

1. 扮演法警的学生必须着警服，可以用学生证代替"人民警察证"。
2. 扮演犯罪嫌疑人、犯罪嫌疑人亲属等的同学应当着便服。
3. 参加实训的学生要按照实训要求认真进行演练，听从指导老师的安排，整个演练过程必须严肃、真实。

4. 教师在实习过程中要全程进行指导、监督。

七、实训考核

（一）实训考核要求

1. 严格按照考核标准考核。

2. 考核要公平、公正、客观。

3. 实训成绩按照一定比例计入期末考试成绩。

（二）实训考核标准

考核模块	考核要点	考核分值	考核得分
知识运用模块	1. 警绳使用要求	5	
	2. 完成捆绑时间（秒）	20	
	3. 警绳动作的规范	20	
	4. 捆绑松紧程度	20	
组织协调模块	5. 人员分工	5	
	6. 实训中的纪律	5	
	7. 实训器材的准备	5	
	8. 组织管理能力	5	
能力培养模块	9. 口头表达能力	5	
	10. 问题处理能力	10	

项目二　手铐的使用

一、基础知识点

手铐属于约束性警戒具，用于限制、约束犯罪嫌疑人、罪犯等身体各关节部位的活动，携带和使用手铐必须遵循一定的程序。

（一）手铐使用的法律依据

人民警察使用警械和武器应严格遵循《中华人民共和国人民警察法》和《中华人民共和国人民警察使用警械和武器条例》（以下简称《人民警察使用警械和武器条例》）。

1.《人民警察使用警械和武器条例》第3条规定，本条例所称警械，是指人民警察按照规定装备的警棍、催泪弹、高压水枪、特种防暴枪、手铐、脚镣、警绳等警用器械；所称武器，是指人民警察按照规定装备的枪支、弹药等致命性警用武器。

2. 《人民警察使用警械和武器条例》第8条规定，人民警察依法执行下列任务，遇有违法犯罪分子可能脱逃、行凶、自杀、自伤或者有其他危险行为的，可以使用手铐、脚镣、警绳等约束性警械：①抓获违法犯罪分子或者犯罪重大嫌疑人的；②执行逮捕、拘留、看押、押解、审讯、拘传、强制传唤的；③法律、行政法规规定可以使用警械的其他情形。人民警察依照上述规定使用警械，不得故意造成人身伤害。

3. 《中华人民共和国监狱法》第45条规定，监狱遇有下列情形之一的，可以使用戒具：①罪犯有脱逃行为的；②罪犯有使用暴力行为的；③罪犯正在押解途中的；④罪犯有其他危险行为需要采取防范措施的。上述所列情形消失后，应当停止使用戒具。

（二）手铐使用的原则

1. 上铐过程中需要时刻保持警惕。
2. 根据上铐方法的不同，选择不同的安全站位。
3. 谨慎用铐，以控制及约束为限度。
4. 严禁打铐、背铐、胯铐等不合理用铐行为。
5. 遇抗时的应对措施要明确。

（三）手铐的基本构造及种类

手铐分为钥匙孔、卡锁、钥匙、铐环、铐梁、铐链、保险锁等七大部分。由于现代科学技术的迅速发展，根据现阶段执法的需求而生产和制造出了多种不同类型的手铐，例如链式手铐、拇指铐和板铐等。在实际执法过程中，使用最多的是链式手铐，在组织技能培训中，为了安全可使用便于实际操作、训练的塑料手铐。

（四）手铐使用的要求

1. 检查手铐。使用前，应检查手铐是否完好、铐环转动是否顺滑、手铐钥匙是否携带、手铐保险是否开启、手铐能否正常开启。特别是在实战中，为了应对紧急的情况，要预先检查手铐，避免在行动中由于准备不足造成行动的不便。

2. 佩戴手铐。通常情况下，警察在执行任务时将手铐两端折叠放在腰部右后方的铐盒内并且固定在武装腰带上，铐环向上。这样的隐蔽性很强，不容易被犯罪嫌疑人发现或者被抢夺。

3. 持握手铐。手铐的持握应握稳铐体与铐链，铐环的朝向要根据上铐的方法来确定。一般采用十字持握（丁字持铐）和一字持握（基本铐）。

4. 上铐后的检查。上铐后，尽量让铐环与手腕之间留有一定的空间，以一指距离为宜，以避免铐得太紧让手腕受到不必要的伤害；经过调试手铐，再用钥匙逆时针拧动钥匙孔锁住保险，使铐环不能前后移动，起到定位和保险的作用。

5. 手铐的清洁保养。在手铐使用完毕后，一定要注意不要成空锁的状态，防止锁件的部位受到磨损，从而影响或者缩短手铐的使用寿命。若是暂时不用时，可涂抹一些手铐清洁油并储存好，防止受潮或者生锈。长期不使用手铐时，要养成定期给手铐涂抹清洁油的习惯，确保各机械零件的润滑度。在储存地点的选择上，最好选择空气比较流通、干燥并且没有腐蚀性气体的库房作为存放点。

（五）上铐的基本方法（以右手持铐为例）

1. 压铐。右手持握手铐，左手抓住嫌疑人四个手指，控制其手腕，将铐环的薄边贴压在对方手腕处，用力推压，同时左手回拉，使铐环环绕一周，将对方手腕铐住，铐环只要挂齿即可。如果要铐紧手腕，可用食指拨压铐环，与拇指合力使铐环迅速锁紧。需要注意的问题是，铐环过紧可能使所铐部分和远端肢体因血液循环受阻，形成局部组织、关节的坏死。

2. 挑铐。右手持握手铐，左手抓住嫌疑人四个手指，控制其手腕，以小指一侧为力点由下向上使铐环挑压对方手腕，同时左手回拉，使铐环环绕一周，将对方手腕铐住，铐环只要挂齿即可。这种方法多和压铐配合使用。

（六）上铐的基本技术（以右手持铐为例）

1. 前铐。戒备式站于目标左侧，语言命令其双手平举与肩齐高，掌心向上，双脚打开与肩同宽，头转向右侧；此时，慢慢上前接近目标，到达合适距离，左手迅速抓住目标四指，使其无法正常用力，同时右手持铐迅速接近目标腕关节，完成压铐，同时大拇指控铐；另一只手运用挑铐的方法完成上铐。调整铐环与手腕距离，锁保险、搜身、带离。

2. 后铐。戒备式站于目标右侧，语言命令其双手后举，掌心向上，双脚打开与肩同宽，弯腰低头，头转向左侧；此时，慢慢上前接近目标，到达合适距离，左手迅速抓住目标大拇指形成折腕，使其无法正常用力，同时右手持铐迅速接近目标腕关节，完成压铐，同时大拇指控铐；另一只手运用挑铐的方法完成上铐。调整铐环与手腕距离，锁保险、搜身、带离。

（七）遇反抗处置

1. 前铐遇抗落地上铐。前铐过程中如遇到反抗，双手大拇指迅速控制铐环，同时用力往下压，其余四指紧握铐链，身体后撤。后撤的过程中，顺势将目标从外侧往地面带压，使目标俯卧于地面，使其带铐手向上伸展成直线。控制住目标以后，警察迅速将目标带铐手臂贴地旋转带到体侧，使其手臂呈直臂手锁状态，同时双膝迅速跪压其肩部与背部，完全固定目标以后语言命令目标头部偏向另外一侧，另外一只手后抬，再实施上铐，锁保险、搜身、带离。

2. 后铐遇抗落地上铐。后铐过程中如遇到反抗，双手大拇指迅速控制铐环，其余四指紧握铐链，按压铐环控制目标的手腕顺势将控制目标的手臂向其右侧前方带压使目标成俯卧状态，再提拉其手臂呈直臂手锁状态，同时双膝迅速跪压其肩部与背部，完全固定目标以后语言命令目标头部偏向另外一侧，另外一只手后抬，再实施上铐，锁保险、搜身、带离。

3. 注意事项。

（1）在上铐过程中一定要反应迅速，快速完成上铐。

（2）在上铐过程中，语言控制要伴随其中，命令要合理、清晰、声音洪亮。

（3）目标俯卧状态带离时，先一手托住目标的下巴，一手拉目标的肩部，同时发力，发力呈一个旋转的力量，使目标呈坐姿，最后再带离。

二、实训案例

【案例1-3】

某法院司法警察至看守所提押犯罪嫌疑人，因为没有事先检查手铐，在上铐时才发现手铐出现了故障，怎么也铐不上，事后才发现原来是保险没有打开，导致铐环被锁死而无法使用。为避免出现类似情况，使用手铐前应按照"能动、能锁、能开、能关"的标准进行检查，确保正常使用。

【问题】

在手铐使用前、使用中，应当遵循哪些程序性要求？

三、实训目的

根据司法警务专业人才培养方案的要求，依据《人民法院司法警察条例》《人民法院司法警察押解规则》和《人民法院司法警察训练大纲》规定，使用手铐工作是司法警察工作中的日常勤务工作之一，也是整个警务技能中的重要组成部分。通过模拟实训及顶岗实习，使学生加深对使用手铐工作理论知识的理解，掌握手铐的使用技术与相关的管理办法，为今后从事司法警察相关工作打下坚实的基础。

四、实训内容

1. 手铐的持握。
2. 前铐及遇抗落地。
3. 后铐及遇抗落地。

五、实训场地和器材

（一）实训场地

利用学校田径场、篮球馆等空旷的地方进行实训，实训前任课老师对场地进行相应的布置。

（二）实训器材

手铐及钥匙若干。

六、实训的步骤、方法和注意的问题

（一）实施步骤、方法

1. 训前准备。

（1）布置实训场地，准备好实训器材。

（2）对学生进行实训前安全教育，再次示范手铐的相关规范动作要领，提醒学生在进行对抗性训练时，尤其是在执行手铐、处置突发事件等环节注意动作的规范操作，既要让整个模拟过程严肃、真实，又要保证充当犯罪嫌疑人的学生的人身安全，避免受伤。

2. 学生分组。根据实训需要，对学生进行分组。学生分为4组，每组11～13人，并确定一名负责人。其中，3人扮演犯罪嫌疑人，7人扮演使用手铐的法警，其他人扮演犯罪嫌疑人亲属、法官等。

3. 模拟使用手铐情境。

（1）开展模拟情境前，学生先熟悉、练习手铐的使用方法，尤其注意在不同的环境下，要采取不同的手铐使用方式。

（2）按照案例中的情节，模拟突发事件，让担任法警的学生完成对手铐的规范操作。

（3）实训过程中，学生互相配合模拟练习，并进行角色互换练习，同学之间可以针对训练中的问题进行讨论、总结，也可以向老师寻求帮助。

4. 事后总结。

（1）完成实训后，由本组的负责人对本组的实训情况进行总结自评。

（2）没有进行实训的其他组也可以进行互评，提出实训组存在的问题和建议。

（3）所有组实训完成后，由任课老师进行总结点评，并要求实训组以组为单位提交实训报告。

（二）注意问题

1. 扮演法警的学生必须着警服，可以用学生证代替"人民警察证"。

2. 扮演犯罪嫌疑人和犯罪嫌疑人亲属等普通群众的同学应当着便服。

3. 参加实训的学生要按照实训要求认真进行演练，听从指导老师的安排，整个演练过程必须严肃、真实。

4. 教师在实习过程中要全程进行指导、监督。

七、实训考核

（一）实训考核要求

1. 严格按照考核标准考核。

2. 考核要公平、公正、客观。

3. 实训成绩按照一定比例计入期末考试成绩。

（二）实训考核标准

考核模块	考核要点	考核分值	考核得分
知识运用模块	1. 手铐使用法律依据	5	
	2. 手铐使用原则	5	
	3. 手铐的基本构造及分类	10	
	4. 手铐使用的要求	10	
组织协调模块	5. 交接流程的准确	5	
	6. 人员分工	5	
	7. 实训中的纪律	5	
	8. 实训器材的准备	5	
能力培养模块	9. 组织管理能力	5	
	10. 口头表达能力	5	
	11. 手铐运用能力	30	
	12. 问题处理能力	10	

单元二

警棍与盾牌

项目一 伸缩警棍的使用

一、基础知识点

伸缩警棍是具有驱逐性、制服性功能的警械，是单警装备中必备的执勤工具。

（一）使用伸缩警棍的法律依据

执法过程中使用伸缩警棍的依法处置原则是按《人民警察使用警械和武器条例》规定的八种情形合理使用。在实战应用中可根据不同的处置情景发挥伸缩警棍的"威慑"和"控制"效果。常见适用条件包括：一是暴力抗拒、阻挠执法并袭击人民警察的情形；二是当事人在现场斗殴，实施人身暴力攻击行为且不听从现场警察劝阻的情形；三是闹事者情绪失控，正在实施破坏行为甚至有可能对周围的人民群众造成人身伤害的情形；四是聚众集会、游行，在限定时间内拒不离开的，可使用伸缩警棍或者采用其他警用手段强行驱散。《公安机关人民警察现场制止违法犯罪行为操作规程》是对《人民警察使用警械和武器条例》的有效补充，也为警察合法使用伸缩警棍提供了详细的法律支撑及指导依据。《公安机关人民警察现场制止违法犯罪行为操作规程》第四章"使用警械制止"中的第 23 条明确规定了："公安民警遇有《中华人民共和国人民警察使用警械和武器条例》第七条所列危害公共安全、社会秩序、公民人身安全等情形之一，经警告无效的，可以使用警棍、催泪喷射器等驱逐性、制服性警械。"

（二）伸缩警棍的分类

警棍的种类有很多种，在我国比较广泛使用的是一种以特种塑胶和无缝钢管为主要制作材料，经过精心的深度加工设计出的体积小、重量轻并且也便于携带的伸缩警棍。但是，伴随着科技更新换代又涌现出了一批用新的工业原料生产制造的新型伸缩警棍，如使用聚酯材料和硬化铝（太空铝）生产出的轻型伸缩警棍、使用碳素纤维制造出的超轻伸缩警棍和滚珠闭锁伸缩警棍等。

（三）伸缩警棍的结构与伸缩性能

1. 警用伸缩警棍为三节锥面联结结构，由端盖、握把、中管、前管、球头等零部件组成。

2. 端盖与握把为螺纹连接，端盖内有橡胶垫、卡簧；球头与前管为螺纹连接并用胶粘剂粘接。

3. 警用伸缩警棍收缩后长度应为200mm±5mm；伸展长度应不小于530mm。

4. 握把应由握把套与握把体构成，握把套的两侧有凹下的"警察 POLICE"及"伸缩警棍"字样。

5. 握把表面有凹下条纹（防滑纹）。端盖端面镶有透明树脂的警徽图案。

6. 伸缩性能方面，加力伸展的伸缩警棍应能保持完全伸展的锁合状态，并能在硬质地面上磕回。

（四）戒备方式（以右手持棍为例）

1. 扶棍戒备。扶棍戒备姿势主要有两种形式，一种为两脚前后站立，两脚间距与肩同宽，膝关节微曲，身体侧向前方，左手五指自然扶握在警棍套上，右手抓握在腰带一侧。另一种为，若遇到有明显暴力倾向的目标时，左手自然抓握在警棍套的基础上用右手的拇指和食指辅助放在握把上，随时观察目标的动态表情及身体动作。

2. 持棍戒备。

（1）两脚前后站立，两脚间距与肩同宽，身体侧向前方，右手持棍快速开棍后，手臂自然下垂，置于大腿外侧，同时左手手心向下、屈肘自然抬起于胸前，与肩齐高，目视前方，同时左右观察。

（2）两脚前后站立，两脚间距与肩同宽，膝关节微曲，身体侧向前方，右手持棍快速开棍后，将棍的中管以上部位置于上臂外侧，拳心向内，肘关节自然下垂，此时棍尾朝前，棍头稍向外，同时左手手心向下、屈肘自然抬起于胸前，与肩齐高，目视前方，同时左右观察。

注意事项：在扶棍、持棍戒备时，一定要结合手势和语言。

（五）开棍方式（以右手持棍为例）

1. 向上开棍。右手紧握警棍握把，肘关节向上，迅速挥动前臂斜向外、斜向上发力，同时腕关节外展，借助离心力展开警棍，棍尾指向天空。开棍时要留意头上方的物体，避免发生意外。

2. 向下开棍。右手紧握警棍握把，肘关节自然下垂，迅速挥动前臂斜向外、斜向下发力，同时腕关节外展，借助离心力展开警棍，棍尾指向地面。开棍时要留意身体周围的其他物体，避免发生意外。

3. 隐蔽式开棍。右手紧握警棍握把，肘关节自然下垂，迅速挥动前臂斜向后、斜向下发力，同时腕关节外展，借助离心力展开警棍，棍尾指向地面，开棍后，手臂自然下垂，置于大腿后方。开棍时要留意身体周围的其他物体，避免发生意外。

注意事项：出棍要迅速，遇到紧急情况需要撤离时，可以边撤边开棍；也可以直接边开棍边击打。

（六）击打方法（以右手击打为例）

1. 流体震荡击打法。当击打活动神经点时，须保持接触短时停顿直至击打动作完成，这样才能使最大量的动能传入被击打者的活动神经点内。击打部位主要是四肢肌肉群，不能击打头部、面部、颈部和脊柱。

动作要领为持棍戒备，右脚蹬地迅速上前一步，转腰发力，右手前臂沿水平方向挥棍，手腕用力，拳心向上，用棍头前管10cm～15cm位置击打目标，击打时作短暂停留以达到流体震荡效果，击打后迅速拉开距离返回戒备位置。

2. 八字劈棍。持棍戒备，右手挥动警棍由头部上方向左边斜下方全力劈击，棍头到达左腿外侧后，迅速挥动手臂由头部上方向右斜下方全力劈击，击打完成后还原成戒备姿势。主要击打肩部肌肉或是拉开与对方的距离。

3. 扫棍。持棍戒备，右手挥动警棍沿水平方向经体前扫出，转腰发力，拳心向上，到达左右腋下时，转动手臂使拳心向下，同时挥动警棍沿水平方向经体前扫出，击打完成后还原成戒备姿势。

在利用八字劈和扫棍进行驱赶时，在行进过程中，要注意左右队友的位置，不要打伤队友。同时，要保持整个队伍的防线，速度不宜过快，时刻保持戒备。

（七）警棍控制

1. 伸缩警棍控制是利用伸缩警棍对人体神经点进行按压，以形成对目标的控制。该方法简称伸缩警棍锁，又称十字锁、三角锁，主要控制目标的手、肘、颈及踝等部位。

2. 动作要领。利用伸缩警棍金属棍身的硬度，通过抓住握把的强手臂与抓握棍身弱手臂相交叉，与棍身形成三角区域，通过两臂合力收紧该区域使金属棍身锁压对方颈部、小臂、小腿等关节和骨骼，使其因难以忍受强烈的压痛感而被迫服从。伸缩警棍的交叉绞锁技术通过穿插、抓、压三步完成，使用时要做到快、准，动作连贯、一气呵成。

（1）颈部的控制。针对坐姿并将手臂和双脚盘起的消极抵抗的执法对象，在口头警告及徒手控制无效的情况下，利用警棍的控制技术将其制服上铐。警员持警棍由后接近目标，右膝抵其背部，右手握警棍迅速由左至右从其喉前穿过，将警棍横置于其右颈动脉侧，同时左手迅速从其颈后方穿过抓握住警棍中管，同时双手合力锁住其颈部，双手继续锁压，使棍身格压其颈动脉，并向顺时针转体同时语言控制："趴下！"将其控制到地面，继续语言控制"双手背到后面！"保持控制，等待其他警员上前控制其手臂并协同上铐。

锁压颈部一定注意以控制颈两侧为主，如迫不得已控制喉部时，一定要使棍身置于喉结上方，另外要注意锁压不能时间过长，并密切观察其反应及反抗力度的变化，随时调整锁压的力度。使用时必须首先语言警告，使用过程中必须始终保持语言控制。

（2）小臂的控制（以控制右手小臂为例）。针对站姿消极抵抗的执法对象，在口头警告及徒手控制无效的情况下，利用警棍的控制技术将其制服上铐。警员持警棍由后或侧后方接近目标，右手握棍迅速从其小臂内侧穿过置于其桡骨侧，棍头向上棍身与其小臂形成十字交叉，同时左手迅速从其小臂上方穿过握住警棍中管，同时双手合力锁住其小臂。双手继续锁压，使棍身格压其小臂，同时左肘置于其肘关节上，并配合锁压向下压制，同时语言控制："趴下"，将其控制到地面后，继续语言控制"另一只手背到后面"。保持控制，等待其他警员上前控制另一手臂并协同上铐。使用时必须首先语言警告，使用过程中必须始终保持语言控制。

（3）小腿与踝关节的控制（以控制右腿为例）。针对坐姿拒绝起身者，在口头警告及徒手控制无效的情况下，利用警棍的控制技术将其制服上铐。警员持警棍由侧后方接近目标，右手握棍迅速由小腿内至外从其小腿后穿过，将警棍横置于其踝关节后侧，与其小腿形成十字交叉，同时左手迅速抓握住警棍中管，同时双手合力锁住其小腿，双手继续锁压，使棍身格压其踝关节，并向上拖带使其右脚离地并顺时针旋转，致其俯卧，同时语言控制："趴下，双手背到后面"。保持控制，其他警员上前控制其手臂并上铐。

可以根据站位变换角度对其脚踝的内、外、后侧或小腿胫骨实施锁压控制，使用时必须首先语言警告，使用过程中必须始终保持语言控制。

二、实训案例

【案例2-1】

在A县人民法院大门口，一名信访人员在静坐时突然手持一根短铁管冲进法院值班室乱砸。

【问题】

1. 对铁管的攻击，应当如何利用警棍进行防守？
2. 在持棍戒备的情况下，如何利用警棍有效攻击？

三、实训目的

根据司法警务专业人才培养方案的教学要求，依据《人民法院司法警察条例》和《人民法院司法警察训练大纲》的规定，使用伸缩警棍工作是司法警察工作的日常勤务工作之一，也是整个警务技能的重要组成部分。通过模拟实训及顶岗实习，学生应加深对使用伸缩警棍工作理论知识的理解，掌握伸缩警棍的使用技术与相关的管理办法，为今后从事司法警察相关工作打下坚实的基础。

四、实训内容

1. 伸缩警棍的持握。
2. 伸缩警棍的击打方法。
3. 伸缩警棍的控制方式。

五、实训场地和器材

（一）实训场地

利用学校田径场、篮球馆等空旷的地方进行实训，实训前任课老师对场地进行相应的布置。

（二）实训器材

伸缩警棍若干。

六、实训的步骤、方法和注意的问题

（一）实施步骤、方法

1. 训前准备。
（1）布置实训场地，准备好实训器材。
（2）对学生进行实训前安全教育，再次示范伸缩警棍的规范动作要领，提醒学生在进行对抗性训练时，尤其是在执行伸缩警棍、处置突发事件等环节注意动作的规范操作，既要让整个模拟过程严肃、真实，又要保证充当犯罪嫌疑人的学生的人身安全，避免受伤。

2. 学生分组。根据实训需要，将学生分为若干组，每组不少于10人，并确定一名负责人。其中，至少3人扮演犯罪嫌疑人，7人扮演使用伸缩警棍的法警。

3. 模拟实施运用伸缩警棍。
（1）学生先熟悉、练习伸缩警棍的使用方法。
（2）按照案例中的情节，模拟突发事件，让担任法警的学生完成对伸缩警棍的规范操作。
（3）实训过程中，学生互相配合模拟练习，并进行角色互换，同学之间可以针对训练中的问题进行讨论、总结，也可以向老师寻求帮助。

4. 事后总结。
（1）完成实训后，由本组的负责人对本组的实训情况进行总结自评。
（2）没有进行实训的其他组也可以进行点评，提出实训组存在的问题和建议。
（3）所有组实训完成后，由任课老师进行总结点评，并要求实训组以组为单位提交实训报告。

（二）注意问题

1. 扮演法警的学生必须着警服，可用学生证代替"人民警察证"。
2. 扮演犯罪嫌疑人和犯罪嫌疑人亲属等普通群众的同学应当着便服。
3. 参加实训的学生要按照实训要求认真进行演练，听从指导老师的安排，整个演练过程必须严肃、真实。
4. 教师在实习过程中要全程进行指导、监督。

七、实训考核

（一）实训考核要求

1. 严格按照考核标准考核。
2. 考核要公平、公正、客观。
3. 实训成绩按照一定比例计入期末考试成绩。

（二）实训考核标准

考核模块	考核要点	考核分值	考核得分
知识运用模块	1. 伸缩警棍使用法律依据	5	
	2. 伸缩警棍的分类	5	
	3. 伸缩警棍的结构与性能	10	
组织协调模块	4. 人员分工	5	
	5. 实训中的纪律	5	
	6. 实训器材的准备	5	
能力培养模块	7. 组织管理能力	5	
	8. 口头表达能力	5	
	9. 伸缩警棍运用能力	45	
	10. 问题处理能力	10	

项目二 盾牌的使用

一、基础知识点

警用盾牌是一种保护人体免受伤害的手持式防护器械，作为警用器械在世界各国的警察和防暴部队中使用，主要用来防御暴徒的石块、木棒和枪弹袭击，保护战士的人身安全。盾牌广泛用于警察的训练和实战，用于应对非法游行、集会、群体性事件、打击暴恐等突发事件以及在制服罪犯的行动中进行驱散、抓捕、撤离,同时在警察执法时可以有效地进行人身安全的保护。

(一) 盾牌的种类

我国的防暴盾牌通常采用聚碳酸酯 PC 材料和玻璃钢等材料进行制作。聚碳酸酯也叫做聚碳酸脂,聚碳酸酯是一种热塑性树脂,韧性很强,聚碳酸酯的密度是 $1.18g/m^3$ ~ $1.22g/m^3$,成型温度是 230℃ ~ 320℃。随着国内外反恐趋势的发展,我国的盾牌由原来的单一材料演变成复合型材料,由防护型盾牌演变为防护与攻击合一的多功能盾牌。新型防暴攻击盾牌可以有效地改变警务人员在执勤过程中所面临的被动局面,既可以保护人身安全,又可以对恐怖分子实施有效的打击,从而实现防护与攻击的双重功效。

1. 圆形防暴盾牌。圆形盾牌是一种轻型的防护装备,比较便于携带,在抓捕罪犯的时候会起到很好的作用。

2. 方形防暴盾牌。方形盾牌是用来推挤暴徒和抵御外来攻击性物体的防护装备。

3. 金属防暴盾牌。这种盾牌的材料是高强度铝合金,使用寿命长,防护能力强。

4. 组合式防暴盾牌。组合式盾牌由一大一小两部分组成,大的部分用于正面防护,小的部分可以放在大的部分之上,用于头顶的防护,实用性很强,许多面组合式盾牌还可以组成盾阵。

5. 电击防暴盾牌。电击盾牌是具有电击功能的盾牌,其利用高压发生器与电击头相连接,可让恐怖分子产生一种强烈的触电感觉,使其全身麻木、浑身无力,可瞬间丧失作恶能力。但是这种高电压低电流并不会对人体造成伤害。

6. 声波防暴盾牌。声波盾牌是指具备定向强声驱散能力的盾牌。其产生的发声信号经由负反馈电路采样反馈至 CPU,CPU 分析并调节信号发声,不断变更发声信号的波长,以调节整个电路的电压信号及最终的音频信号波长,从而达到输出声波波长不重复,人脑无法记忆的效果。

7. 强光防暴盾牌。强光盾牌是在盾牌上使用发光器件。当恐怖分子靠近时,开启盾牌上的强光功能可对恐怖分子产生炫目的效果,从而使其暂时性失明而丧失攻击力。在盾牌上常见的发光光源有 LED 光源和激光光源。

(二) 持盾警戒

双手紧握盾牌握把,肘关节弯曲,置于身体正前方,盾牌上沿略高于头顶,双脚前后站立,膝关节微曲,目视前方,同时左右观察。当盾牌底部落地时,迅速用前脚掌抵住盾牌底部,同时弯腰、屈膝,将头部藏于盾牌下。

(三) 盾牌的防守

通常盾牌的防守有两种发力的方式,一种是泄力式,当遇到犯罪分子的撞击或者踢击时,手握盾牌的警察首先要保持镇定,观察其发力的方向,把握时机,顺势将犯罪分子的力量通过盾牌泄掉,以达到防守的目的。另一种是前压式,当遇到犯罪分子的撞击或者踢击时，手握盾牌的警察首先要保持镇定，观察其发力的方向，把握时机，手臂紧张，主动发力将盾牌向前推，可以根据当时现场的情况，做连续的推击，以达到防守的目的。

另外，当受到来自盾牌上方的攻击时应做到：应将盾牌移至身体上方，同时保持格斗式迎击。如果腿部受到攻击，则可迅速将盾牌下移，保持低格斗式随时进行反击。如果受到来自左、右两侧的攻击时，可利用闪转步伐进行格挡。

（四）盾牌的进攻

主要的进攻方式有戳、推、挡、扎。在利用盾牌进攻时，一定要树立风险意识与安全意识，防止过度伤害与自伤。实战中，主要利用盾牌的底部与盾牌正面进行攻击。在进攻中，做到脚步灵活，发力迅速、突然。主要的攻击部位是躯干、四肢，切勿攻击头部与面部。

（五）盾牌墙

当执法人员受到暴徒用石头、木棍等杂物进行攻击时，此时需要利用盾牌组成盾牌墙，用来保护执法者的人身安全。

1. 搭盾牌墙的方法。

一字形：防爆队形在行进过程中，当听到指挥官的命令"合盾"时，手持盾牌的队员迅速停止前进，中间的一名队员迅速上前一步，将盾牌落地戒备，此时，左右两边的队员迅速上前将盾牌卡进盾牌的卡槽，形成一字盾，同时前脚抵住盾牌底部，目视前方。

防护层：在一字盾形成以后，听到指挥官的命令"搭盾"时，后排持盾队员同时将盾提起，协调用力，将盾牌底部的卡槽搭在前排盾牌的顶部，形成盾牌防护层。

注意事项：在盾牌的组合过程中，要有条不紊地进行，谨防不严实或者形成空当。在持盾行进中，队员之间要配合默契，动作要同步，防止盾牌墙和防护层垮塌。

2. 拆盾方法。听到指挥官的命令"拆盾"时，所有队员立即停止前进，防护层将盾牌稍提起，离开盾牌顶部，迅速将盾牌落地，当防护层离开盾牌顶部后，一字盾队员迅速用脚踢击盾牌与盾牌之间的结合处，同时手部发力将盾牌拉开，形成戒备姿势。

二、实训案例

【案例2-2】

某日下午，10余名暴徒冲击S市中级人民法院大门、攻击工作人员，针对突发情形，S市中级人民法院启动处置突发事件应急预案，迅速组织司法警察组成防暴队形，着防暴服、防刺背心、头戴钢盔，携带警棍盾牌，最终制服了暴徒。

【问题】

在盾牌的使用过程中，应当注意哪些问题？

三、实训目的

根据司法警务专业人才培养方案的教学要求，依据《人民法院司法警察条例》和《人民法院司法警察训练大纲》的规定，使用盾牌是司法警察工作中的日常勤务工作之一，也是整个警务技能中的重要组成部分。通过模拟实训及顶岗实习，学生应加深对使用盾牌理论知识的理解，掌握盾牌的使用技术与相关的管理办法，为今后从事司法警察相关工作打下坚实的基础。

四、实训内容

1. 持盾警戒。
2. 盾牌的防守与进攻。
3. 盾牌墙的使用。

五、实训场地和器材

（一）实训场地

利用学校田径场、篮球馆等空旷的地方进行实训，实训前任课老师对场地进行相应的布置。

（二）实训器材

盾牌若干。

六、实训的步骤、方法和注意的问题

（一）实施步骤、方法

1. 训前准备。

（1）布置实训场地，准备好实训器材。

（2）实训前，对学生进行安全教育，再次示范盾牌的相关规范动作要领。提醒学生在进行对抗性训练时，尤其是在执行盾牌、处置突发事件等环节注意动作的规范操作，既要让整个模拟过程严肃、真实，又要保证充当犯罪嫌疑人的学生的人身安全，避免受伤。

2. 学生分组。根据实训需要，将学生分为若干组，每组不少于10人，并确定一名负责人。其中，至少3人扮演犯罪嫌疑人，7人扮演使用盾牌的法警。

3. 模拟实施运用伸缩警棍。

（1）学生先熟悉、练习盾牌的使用方式，尤其注意在不同的环境下，要采取不同的盾牌使用方式。

（2）按照案例中的情节，模拟突发事件，让担任法警的学生完成对盾牌的规范

操作。

（3）实训过程中，学生互相配合模拟练习，并进行角色互换，同学之间可以针对训练中的问题进行讨论、总结，也可以向老师寻求帮助。

4. 事后总结。

（1）完成实训后，由本组的负责人对本组的实训情况进行总结自评。

（2）没有进行实训的其他组也可以进行点评，提出实训组存在的问题和建议。

（3）所有组实训完成后，由任课老师进行总结点评，并要求实训组以组为单位提交实训报告。

（二）注意问题

1. 扮演法警的学生必须着警服，可用学生证代替"人民警察证"。
2. 扮演犯罪嫌疑人和犯罪嫌疑人亲属等普通群众的同学应当着便服。
3. 参加实训的学生要按照实训要求认真进行演练，听从指导老师的安排，整个演练过程必须严肃、真实。
4. 教师在实习过程中要全程进行指导、监督。

七、实训考核

（一）实训考核要求

1. 严格按照考核标准考核。
2. 考核要公平、公正、客观。
3. 实训成绩按照一定比例计入期末考试成绩。

（二）实训考核标准

考核模块	考核要点	考核分值	考核得分
知识运用模块	1. 盾牌使用法律依据	5	
	2. 盾牌的分类	5	
	3. 盾牌的结构与性能	10	
组织协调模块	4. 人员分工	5	
	5. 实训中的纪律	5	
	6. 实训器材的准备	5	
能力培养模块	7. 组织管理能力	5	
	8. 口头表达能力	5	
	9. 伸缩警棍运用能力	45	
	10. 问题处理能力	10	

项目三　辣椒水的使用

一、基础知识点

辣椒水主要起催泪作用，也称催泪喷射器，用于快速制服违法犯罪嫌疑人，保护警察自身安全。辣椒水是必配的警察单警装备，属于制服性和驱逐性警械。辣椒水的使用方法是警察必须掌握的一项基本技能，是对抗犯罪分子或犯罪嫌疑人的拘捕反抗或突然袭击的重要保障。从实际警务工作来看，仍有部分警察不会正确使用辣椒水。曾有警察在使用辣椒水时，由于离犯罪嫌疑人距离较远，加之逆风使用，不仅没有制服犯罪嫌疑人，反而将同去的警察"制服"。为更好地发挥辣椒水的使用效能，警察在执法实践中应依法使用，按照判明决定、制造距离、命令警告、适机喷射、观察判断、二次控制、善后处置的操作步骤和规范的技术要领实施，以充分发挥迅速控制局面、确保执法安全的作用。

（一）辣椒水的结构、性能及效果

1. 结构。辣椒水由罐体、阀体系统、喷嘴、保险盖、保护帽、密封圈、溶剂袋喷射器组成，保护帽为黑色，按钮为白色，外观为圆柱形，罐体印制白色标识及文字，正面为警徽图案和"警察""POLICE""催泪喷射器"标志，罐底标注生产日期、失效日期，罐体面下端激光雕刻或印制产品编号。警徽图案应符合《人民警察警徽技术标准》（GA 244—2000）规定。

2. 性能。

（1）辣椒水罐体内充有额定的压缩气体，其以刺激性影响为主，一般由刺激剂和溶剂等成分组成，而刺激剂的含量决定了辣椒水的效能。使用辣椒水的优点是可与目标保持一定距离，便于使用且不需要耗费体力，不会对目标造成器质性损伤，效果显著。

（2）辣椒水中的催泪溶液经过化学方法提取合成，无毒、环保、无公害，不会沉淀，使用前无需摇动。溶液喷出时为流状，有利于打击单个目标。辣椒水的喷射距离约5米，最佳喷射距离为2~4米，一般每次有效喷射时间大于等于4秒。也可采用点射的方法，每次1秒点射，点射喷射次数为12~15次。在45℃高温和-30℃低温震动及扬尘环境中均可正常喷射。

（3）辣椒水储存温度为0~40℃。有效期3年，到期后溶剂效力和气罐压力均会减弱，必须定期更换。辣椒水规格：长度135mm，直径35mm，总重约75g。

3. 效果。辣椒水喷淋在人体面部、皮肤、服饰上，将会对人体眼睛、鼻腔、口腔、皮肤和呼吸道器官产生强烈的刺激作用，被喷射后8~13秒即发挥作用，双眼无法睁开，迅速出现流泪、流鼻涕、咳嗽、皮肤和眼睛灼痛、呼吸困难等症状，受到污染的皮肤会有烧灼感，且精神和心理上会产生一定程度的恐惧感。受到环境及气候影响，其效力会增强或减弱。

内含催泪溶液的主要化学成分及效能：

（1）邻－氯代苯亚甲基丙二腈。无味，属于有毒物质，易挥发，有可能出现永久性毒副损伤。效能为神经类反应，产生灼痛、痉挛、咳嗽、打喷嚏、流鼻涕及呼吸紊乱症状，严重者还会出现红斑和水疱。不足之处在于对个别人群可能难以奏效。

（2）辣椒素。辛辣味，多数是天然提取物，不易挥发，无毒从而无永久性毒副损伤。效能为有神经与病理性反应，产生灼痛、剧痛、流泪、不由自主闭眼、呼吸道肿胀、呼吸不畅、咳嗽、打喷嚏及流鼻涕症状，对所有人群有效。

（二）辣椒水的使用方法

1. 辣椒水的佩戴方法。将辣椒水放入辣椒水套内，穿于制式腰带上，佩戴于腰际，锁上腰带保险。

2. 用辣椒水的持握方法。辣椒水的持握方法有隐蔽持握和戒备持握两种，使用时，可采用双手（拇指按压）和单手（食指按压）两种方式。

（1）隐蔽持握。如犯罪嫌疑人的行为对当事人或警察的身体进行侵犯的可能性较小，可从辣椒水套中迅速取出辣椒水，右手持握，置于腰腹部位，另一只手手心向下护住辣椒水，呈准备喷射姿势。

（2）戒备持握。如犯罪嫌疑人的行为对当事人或警察的身体进行侵犯的可能性较大或迫在眉睫，可将右手臂前伸，自然弯曲，对准犯罪嫌疑人眼睛部位，左手握住右手手腕或者向上托住右手（左撇子相反），以保持稳定。

3. 辣椒水的喷射方法。辣椒水开关为按压式，向下按压即可将催泪溶液喷出。对准犯罪嫌疑人的眼睛进行喷射，同时必须注意风向，尽量站在上风口，以免自己受到污染。如在人员较多的室内，应考虑到尽量不伤及无辜群众。喷射时右手臂前伸，对准眼睛部位，左手握住右手手腕或者向上托住右手（左撇子相反），以保持稳定，右手拇指按下保险开关并向前推进，催泪溶液即可喷出，距目标 2 米之内喷射可达到最佳效果，进行 1 秒点射后，松开拇指，开关自动向后退回即可停止喷射。

4. 辣椒水使用的注意事项。

（1）领取前要检查，确认里面是否有液体（摇晃罐身）；检查是否在有效期内（见罐底）；检查喷嘴与罐身连接是否牢靠。

（2）使用时必须遵守合法性、合理性和必要性原则，并把伤害控制在最低限度内。

（3）使用前要警告"警察，别动，否则使用辣椒水"；使用期间警告"坐下""蹲下""走开""别动"；使用后安抚"保持镇定，现帮你清洗，请你配合"。

（4）喷前要考虑距离，注意风向；喷射后应移位并保持距离；考虑密闭空间。

（5）使用完毕要作善后处理，将目标移至没受感染的地方（开阔通风）固定好，安抚情绪，让其放松，正常呼吸。用大量清凉淡水冲洗眼睛和面部（受感染部位），也可配合使用碱性肥皂。禁止用手或纸巾揉眼睛，以免增加痛感并延长疼痛时间，可以用纸巾轻轻拍击。一般在20分钟后有所缓解，30分钟后逐渐恢复正常。

（6）使用辣椒水后应及时填写报告。

二、实训案例

【案例2-3】

某日下午，十余名暴徒冲击S市中级人民法院大门、攻击工作人员。针对突发情形，S市中级人民法院启动处置突发事件应急预案，迅速组织司法警察组成防暴队形，着防暴服、防刺背心，头戴钢盔，携带警棍盾牌、辣椒水，最终制服了暴徒。

【问题】

在辣椒水的使用过程中，应当注意哪些问题？

三、实训目的

根据司法警务专业人才培养方案的教学要求，通过模拟实训及顶岗实习，学生应加深对辣椒水使用理论和情境的理解，掌握辣椒水的使用技术与相关的管理办法，为今后从事司法警察相关工作打下坚实的基础。

四、实训内容

1. 辣椒水的使用。
2. 辣椒水喷后处理方法。

五、实训场地和器材

（一）实训场地

利用学校闲置的室内场地进行实训，实训前任课老师对场地进行相应的布置。

（二）实训器材

辣椒水若干支、干毛巾、湿毛巾等。

六、实训的步骤、方法

1. 训前准备。
（1）布置实训场地，准备好实训器材。
（2）对学生进行实训前安全教育，讲解冲洗方法。
2. 学生分组。根据实训需要，将学生分成若干组，每组5~6人。

3. 对闲置房间喷射辣椒水，等待一分钟后按分组一次进入房间做防护性体验。

4. 事后总结。

（1）完成实训后，由本组的负责人对本组的实训情况进行总结自评。

（2）没有进行实训的其他组也可以进行点评，提出实训组存在的问题和建议。

（3）所有组实训完成后，由任课老师进行总结点评，并要求实训组以组为单位提交实训报告。

七、实训考核

（一）实训考核要求

1. 严格按照考核标准考核。

2. 考核要公平、公正、客观。

3. 实训成绩按照一定比例计入期末考试成绩。

（二）实训考核标准

考核模块	考核要点	考核分值	考核得分
知识运用模块	1. 辣椒水使用的法律依据	5	
	2. 辣椒水的分类	5	
	3. 辣椒水的性能	10	
组织协调模块	4. 人员分工	5	
	5. 实训中的纪律	5	
	6. 实训器材的准备	5	
能力培养模块	7. 组织管理能力	5	
	8. 口头表达能力	5	
	9. 辣椒水运用能力	45	
	10. 问题处理能力	10	

单元三 网枪

一、基础知识点

（一）研制目的

射网防暴器，又称网枪，自问世以来，便迅猛占领市场，且美、英、法等发达国家和地区在防暴警察身上基本配备了该装置。为完善我国的司法实践，减小警察在抓捕罪犯时自身受到伤害和伤亡的可能性，减少对无辜者不必要的伤害，缩小我国和先进国家警察装备的差距，在我国有必要推广使用该器材。

（二）使用对象

网枪适用于公安武警、司法警察等执法人员在追捕、伏击凶手或歹徒时，可避免近距离接触抓捕，减少执法人员的伤亡，也可用于动物园捕捉动物。网枪使用高强度尼龙丝编织而成，具有重量轻、韧性强、不易损坏等特点，能牢牢地罩住抓捕对象。

（三）工艺原理

火药动力抓捕网利用空爆弹撞击后爆炸，在瞬间产生一股强气流，推动一定质量的橡皮头，带动网纲呈一定角度地向前运动，网在运动过程中迅速张开，当前方遇到物体时，网纲四角的橡皮头，由于惯性作用，将自动盘罩，达到抓捕目标的效果。

（四）主要参数

1. 使用环境温度：$-30℃ \leq T \leq 40℃$。
2. 网体尺寸：$4.0m \times 4.0m$。
3. 最大射程：15m。
4. 抓捕距离：5~15m。

（五）配件

O 型圈、纯棉手套、枪套、网筒套、橡皮盖、装网模板、预备网、脱弹棒、发火弹 20 颗和专用铝合金箱。

（六）使用方法

1. 将发火弹体装入弹座的弹腔内，再把弹座（网筒）装至发射器上，当压到位置时，可清楚地听到被锁住的声音。将发射器的击锤调至定位位置，手握紧手柄，对准目标头部，然后扣动扳机，实施射网。

2. 发射前，将网枪对准抓捕对象，扣动扳机，击发弹点击后，形成巨大的推动力，将网枪前置的捕捉网发射出去，正在逃跑抓捕对象在遇射中后，其随之跌倒。在10米的范围内将其罩住，使其无法奔跑，且越动网罩越紧，抓捕成功率可高达98%以上。

3. 黑夜时可用红外瞄准装置寻找目标，在各功能的射程内实施发射。

（七）各功能的继续使用

射网器需继续使用，用右手握住发射手柄，拇指压开弹座，锁定卡簧，左手握住网筒内外轻轻拔出，然后用专用扳手将导引座拧出，用专用脱弹壳棒从拧导引座的地方插入弹座内，用小锤将弹壳敲出，然后拧上导引座，将网体摊开理顺，按网体四个导引头的相对位置分别按顺序插入塑料模板的四个孔内，盖上橡皮盖，在弹腔内放上发火弹，装上发射器，即可使用。

（八）注意事项

1. 在安装网体时，必须理顺网体保证四个牵引头的相对位置，插入牵引座四个发射孔的位置要和放在模板的位置一致。

2. 在没有正式使用时，严禁发火弹上膛、枪口对人。已装入不再使用的发火弹必须及时取出。

3. 在安装、卸下网弹筒时，击锤开关不能事先打开，更不能用眼睛对准发射孔，以免疏忽误伤。

4. 保持各部件清洁，回收使用前应清理擦拭火药残渣。回收使用的网体受到污染，应清洗再用，否则会影响网的张开，应尽量避免雨淋，雨天使用后应尽快擦拭，以免生锈。

二、实训案例

【案例3-1】

2013年11月20日下午1时许，成都双流区法院执行局法官带领法警去被执行人张某家中强制执行。到达执行现场后，张某和他的儿子情绪激动，其子张某华面对法官和法警，激动地挥舞着一把锋利的菜刀，不时拿刀在自己脖子上比划，声称如果法官将他家中财物执行，他就要自杀，并且狂躁不安，不听劝阻。尽管法官和法警们苦劝了半个多小时，该男子就是不肯把菜刀从脖子上拿下来，还不时狂喊："你们哪个敢过来，我就砍下去了！"

为防止该男子伤及自己和围观群众，法警决定使用网枪控制该男子。只听"砰"的一声脆响，一张巨大的网在空中罩向持刀男子，将张某华罩住。但张某华情绪更加暴躁，在网中仍高举菜刀猛砍网绳。

随后，一左一右两名法警慢慢上前靠近张某华，"负隅顽抗"的持刀男子无路可走，被法警飞身扑倒，并将菜刀缴获。

【问题】

1. 如果你是本次执行工作的负责人，强制执行中的警力应当如何配备？每个岗位的职责是什么？
2. 遇到犯罪嫌疑人自杀、暴力抗法等突发事件该如何处置？

三、实训目的

网枪是司法警察工作中减少伤亡的重要装备。通过实训，使学生应加深对网枪运用知识的理解，掌握网枪射击动作要领，明确各种紧急场合下网枪的使用时机，准确执行紧急情况下网枪抓捕任务，为今后从事司法警察相关工作打下坚实的基础。

四、实训内容

1. 依据本案例，制作此次抓捕任务的实施方案。
2. 网枪使用时机的判断。
3. 网枪抓捕的组织实施。
4. 网枪抓捕中突发事件的处置。

五、实训场地和器材

（一）实训场地

网枪抓捕实训主场地是学院操场，实训前任课教师对模拟街区进行相应的布置，将学院室内篮球场作为备用场地，以便下雨时使用。

（二）实训器材

1. 实施抓捕任务法警的证件。
2. 单发网枪、三发网枪若干把、空爆弹若干、备用抓捕网若干、O型圈、学生护具和手套等。
3. 对讲机等通讯器材。

六、实训的步骤、方法和注意的问题

（一）实施步骤、方法

1. 训前准备。

（1）布置实训场地，准备好实训器材。

（2）学生接受实训前安全教育，集中示范网枪射击动作要领，反复训练收网、装

网。既要让整个模拟过程严肃、真实，又要保证充当犯罪嫌疑人的学生人身安全，避免受伤。

2. 学生分组。根据实训需要，对学生进行分组。学生分为12组，每组4人。其中，1人扮演犯罪嫌疑人，3人扮演法警，并指定1人为负责人。

3. 模拟实施网枪射击。

（1）法警队负责人向队员介绍案情及犯罪嫌疑人基本情况，确定各个岗位职责。

（2）法警出示证件，表明身份，模拟法院强制执行现场。

（3）按照案例中的情节，模拟突发事件，让担任法警的学生完成对该突发事件的准确处置。

（4）实训过程中，学生互相配合模拟练习，并进行角色互换，同学之间可以针对训练中的问题进行讨论、总结，也可以向老师寻求帮助。

4. 事后总结。

（1）完成实训后，由本组的负责人对本组的实训情况进行总结自评。

（2）实训小组进行互评，提出实训组存在的问题和建议。

（3）所有组实训完成后，由任课老师进行总结点评，并要求实训组以组为单位提交实训报告。

（二）注意问题

1. 扮演法警的学生必须着警服，可以用学生证代替"人民警察证"。

2. 扮演犯罪嫌疑人和犯罪嫌疑人亲属等普通群众的同学应当着便服。

3. 参加实训的学生要按照实训要求认真进行演练，听从指导老师的安排，整个演练过程必须严肃、真实。

4. 教师在实习过程中要全程进行指导、监督。

七、实训考核

（一）实训考核要求

1. 严格按照考核标准考核。

2. 考核要公平、公正、客观。

3. 实训成绩按照一定比例计入期末考试成绩。

（二）实训考核标准

考核模块	考核要点	考核分值	考核得分
知识运用模块	1. 警力配置	5	
	2. 收网与装网	5	

续表

考核模块	考核要点	考核分值	考核得分
知识运用模块	3. 抓捕方案	20	
	4. 射击动作的规范	15	
	5. 射击准确率	10	
组织协调模块	6. 人员分工	5	
	7. 实训中的纪律	5	
	8. 实训器材的准备	5	
能力培养模块	9. 组织管理能力	5	
	10. 口头表达能力	5	
	11. 武器警械运用能力	10	
	12. 问题处理能力	10	

八、思考题

1. 如果上述案例情形发生在室内，有哪些需要特别注意的地方？

2. 在抓捕过程中，除了防范犯罪嫌疑人自杀、逃跑的突发事件外，还有哪些较常见的突发状况？应该如何处置？

单元四

参与搜查

一、基础知识点

（一）参与搜查的主要任务

根据《人民检察院司法警察条例》和《人民检察院司法警察执行职务规则》的有关规定，司法警察参与搜查的主要任务包括以下四项：

1. 场地警戒，保证搜查工作顺利进行。
2. 保护搜查人员的人身安全。
3. 协助办案人员搜查。
4. 制止无关人员进入现场。

（二）参与搜查的方法

1. 人身搜查的方法。人身搜查的目的，主要是从被搜查人身上及随身携带的物品中发现犯罪证据或侦查线索，同时解除被搜查人随身携带的危险物品，保障搜查工作安全进行。

（1）警戒、监视工作。进行人身搜查时，搜查人员应当不少于两人，当一人搜查时，其余人员在旁警戒，监视被搜查人的行为，防备其将身上的赃物、罪证等抛出、丢弃或袭击搜查人员、行凶或自杀。同时，警戒人员亦可以通过观察被搜查人的神情举止，发现其最为关注的部位。

（2）搜查身体。搜查身体时应命令被搜查人背向搜查人员，两脚分开站立，举起双手并伸展手指。搜查人员从被搜查人背后，从上而下，由两侧至前后，由外及里的顺序仔细搜查全身。必要时可以使用探测仪器或警犬等进行检查。

（3）搜查衣物。搜查衣物的重点是衣袋、衣领、垫肩、补丁、裤腰、帽里、鞋底等有夹层的部位，必要时可拆开检查。搜查衣物除应注意发现可疑物品外，还应注意衣物上有无血迹、斑点、粘附物，有无缝补、洗刷痕迹，纽扣的样式、颜色及新旧程度是否一致，着装情况同时令、风俗、身份是否存在矛盾等。

（4）搜查随身物品。搜查随身物品不能让被搜查人自己打开箱包或其他物品，同时注意警戒和观察被搜查人神情。搜查物品要与询问被搜查人相结合,注意分析物品的来源和携带目的。

2. 室内场所的搜查方法。

(1) 搜查前的准备。搜查人员到达搜查地点后,应根据场所的特点,立即布置警戒监视岗哨,封锁现场的出入口和通道,断绝被搜查场所与外界的联系。除搜查时应在场的人外,场所内的其他人员都集中在一处,不得随意走动、交谈和离开。搜查人员应巡视搜查场所,进一步了解建筑结构和室内布局,为确定搜查路线和顺序提供依据。

(2) 搜查的顺序。搜查人员采用分区定位的方法,分组分别搜查指定区域。如有必要重复搜查,可让搜查人员相互调换搜查区域。每一个房间都应先确立搜查的起点,一般先从最有可能发现搜查目标的部位开始,沿一墙壁向一定方向,搜查沿墙壁摆放的物品、墙壁本身和墙下地面,最后搜查位于房屋中间的物品及地面。

(3) 搜查重点部位。搜查人员应戴好手套、鞋套,避免破坏现场,并秉承先静后动的原则,先在不触碰物品的情况下完成所有能进行的搜查,接着拍照固定原始情况,最后移动物品进行搜查。

3. 室外场所的搜查方法。

(1) 询问知情人。室外场所范围较大,环境复杂,犯罪嫌疑人用以藏匿赃物罪证的条件较好,痕迹物证容易受人为或自然因素破坏,因此,搜查前走访知情人获取信息至关重要。询问内容主要包括当地的环境情况,有无便于藏匿的处所,案发前后该地有无变化,近期有无可疑人员活动等。

(2) 划定搜查范围。在调查访问的基础上,根据地形复杂程度和具体环境,划定搜查范围。制定分片分段搜查的具体方案,定人定点包干有序地进行搜查。搜查时可采用螺旋式、发射式、条幅式等路径形式。

(三) 参与搜查的组织实施

1. 参与搜查的准备。

(1) 明确搜查目的,了解案件情况

(2) 做好物资准备,配备器材工具

2. 参与搜查的实施。

(1) 快速布控。执勤的司法警察根据工作的具体要求,对主要通道、出入口、关键部位进行合理布控、有效控制,防止无关人员进入执勤的工作区域。针对不同的案件,司法警察在协助侦查人员进行搜查时要明确搜查的目的及布控的重点。布控的主要目的是防止无关人员进入现场;防止群众围观议论或妨碍搜查,警惕嫌疑人及其亲属或其他关系人毁坏、销毁、转移证据,防止被搜查人和其他人员冲击、袭击正在搜查的人员。具体执勤时,法警可以将犯罪嫌疑人、亲属及其他关系人分别控制,注意被控制人员的神情和谈话，防止串供或突发事件发生。参与搜查的司法警察不得擅离职守，一切听从检察官的指挥。

（2）实施搜查。搜查前必须首先向被搜查人或者其家属出示搜查证，应当有被搜查人或者他的家属、邻居或者其他与案件无关的见证人在场见证。在协助执行逮捕、拘留时遇有紧急情况，不用搜查证也可以进行搜查。

在搜查前，应对被搜查人或者其家属进行必要的思想教育，启发他们主动交出赃款、物证、书证，并告知他们阻碍搜查应负的法律责任。对见证人应讲明其依法应承担的义务。必要时，可通知当地公安派出所或者有关单位派人参加。

观察和收集搜查区域的信息及有关人员的动态，及时发现并有效排除险情，确保执法活动的顺利进行。防止涉案人员及其家属、其他关系人冲击和破坏搜查工作，抢夺、销毁有关证据材料，伤害正在执行搜查的人员。对不听劝阻冲击破坏或妨碍执法活动的人员，依法及时制止或强行带离，必要时可以使用警械器具，从而确保搜查工作的顺利进行。

搜查时应按规定制作搜查笔录和进行必要的拍照录像。搜查笔录内容有：采取搜查措施的依据；执行搜查的检察人员及见证人的姓名；搜查的简要情况；搜查开始和结束的时间。搜查笔录应扼要、准确、如实地记录搜查行动全过程。对搜查的书证、物证及放置地点、部位应予以拍照，并用文字说明有关情况，连同照片一同附卷。搜查结束，当被搜查人和见证人确认记录无误后，被搜查人、见证人、搜查人员均应在搜查笔录上签名。如果家属拒绝签名、盖章，应在笔录上注明。搜查笔录制作一式两份，一份随诉讼案卷材料移交，一份存放在侦查案卷内备案。

（四）撤离现场

当搜查工作结束后，执勤司法警察随检察官一同撤离现场。执勤司法警察在随同检察官撤离现场时，中心任务是保障撤离人员的人身安全，保卫搜查的成果，防止抢夺、毁灭证据和袭击、绑架搜查人员的事件发生，防止阻截、攻击和破坏执勤车辆等严重妨碍执行职务的违法犯罪事件发生。保障撤离时道路的畅通，保护搜查成果和搜查人员的安全，防止意外发生，是撤离时执勤司法警察应注意的关键。

二、实训案例

【案例4-1】

某市检察院依法对涉嫌严重违纪违法的A某立案调查并采取留置措施，同时对涉嫌共同犯罪的A某之妻B某采取留置措施，配合调查。

调查中，A某承认自己在担任该市某国有企业主要负责人期间，利用职务上的便利先后为多名私营企业主在资金周转、项目合作、投资经营等方面提供过支持，这些企业主确实经常请他吃饭、打高尔夫球，多次在他出国考察时陪他吃饭、旅游，但他从没有直接收过这些人的钱款或贵重物品，并表示"请组织核查，自己经得起检验"。同时，检察院对A某家庭财产也进行了初步核查，确实未发现大宗财产和贵重物品，这与调查组掌握的其他证据情况极不相符。

为进一步核清事实，检察院依法对A某之妻B某进行谈话，经过耐心细致的思想教育，B某终于如实交代了这些年来A某与这些私营企业主的密切交往情况，A某用手中权力帮助他人办事，而企业主们也纷纷"投桃报李"，送给了A某和B某大量财物，这些财物中有不少是现金、名表、金条、翡翠玉石、名人字画等物品。案发前A某和B某商议认为，这些东西放在家里不安全、存进银行也不安全，于是陆续用硬纸箱将收受的现金和贵重物品封装好后，分批转移到乡下外甥C某家中隐藏，并告诉外甥"都是些旧衣服和旧书"，"先放在你这里帮忙好生保管"，"等到需要时我们再过来拿"。

【问题】

1. 如果你是本次参与搜查工作的负责人，你将围绕哪些方面组织此次参与搜查？并制定参与搜查任务的实施方案。
2. 参与搜查中的警力应当如何配备？每个岗位的职责是什么？
3. 遇到不明真相的群众阻碍搜查、抢夺物品等突发事件该如何处置？

三、实训目的

参与搜查工作是司法警察工作中的日常勤务工作之一，也是整个司法警务技能中的重要组成部分。通过实训，使学生应加深对参与搜查工作理论知识的理解，掌握参与搜查的方法和组织实施等基本操作要点，明确参与搜查的任务和职责，掌握参与搜查中突发事件的处置技巧，准确执行各项参与搜查任务，为今后从事司法警察相关工作打下坚实的基础。

四、实训内容

1. 依据案例4-1，制作此次参与搜查任务的实施方案。
2. 参与搜查任务的执行。
3. 参与搜查中完成观察、教育、说服等支线任务。
4. 参与搜查中突发事件的处置。

五、实训场地和器材

（一）实训场地

本次实训中，参与搜查的实训主场地是学院实训楼的模拟现场，实训前任课教师对模拟现场进行相应的布置。

（二）实训器材

1. 参与搜查法警的证件、参与搜查用"搜查证"。

2. 警棍、手铐、枪支、警绳等警用器械。

3. 照相机、摄像机、物证袋、提取工具、照明工具等搜查工具。

六、实训的步骤、方法和注意的问题

（一）实施步骤、方法

1. 训前准备。

（1）布置实训场地，准备好实训器材。

（2）实训前，对学生进行安全教育，可由指导老师再次示范参与搜查的相关规范动作要领。提醒学生在进行搜查突发事件处置训练时，尤其是在捆绑警绳、手铐等环节注意动作的规范操作，既要让整个模拟过程严肃、真实，又要保证充当犯罪嫌疑人的学生的人身安全，避免受伤。

2. 学生分组。根据实训需要，对学生分成若干组。每组为 11~13 人，并确定一名负责人。其中，1 人扮演犯罪嫌疑人，2 人扮演围观群众、7 人扮演检察院法警，其他人扮演见证人、检察官等。

3. 模拟实施参与搜查。

（1）法警队负责人向队员介绍案情及现场基本情况，并对参与搜查工作的任务进行分工，确定各个岗位职责。

（2）法警出示证件，表明身份，完成参与搜查的前置程序流程。

（3）模拟参与搜查的过程。

（4）按照案例中的情节，模拟不明真相的群众不配合搜查的突发事件，让担任法警的学生完成对该突发事件的准确处置。

（5）实训过程中，学生互相配合模拟练习，并进行角色互换练习，同学之间可以针对训练中的问题进行讨论、总结，也可以向老师寻求帮助。

4. 事后总结。

（1）完成实训后，由本组的负责人对本组的实训情况进行总结自评。

（2）没有进行实训的其他组也可以进行点评，提出实训组存在的问题和建议。

（3）所有组实训完成后，由任课老师进行总结点评，并要求实训组以组为单位提交实训报告。

（二）注意问题

1. 扮演法警的学生必须着警服，可用学生证代替"人民警察证"。

2. 扮演犯罪嫌疑人和犯罪嫌疑人亲属等普通群众的同学应当着便服。

3. 参加实训的学生要按照实训要求认真进行演练，听从指导老师的安排，整个演练过程必须严肃、真实。

4. 教师在实习过程中要全程进行指导、监督。

七、实训考核

(一) 实训考核要求

1. 严格按照考核标准考核。

2. 考核要公平、公正、客观。

3. 实训成绩按照一定比例计入期末考试成绩。

(二) 实训考核标准

考核模块	考核要点	考核分值	考核得分
知识运用模块	1. 警力配置	5	
	2. 路线设置	5	
	3. 参与搜查方案	20	
	4. 参与搜查动作的规范	15	
	5. 参与搜查流程的准确	10	
组织协调模块	6. 人员分工	5	
	7. 实训中的纪律	5	
	8. 实训器材的准备	5	
能力培养模块	9. 组织管理能力	5	
	10. 口头表达能力	5	
	11. 武器警械运用能力	10	
	12. 问题处理能力	10	

八、思考题

1. 如果在上述案例中，不是对关联现场进行搜查，而是对主体现场进行搜查，那么有哪些需要特别注意的地方？

2. 在参与搜查过程中，还有哪些较常见的突发状况？应该如何处置？

单元五

讯问

一、基础知识点

（一）讯问的组织实施

1. 确定讯问人员。根据《中华人民共和国刑事诉讼法》（以下简称《刑事诉讼法》）的规定，讯问时，侦查讯问人员不得少于 2 人。侦查部门在接受案件之后，应当根据下列因素选派合适的侦查讯问人员。

（1）案件的性质和复杂程度。侦查讯问人员由于办案经验和兴趣取向的不同，在审理不同类型案件、讯问不同类型犯罪嫌疑人的优势上也各有不同，从而带来的讯问效果也不同。按照知人善任的原则，对那些案情复杂的案件和有反讯问能力的犯罪嫌疑人，选派有实际办案经验的侦查讯问人员担任主审往往能起到事半功倍的效果。

（2）犯罪嫌疑人的个性特点。讯问过程是侦查讯问人员与犯罪嫌疑人之间面对面的交锋，本着"兵将相称"的原则来选配侦查讯问人员，使侦查讯问人员在个性特点上既能符合犯罪嫌疑人的特点，又能在讯问过程中超越和战胜对手，始终占据主动的地位，保证讯问工作的顺利进行。

（3）犯罪嫌疑人的性别、年龄、语言、籍贯、职业和受教育程度。讯问女性犯罪嫌疑人，最好有女性侦查讯问人员参加；讯问未成年犯罪嫌疑人，应选派了解未成年人心理，并有一定讯问经验的侦查讯问人员担任主审；讯问聋、哑犯罪嫌疑人，应当有通晓聋、哑手势的人参加；讯问不通晓当地语言文字的犯罪嫌疑人，应当配备翻译人员。如果犯罪嫌疑人使用某个地域的方言，最好选择能够使用、听懂这种方言或同一籍贯的侦查讯问人员担任讯问工作。

（4）侦查讯问人员是否有需要回避的法定情形。根据《刑事诉讼法》第 29 条规定，有符合以下情形的侦查讯问人员应当自行回避，不能参与案件的讯问工作：①是本案的当事人或者是当事人的近亲属的；②本人或者他的近亲属和本案有利害关系的；③担任过本案的证人、鉴定人、辩护人、诉讼代理人的；④与本案当事人有其他关系，可能影响公正处理案件的。

2. 选择讯问场所。根据我国《刑事诉讼法》的规定，讯问依法被拘留或逮捕的犯罪嫌疑人，一般在看守所设置的讯问室进行，但也可以根据讯问工作需要，选择在抓获地讯问、在犯罪现场讯问、在押解途中讯问、易地讯问等不同场所进行。犯罪嫌疑人被送交看守所羁押以后，讯问应当在看守所内进行。

为创造出适宜的讯问气氛，讯问场所的选择应当做到合法、安全、安静、实用，并应用相应的科技辅助设施。

其中，要最大限度地注意讯问期间的各种安全防范事项。侦查讯问人员应做好以下安全防范工作：

（1）讯问必须由两名以上侦查讯问人员负责进行，不允许1名侦查讯问人员独自讯问，这是口供合法性的依据，也是保证讯问场所安全的重要措施。

（2）讯问室必须安装安全防范装置和报警监控设备，犯罪嫌疑人座位应装有安全防护设备，注意发现和排除各种安全隐患，防止犯罪嫌疑人行凶、自杀或自伤。

（3）讯问前必须对犯罪嫌疑人进行仔细的人身搜查，注意发现其是否携有危险品和违禁品，讯问中应将犯罪嫌疑人安排在远离门窗的位置，侦查讯问人员应时刻保持警惕，始终以饱满的热情和严谨的态度进行讯问。

（4）严格遵守提讯押解程序。提讯必须保证2人同时进行，严格履行各项手续。押解过程要给犯罪嫌疑人加戴戒具，严格遵守各项程序。

（5）妥善保管案件材料和罪证等物品，不能随意乱放，防止犯罪嫌疑人破坏。

3. 研究案件材料、审查核实证据。研究前期获得的案件材料是做好讯问工作的基础。

（1）熟悉案件的基本情况，研究案件的性质、特征。要熟悉案件发生的时间、地点、犯罪行为的性质及其造成的后果；犯罪使用的工具、行为方式和具体情节；犯罪的主要动机、目的及其根据；确定犯罪嫌疑人的依据和其他犯罪嫌疑人的情况等。

（2）熟悉案件的证据材料。侦查讯问人员在熟悉案件基本情况的基础上要重点研究前期侦查所获取的证据。首先，了解这些证据是怎样获得的，是否符合法律手续，并判断其可靠程度；其次，审查犯罪事实和证据材料是否一致，核对各证据之间是否矛盾及查明矛盾的原因；再次，弄清楚需进一步收集哪些证据，如何收集，从何处收集；最后，明确哪些证据可以在讯问中使用，哪些证据不能在讯问中使用。

4. 分析研究犯罪嫌疑人。通过对犯罪嫌疑人情况的了解和分析，并根据案件性质和案情的需要，确定讯问的策略、方法和节奏。

（1）熟悉犯罪嫌疑人基本情况。

（2）了解犯罪嫌疑人与犯罪事实。讯问前，要熟悉已收集的证据材料和其他材料，并通过分析研究，审查证据材料的可靠程度，弄清哪些犯罪事实、情节有证据证明及其内在的关联；哪些没有证据证实；哪些还有疑点、矛盾。

（3）掌握犯罪嫌疑人心理状态。

5. 制定讯问计划。讯问计划是在熟悉和研究案情、初步了解犯罪嫌疑人情况的基础上，根据案件的具体情况和侦查人员的讯问特点制定的。讯问计划一般包括下列内容：

（1）简要案情。简要案情包括案件发生、发现以及侦查破案的情况；对犯罪嫌疑人采取强制措施的情况；已查明的犯罪事实、已掌握的证据以及有无疑点和矛盾等。

（2）讯问的目的和要求。即确定本次讯问要达到什么目的，要查明的事实、情节及核实的证据是什么。为了达到讯问目的，要注意什么问题，有哪些要求。

（3）讯问的步骤、重点。先问什么，后问什么，怎么开头，怎么切入主题，怎么结束讯问以及讯问的重点是什么，或者讯问的主要问题是什么，都应在计划中列出。

（4）讯问的步骤、策略和方法。计划中要明确讯问的步骤、策略，讯问的突破口，证据出示的时机、使用的方法以及讯问中采取的行动方式等。

（5）如何应对犯罪嫌疑人的辩解和提出的条件。

（6）讯问中出现僵持局面、紧急情况的应对和处置。在讯问过程中出现了僵持局面，可采取什么措施来打破僵局，变被动为主动；讯问确实无法进行下去时，应如何结束讯问等；讯问中犯罪嫌疑人如出现行凶、自杀等情形，侦查讯问人员应怎么处置等。

（7）与其他侦查措施相配合。这方面包括讯问与录音、录像相配合；讯问与调查取证相配合；讯问与监控技术相配合；讯问与狱侦相配合等。

（二）讯问笔录的制作要求

讯问笔录是叙述性的法律文书，对于它的结构和内容，《刑事诉讼法》和《公安机关办理刑事案件程序规定》都作了规范性的要求，符合法定形式的讯问笔录才具有合法性。讯问笔录由首部、正文和尾部三部分构成。

1. 首部。要求侦查人员按照文书的基本格式要求进行填写，具体包括：

（1）文书的名称，即"讯问笔录"标题（第　　次）。

（2）讯问开始和结束的时间（具体为＿＿年＿＿月＿＿日＿＿时＿＿分）。

（3）讯问的地点。

（4）侦查人员和记录员的基本情况（包括姓名和单位）。

讯问人的姓名必须由参加讯问的侦查人员亲笔签署，以示负责，不能由记录人代签。

2. 正文。这是文书制作的核心部分，采用问答的形式记载整个讯问的基本情况。主要包括：

（1）第一次讯问时，要问清记明犯罪嫌疑人的基本情况，包括姓名、曾用名、化名、年龄或出生年月日、民族、籍贯、文化程度、现住址、工作单位、职务与职业、家庭情况、社会经历、是否受过刑事处罚和行政处分等情况。在续讯中若上述问题已经查清则可以不再问。

（2）记载介绍侦查人员身份及出示证件的事项。

（3）记载出示《犯罪嫌疑人诉讼权利义务告知书》及犯罪嫌疑人阅读的情况。

（4）全面、准确地记载犯罪嫌疑人关于犯罪事实的供述和辩解，包括犯罪的时间、地点、动机、手段、情节、后果以及与犯罪有关的人和事等，尤其是能说明案件性质的关键情节、有关的证据、有明显矛盾的地方等要准确清楚地记录下来。如果犯罪嫌疑人作无罪辩解，要注意记清其陈述的理由和依据。同时应将犯罪嫌疑人的认罪态度和情绪表现记录下来。

3. 尾部。尾部内容是讯问笔录中涉及法定程序最多的一部分，必须严格依法操作。根据《刑事诉讼法》第122条规定，讯问笔录应当交犯罪嫌疑人核对，对于没有阅读能力的，应当向他宣读。讯问笔录经犯罪嫌疑人核对无误后，在笔录的末尾由犯罪嫌疑人签明对笔录的意见"以上笔录我看过（或向我宣读过），和我说的相符"，并在笔录逐页末尾右下角签名（盖章）或捺指印。如果记录有遗漏或者差错，应当允许犯罪嫌疑人补充或者改正，并在补充改正的文字上捺指印。犯罪嫌疑人拒绝签署意见、签名（盖章）或捺指印的，不得强制，记录人员应当在笔录上注明。有翻译人员或法定代理人参加的，也应签名。要求捺指印的，一律用右手食指全指捺印。

二、实训案例

【案例 5-1】 刘某盗窃案

刘某，26岁，汉族，湖南省湘潭市人。文化程度为高中毕业，无前科，系广东省东莞市某厂工人，住东莞市某区大东厂8号。刘某于2019年8月17日上午9时因涉嫌盗窃罪被拘传。嫌疑根据：其一，该厂财会室金库（简易铁柜）于8月17日零点至一点被撬开，盗走现金31 050元。当日上午刑侦部门勘查现场，在铁柜门上侧提取指纹一枚，经比对鉴定，系刘某左手食指纹，但何时所留不能肯定。其二，经查刘某在案发当夜，在本车间工人王某家和李某、张某共四人玩麻将。据王某、李某、张某证实，刘某当夜零点过二三分钟从王某家出来说回家，一点零几分到家。经侦查实验得知，从王家到刘某自己的家经过其厂大门前共需21~22分钟，其间有30~40分钟去向不明，刘某具有作案时间。其三，据值班人员反映，0：45左右，在值班室透过玻璃窗看到一人从财会室后窗临街的小胡同走过，从房头灯光下，看到很像刘某，但未看清脸庞，只是着装和走路姿势大致相似。

【问题】

1. 请根据案情，在第一次讯问前，制定相应的讯问计划。

2. 请根据案情，对犯罪嫌疑人开展讯问。

3. 根据讯问情况，制作讯问笔录。

三、实训目的

通过该项目的实训，学生应了解讯问犯罪嫌疑人的步骤、程序和法律要求，初步掌握讯问犯罪嫌疑人的策略、方法和讯问语言的运用，学会根据案情制作讯问计划和制作讯问笔录，培养严格依法进行讯问的观念。通过完成该项训练，从讯问的程序和讯问的实体两方面学生能掌握审查普通刑事案件的总体思路和基本要领。

四、实训内容

要求学生根据所给案例，完成讯问的程序和实体两个部分的实训。

从程序方面，要做好讯问前的各项准备工作，正确合法地进行第一次讯问，制作符合要求的讯问笔录。

从实体方面，根据犯罪嫌疑人认罪或不认罪两种不同情况，有针对性地开展第一次讯问。学习运用讯问策略对犯罪嫌疑人进行讯问。

五、实训场地和器材

（一）实训场地

本次实训场地为学院的模拟讯问实训室。

（二）实训器材

1. 手铐、脚镣、束缚椅等戒具。
2. 摄像、照相等摄录器材。
3. 笔记本电脑或做讯问笔录所要用到的本子和笔。

六、实训的步骤、方法和注意的问题

（一）实施步骤、方法

1. 训前准备。

（1）布置实训场地，准备好实训器材

（2）教师说明实训内容、目的和要求。由实训指导教师设计详细案情，下发有关案情资料。实训指导教师联系扮演被讯问对象、证人等学生，做好案情布置和保密教育。在熟悉了解案情时，侦查人员的角色只了解犯罪嫌疑人的基本情况和简单案情，以免先入为主。犯罪嫌疑人掌握全部的详细案情。

2. 学生分组。根据实训需要，对学生进行分组。每组 6 人。其中，1 人扮演犯罪嫌疑人，2 人扮演证人，其余 3 人分别扮演主审人员、助审人员、记录人员。主审负责统筹全案证据材料和讯问方案的确定，并做好知会协调工作。演练过程中，学生应以临场姿态出现，突出角色，严明纪律，遵守规则。

3. 模拟进行第一次讯问。

（1）由扮演侦查人员的学生制定初次讯问的方案，明确讯问所要解决的主要问题。

（2）模拟第一次讯问，要告知犯罪嫌疑人其所享有的权利，问清犯罪嫌疑人的基本情况以及是否有前科，围绕有无犯罪事实进行讯问，然后围绕案件的具体内容展开讯问，注意提问的方式、方法。

（3）指导教师事前联系犯罪嫌疑人，在不同小组做出不同反应，有直接承认犯罪的犯罪嫌疑人，也有拒不承认犯罪的犯罪嫌疑人。部分犯罪嫌疑人会在讯问过程中提出申请回避、要求聘请律师等，考查学生对不同情况的应对方式。

（4）在讯问的同时按照要求制作讯问笔录，讯问结束后交犯罪嫌疑人检查有无错误后签名。

（5）实训过程中，学生互相配合模拟练习，同学之间可以针对训练中的问题进行讨论、总结，也可以向老师寻求帮助。教师总结点评，学生写出实训报告或心得。

4. 事后总结。

（1）完成实训后，由本组的负责人对本组的实训情况进行总结自评。

（2）没有进行实训的其他组也可以进行点评，提出实训组存在的问题和建议。

（3）所有组实训完成后，由任课老师进行总结点评，并要求实训组以组为单位提交实训报告。

（二）注意问题

1. 扮演讯问人员的学生必须着警服，扮演犯罪嫌疑人和证人的同学应当着便服。

2. 参加实训的学生要按照实训要求认真进行演练，听从指导老师的安排，整个演练过程必须严肃、真实。

3. 讯问过程和讯问笔录两部分同时进行，同时完成，不允许事后补记。

4. 教师在实训过程中要全程进行指导、监督。

七、实训考核

（一）实训考核要求

1. 严格按照考核标准考核。

2. 考核要公平、公正、客观。

3. 实训成绩按照一定比例计入期末考试成绩。

（二）实训考核标准

考核模块	考核要点	考核分值	考核得分
知识运用模块	1. 讯问前准备	10	
	2. 第一次讯问的程序	10	
	3. 讯问计划	15	

续表

考核模块	考核要点	考核分值	考核得分
知识运用模块	4. 讯问笔录完整规范	15	
	5. 讯问对策、方法的使用	15	
组织协调模块	6. 人员分工	5	
	7. 实训中的纪律	5	
	8. 实训器材的准备	5	
能力培养模块	9. 组织管理能力	5	
	10. 口头表达能力	5	
	11. 讯问的流畅性和规范性	5	
	12. 讯问团队配合情况	5	

八、思考题

如果在上述案例中，不是第一次讯问，而是结束讯问，那么在讯问中有哪些必须要进行的法律程序？讯问的重点又是什么？讯问笔录的制作要点有哪些？

附表：

讯问笔录（第一次）

时间：××××年×月×日×时×分至×日×时×分

地点：×市公安局××看守所第×讯问室

侦查人员姓名、单位：刘×，王×，市刑警支队四大队

记录员：张×，市刑警支队四大队

犯罪嫌疑人：刘×

问：我们是×市刑警支队的民警（出示证件），现依法向你讯问，你要如实回答。对与案件无关的问题，你有拒绝回答的权利，你听清楚了么？

答：听清楚了。

问：你的姓名？有没有别的名字或绰号？

答：刘×，没有别的名字和外号。

问：讲一下你的出生日期、民族、文化程度、工作单位及家庭等情况。

答：……

问：谈一下你的主要经历。

答：……

问：你以前是否被公安机关或其他部门处理过？

答：没有。

问：这是诉讼权利义务告知书，你能看吧？给你看一看。

答：我现在就看（看告知书约3分钟）。

问：你看明白了？

答：我看明白了。

问：知道自己为什么到这里来吗？

答：……

问：今天先谈到这里，希望你回去后好好想一想，不要有所隐瞒。

答：我知道的都说了，没有什么隐瞒的。

问：今天对你的讯问是否是依法进行的？

答：……

问：看一看笔录，没有问题的话就签字。

答：是。

           以上笔录我看过，和我说的相符

               刘×

             ××××年×月×日

单元六

手印、足迹提取

一、基础知识点

（一）手印、足迹痕迹提取前的准备工作

1. 明确常见手印、足迹痕迹的类型。手印、足迹痕迹的形成因素包括造痕客体、承痕客体和作用力。根据承痕客体保留痕迹的状态不同，可以分为立体痕迹、平面痕迹和分离痕迹。根据承痕客体的渗透性不同，可以分为非渗透性客体、半渗透性客体和渗透性客体。根据产生作用力过程中的中介物质不同，可以分成汗液痕迹、血液痕迹、油脂痕迹和灰尘等。

2. 明确常见手印痕迹的发现方法。

（1）肉眼观察法。这种方法主要适用于立体手印和平面有色手印的发现，由于立体手印本身具有立体感，平面有色手印具有明显可见的颜色，无论留在何种客体上，只需肉眼可直接观察发现。

（2）透射光观察法。这种方法主要适用于透明玻璃、塑料、纸张等物体，利用自然光和人造光源从物体的背面进行照射，视线从客体正面观察发现手印。要求物体具有一定透明性，通过光线照射，增强物体的亮度和手印纹线与物体的反差，显露出物体上遗留的手印纹线。

透射光观察法有垂直透射观察法和侧光透射观察法。垂直透射观察法是视线与投射到显现物体的光线呈水平方向，即从人眼与显现物体呈90°的垂直角度进行观察。侧光透射观察法是把投射光线与人眼视线形成斜角进行观察，一般是45°，但观察时可随时调整光照角度，直到看清为止。

（3）反射光观察法。这种方法是利用自然光或人造光源发射出来的光线从正面照射物体，视线从正面进行观察的方法，主要是用于透明物体和表面有光泽不透明的物体，例如玻璃、电镀金属、油漆木、搪瓷、陶瓷、塑料等物体。反射法有垂直反射和侧光反射两种方法。垂直反射法是观察时，视线与投射光线呈同一水平方向，与物体成90°垂直角；侧光反射法是观察时，视线与投射光线呈同一方向，与物体呈斜角，一般情况下可呈45°角，观察时，可随时调整光照角度，直到看清为止。

（4）哈气观察法。这种方法主要适用于表面有光泽的透明和不透明物体。使用这种方法时对物体被显现部位用嘴哈气，使手印纹线上凝成一层水汽再进行观察，利用手印纹线与承受客体反光性能上的差别显露手印。观察时，要注意投射光线与视角的角度。发现手印后，不能立即刷粉显现，要等物体表面的水汽蒸发干燥后再进行刷粉，否则将破坏手印。

（5）显现法。根据手印是汗液手印和潜血手印的不同，可以区别汗液手印的显现和潜血手印的显现。显现法主要是针对表面无光泽的非透明物体上的手印，如纸张、本色木、纺织品上的手印。常用的专门的显现的技术方法有粉末显现法，包括使用铝粉（银粉）、青铜粉（金粉）、石墨粉、磁性粉末和四氧化三铅粉（红铅粉或丹铅）；熏染显现法，包括碘熏显现法、烟熏显现法和"502"黏合剂熏显法；化学反应显现法，包括茚三酮显现法、硝酸银显现法。潜血手印的显现还可使用四甲基联苯胺（TMB）显现法、氨基黑染色显现法和EOS蛋白染色显现法。

3. 明确常见足迹痕迹的发现方法。

（1）光线观察寻找法。白天可利用自然光线，夜晚利用手电筒或勘查灯寻找。观察寻找的关键在于细致，因为作案人选择的作案地点和现场环境有明显反差，印迹就比较清楚，容易发现；反差不明显，发现则比较困难。利用光线寻找，勘查人员可在逆光或侧光下，借助放大镜俯身观察寻找，在太阳光下，勘查人员可不断调整角度进行寻找；在土质地面寻找足迹，可用喷雾器将地面喷湿，加大反差。

（2）静电复印法。静电提取器是发现、提取平面足迹的专用工具，利用静电提取器既可在局部也可在大面积寻找足迹，适用于水泥地、水磨石、大理石、塑料地板、木质地板等各种客体显现粉尘足迹，特别是在现场进出口和有明显翻动破坏的部位。

（二）手印、足迹痕迹的提取工作

1. 手印的提取。

（1）照相提取法。照相提取法是固定提取手印最稳妥和简便的方法，也是最基本的方法。不仅能把手印清晰地拍摄下来，而且能保持手印的完好无损。因此，在采取其他方法提取之前，都应对手印进行拍照，以保持手印的原始状况。使用照相法提取手印的先决条件是手印比较清晰，与承受客体反差比较大。拍照时，要尽量按原物大小（1∶1）拍摄或按比例拍摄。

（2）透明胶带提取法。这种方法是用粉末显现的手印在拍照后使用透明胶带粘取下来的一种方法。先剪下一条适合的胶带（透明胶纸），长度要长于手印3cm～4cm，把胶带的一端贴在距离手印2cm的一侧。然后，用单指从粘贴处向手印的另一侧碾压。碾压时，手指用力要均匀，胶带与物体表面，尤其是与手印接触部分不要有空隙形成气泡，更不能使胶带出现褶皱。如果出现气泡和褶皱，有些纹线将不能粘取下来或被破坏。胶带全部碾压完后，从胶带的一端将胶带揭起，两手掐住胶带两端将胶带粘贴到反差较大的衬底（纸）上。

（3）制膜提取法。对于现场上的立体手印先拍照，然后可以采用石膏、硅橡胶、蜡液等进行灌注、提取。这种方法提取的手印表面光滑、纹线清晰，易于保存。它可用于提取灰尘、泥土、油漆、油泥等物体上遗留的立体手印。

（4）原物提取法。对于遗留在体积较小客体上的手印，或者在现场上无法提取的手印，在不损坏原物的前提下，征得有关方面的同意，对手印拍照之后可提取留有手印的原物，但在技术处理完毕后必须马上归还。

2. 足迹的提取。

（1）照相提取法。在采取其他方法提取之前，都应当对足迹先进行拍照。拍照时，先拍该足迹所处的位置，再按近距离比例拍照。镜头平面与足迹平面保持平行，并在足迹边放置比例尺。提取成趟足迹时，除了按上述要求对单个足迹分别进行拍照外，还应对成趟足迹采取分别的连续照相法进行拍照。拍照时应放长比例尺，并注意把成趟足迹的走向和单个足迹之间的相互关系及步法特征反映出来。

（2）静电复印提取法。这种方法是利用静电具有吸附灰尘的特点，显现一些在客体上遗留的粉尘足迹。主要适用于提取水泥、瓷砖、砖石、木板、毛巾、地毯、呢绒、皮毛等物体上遗留的粉尘足迹。静电复印提取法包括高压静电吸附和摩擦静电吸附两种。

高压静电吸附的提取工具是足迹静电提取器和一张大于足迹的黑色塑料软片（聚氯乙烯塑料）。先把塑料软片放在可能遗留足迹的部位，一手按压在软片上，然后摁动开关，并推压提取器，由上至下进行滚动。滚动结束后，关掉开关，揭起软片观察提取效果。如果软片上沾的灰土较多，用嘴或吹风机将灰土吹去。如果大面积提取足迹可用 $1m^2$ 的塑料软片，铺压地面，软片上覆盖一块面积相等的薄铁板，然后用静电提取器的电极触压于铁板的中心位置，摁动开关时间可稍长（5秒左右），即可提取出足迹。

摩擦静电吸附法的使用工具是一张聚氯乙烯塑料软片和一块硬质塑料板，分摩擦直接吸附和摩擦间接吸附两种。前者是把塑料软片覆盖在被显现物体表面，然后使用毛巾或皮毛在塑料软片上反复摩擦。摩擦的速度是4次/秒，大约摩擦30秒钟即可。摩擦完后，把塑料软片取下就看见被吸附显现的足迹。这种方法适用于硬质客体。后者是先用毛巾等物品在硬质塑料板的一面进行反复摩擦，摩擦的次数、时长与直接吸附法相同。把经过摩擦后产生静电的塑料板立即按压在被显现的客体上，30秒钟以后取下塑料板即完成吸附显现。这种方法适用于一些软质平面客体物的足迹显现提取。

（3）制膜提取法。这种方法是用石膏、石蜡、硅橡胶等将足迹制作成模型的提取方法，适用于松软地面、泥地、沙地、雪地上的立体足迹的提取。现场勘查中使用最多的是石膏制膜法，具体操作方法是：

①筑围。在距足迹四周 10cm 处按照足迹的长宽形状放入围圈，如果没有围圈，可用泥土筑围。

②搅拌石膏液。石膏与水的比例按使用说明配置，先往容器倒入适量清水，再将石膏粉放入水中搅拌，边搅拌边放入石膏粉，待石膏液呈黏糊状时停止搅拌。

③灌模。从足迹的低凹处缓缓地倒入石膏液，让石膏液自然地向足迹各部位流淌，石膏液达到围圈的 1/2 高度时，放入骨架（石筋网）固定于石膏液里，然后继续灌注，直到石膏液灌满整个足迹，与围圈齐平为止。

④作标记。当石膏半干时，用标签或一细棍在模型表面刻画上制模时间和编号。

⑤扒围取模。根据温度差别，直至石膏固定后，确定起模时间，否则模型容易断裂。起模时先扒掉围圈，然后用双手夹住模型中间的两侧用力向上搬起，并将模型翻个用手掌拖住。有足迹花纹的一面朝上，防止足迹花纹受损。

⑥冲洗模型。取出的模型在冲洗前，可先用手指轻轻地除去足迹表面的大块泥土，然后用水清洗模具的表面泥土，直到看清足迹表面即可。

⑦保存。冲洗后的石膏模型需放在阴凉处晾干，然后用棉絮包好放箱内，防止在运输中受到损坏。

（4）原物提取法。提取留有犯罪足迹的物体是收集犯罪足迹最稳妥的方法。提取留有足迹的物体通常出于两方面原因，一是留有足迹的物体比较小，便于运输和保存；二是完好、正确地提取足迹的难度较大，需要经过反复实验才能确定提取方法。不管出于哪种原因，只要事主同意就应该提取原物，但须履行必要手续。

二、实训案例

【案例 6-1】

某年 7 月 21 日下午，山西省某煤矿家属院新区 24 号楼一名 9 岁的小女孩李某被杀死在家中。现场为两室一厅的住房，客厅地面南北向铺有一块黄色竹凉席，凉席上西南角有一处 34cm×36cm 的残缺足迹，花纹不清晰。客厅南侧是一个卧室，卧室内靠北、东墙角并排放置两个衣柜，衣柜门均未锁，南侧木柜中的 700 元现金丢失。

【问题】

1. 如果你是本次现场勘查痕迹提取工作的负责人，你将围绕哪些方面组织此次痕迹发现和提取？并制定提取任务的实施方案。

2. 此次痕迹提取工作的警力应当如何配备？每个岗位的职责是什么？

三、实训目的

手印、足迹痕迹提取工作是警察必备技能之一，也是整个司法警务技能的基础组成部分。通过实训，学生应加深对手印、足迹痕迹的认识和对提取理论的理解，掌握手印、足迹痕迹发现、提取方法等基本理论，明确痕迹提取工作注意事项，掌握发现、提取工作技巧，准确提取、保存痕迹，为今后从事警察相关工作打下坚实的基础。

四、实训内容

1. 依据本案例，制作痕迹发现、提取实施方案。
2. 痕迹提取前的现场保护。
3. 痕迹提取工具准备。
4. 痕迹提取工作总结。

五、实训场地和器材

（一）实训场地

本次实训利用学院刑事侦查实训室来模拟刑事案件现场。实训前，任课教师对实训室按照刑事案件现场进行模拟布置，设置若干个潜在汗液指纹和灰尘足迹。

（二）实训器材

1. 现场勘查箱。
2. 手套、一次性头套、鞋套、口罩。
3. 证物袋。
4. 多波段光源等。

六、实训的步骤、方法和注意的问题

（一）实施步骤、方法

1. 训前准备。

（1）布置实训场地，准备好实训器材。

（2）对学生进行实训前安全教育，再次示范手印、足迹痕迹的相关规范动作要领，特别是对实训所需器材，如指纹显现粉末、静电复印发生器等器材使用的安全事项进行提醒。既要让整个模拟过程严肃、真实，又要保证学生的人身安全，避免受伤。

2. 学生分组。根据实训需要，将学生分为若干组，每组确定一名负责人，每组4~8人。按照刑事案件现场勘查要求，每种痕迹提取时不得少于2人。

3. 模拟痕迹提取。

（1）小组负责人充当刑事案件现场勘查工作指挥员，向队员介绍案情及现场情况，并对小组成员进行任务分工，确定各个岗位职责。

（2）进入现场前，按要求佩戴相关防护用具，包括手套、一次性头套、鞋套、口罩等。

（3）对潜在汗液指纹使用多波段光源、自然光源、强光手电等进行发现，再根据现场承痕客体的背景颜色反差，使用不同的粉末进行显现。显现后使用透明胶带进行

粘取，粘贴在相应衬底进行保存。

（4）对可能存在灰尘足迹的区域进行保护，利用自然光源、强光手电等进行发现。发现后，使用静电吸附器进行提取，后用强光手电等进行观察，再放置比例尺，对足迹进行拍照保存。

（5）实训过程中，学生互相配合模拟练习，并进行角色互换，同学之间可以针对训练中的问题进行讨论、总结，也可以向老师寻求帮助。

4. 事后总结。

（1）完成实训后，由本组的负责人对本组的实训情况进行总结自评。

（2）没有进行实训的其他组也可以进行点评，提出实训组存在的问题和建议。

（3）所有组实训完成后，由任课老师进行总结点评，并要求学生以实训小组为单位提交实训报告。

（二）注意问题

1. 实训过程中学生必须着警服，可以用学生证代替"刑事案件现场勘查证"。
2. 使用痕迹显现器材前，必须阅读相关使用说明。
3. 参加实训的学生要按照实训要求认真进行演练，听从指导老师的安排，整个演练过程必须严肃、真实。
4. 教师在实习过程中要全程进行指导、监督。

七、实训考核

（一）实训考核要求

1. 严格按照考核标准考核。
2. 考核要公平、公正、客观。
3. 实训成绩按照一定比例计入期末考试成绩。

（二）实训考核标准

考核模块	考核要点	考核分值	考核得分
知识运用模块	1. 警力配置	5	
	2. 发现痕迹的认识能力	10	
	3. 提取痕迹的认识能力	10	
	4. 发现痕迹的操作规范	15	
	5. 提取痕迹的操作规范	10	

续表

考核模块	考核要点	考核分值	考核得分
组织协调模块	6. 人员分工	5	
	7. 实训中的纪律	5	
	8. 实训器材的准备	10	
能力培养模块	9. 组织管理能力	5	
	10. 口头表达能力	5	
	11. 现场勘查工具综合运用能力	10	
	12. 问题处理能力	10	

八、思考题

1. 如果在上述案例中，发现既有潜在汗液指纹又有潜血手印，该如何提取？提取时有哪些需要特别注意的地方？

2. 如果在冬季室外雪地中发现立体足迹，该如何使用石膏制膜法提取？有什么方法可以降低水温，防止石膏液快速凝固？

单元七

警务现场急救

项目一 心肺复苏实训

一、基础知识点

(一) 急救、现场急救、警务现场急救

急救是指人遭受意外伤害或突发疾病时,对伤、病员采取紧急救护措施,以挽救生命、缓解病状的治疗手段。平时所说的急救,是指在医院、社区的家庭病床及救护车内对危重病人的抢救,这只是抢救工作的一部分。

现场急救也叫现场抢救或入院前的急救。它是指针对一些意外伤害、急重病人在医生还未治疗或未到达医院前的现场采取的及时有效的急救措施。现场急救突出的是一个"急"字,突出现场救护人员的重要性和可实施性。

警察在执法过程中,往往是第一时间到达突发事件、故意伤害或者灾害事故现场的人,也经常会遇到各种求救,是急救病人现场的第一目击者。如果警务人员具备基本现场急救知识和技能,掌握初步的现场急救技术,如心肺复苏、包扎、固定等技能,就有可能避免被救助者因错失抢救最佳时机,丧失宝贵生命。特别是遇到急救者心搏骤停,如在第一时间对急救患者实施紧急救护,进行心肺复苏,就可能延长宝贵生命的"黄金时间",就可以把生命的接力棒传给医护人员。警务急救技能训练也是警察技能的重要部分,是警察应该掌握的警务急救技能之一。

(二) 心搏骤停与心搏骤停常见病因

心搏骤停(cardiac arrest,CA)是指心脏有效射血功能的突然终止,是心脏性猝死的最主要原因。心搏骤停如果救治不及时,将迅速导致不可逆转的生物学死亡。心搏骤停发生后应立即实施胸外心脏按压和电击除颤等心肺复苏措施,这对提高患者的存活机会和改善复苏后生活质量具有重要的意义,是避免生物学死亡的关键。

导致心搏骤停的主要病因包括心源性和非心源性因素。心源性病因是因心脏本身的病变所致。绝大多数性猝死发生在有器质性心脏病的患者身上。冠心病是导致成人心搏骤停的最主要病因，约80%心脏性猝死是由冠心病及其并发症引起，而这些冠心病患者中约75%有急性心肌梗死病史。严重缓慢性心律失常和心室停顿是心脏性猝死的另一重要原因。

非心源性病因是因其他疾患或因素影响到心脏所致，如各种原因所导致的呼吸停止、严重的电解质与酸碱平衡失调影响到心脏的自律性和心肌的收缩性、严重创伤导致低血容量引起心肌严重缺血缺氧等，这些均可引发心搏骤停。

（三）心搏骤停判断与心肺复苏的时机

心搏骤停的判断，主要表现为：意识丧失、呼吸停止、大动脉搏动消失、皮肤苍白、口唇紫绀等。

心搏骤停发生后立即实施胸外心脏按压和电击除颤等心肺复苏措施，对提高患者的存活机会和改善复苏后生活质量具有重要的意义，是避免生物学死亡的关键。在非医疗机构对心搏骤停救助的快捷有效方法是心肺复苏，心搏骤停救助最佳时机是心搏骤停时，另外，尽早复苏是关键。心搏骤停后短短几分钟生命就可以逝去，心搏骤停最初几分钟内经过及时抢救是完全可能复苏成功的。

二、实训案例

【案例7-1】

2010年4月30日上午11时，张某（男性，57岁），在某城市交通路段骑摩托车时感觉胸部不适，靠路边停车后，突然发生抽搐，意识丧失，瘫倒在地。

附近过路群众向路口执勤警察求救。执勤警察快速跑步到该男性身边，俯下身来拍打男性脸，发现男性意识不清、脸色苍白、口唇紫绀。马上让路人拨打120，同时，解开男性上衣扣子，为男性做心肺复苏，2分钟后男性渐渐有了意识。5分钟后医院救护车到达现场，将该男性运送医院。经医院诊断，为冠心病发作。由于患者病发后，第一时间得到现场警务人员的及时救助，才使得患者得以重生。

【问题】

1. 警察是否应该掌握急救基础技能？
2. 警务人员进行心肺复苏现场急救的重要性是什么？
3. 如果你是执勤警察，现场应该立即采取哪些抢救措施？
4. 实施心肺复苏的步骤和标准有哪些？

三、实训目的

1. 通过实训，认识到一线警务人员掌握现场急救知识和技能具有重要的现实意义。
2. 掌握心搏骤停的现场抢救方法。

四、实训内容

1. 现场拨打急救电话，准确掌握报警时的对话方式。
2. 判断心脏是否已经骤停。
3. 调整被救助者躺放位置和姿势。
4. 胸外心脏按压位置、方法、速度。
5. 清理口腔异物。
6. 打开呼吸通道，开放气道仰头抬颏/颌法。
7. 人工呼吸。
8. 进行复苏效果评估。
9. 血压测量。
10. 整理病人，与120救护车交接。

五、实训场地和器材

（一）实训场地

实训主场地是学院操场，实训前任课教师对模拟现场环境进行相应的布置；学院室内篮球场、教室等可作为备用场地，以便下雨时使用。

（二）实训器材

纱布（至少两块，放于抢救者上衣口袋内）、手电筒、血压计等。

六、实训的步骤与方法

1. 判断意识。快步走到病人身旁，轻拍或摇动病人双肩，大声呼叫"喂，您能听见我说话吗？"。
2. 判断患者有无反应。高声呼喊："快来人抢救！请哪位同志拨打120"。立即呼叫110、附近派出所、执勤团队或紧急快速反应小组。报告现场情况。
3. 让患者仰卧在坚实的平面上，若在软床则去枕，背下垫木板。头、颈、躯干在同一轴线上，头部位置低于心脏，双手放于两侧，身体无扭曲，暴露胸腹部，松开腰带。
4. 迅速判断有无自主呼吸及脉搏。用右手的食指、中指自环状软骨外移2cm～3cm凹陷处，触摸患者颈动脉搏动，判断近侧颈动脉约5～10秒。
5. 开始胸外按压。将一手掌根部紧贴在患者双乳头连线的胸骨中心，另一手掌根部重叠放于其手背上；双臂伸直，垂直按压，使胸骨下陷至少5cm但不超过6cm；每次按压后视胸廓完全回弹，放松时，手掌不能离开胸壁；按压频率至少100～120次/分（15～18秒完成30次按压）；每组按压30次。
6. 从上衣口袋内取出一块纱布清拭口鼻腔分泌物，必要时头偏向一侧。注意应取下活动性义齿。

7. 开放气道仰头抬颏/颌法。一只手置于患者前额部用力使头后仰，另一只手食指和中指置于下颏骨部向上抬颏/颌，使下颌角、耳垂连线与地面垂直。

8. 用置于患者前额的手固定，保持气道开放，拇指与食指捏住患者鼻孔，用口唇把患者的口完全罩住，另一只手从上衣口袋内将另一块纱布取出垫于病人口部，拇指分开口唇。

9. 双唇包绕病人口部，吹气，每次通气持续 1 秒钟，使胸廓扩张，无漏气。

10. 操作者头部稍侧转，松开病人鼻孔使之被动呼气，继续听呼吸声音，用面颊感受病人的呼出气流，观察病人的胸廓起伏情况。

11. 重复吹气一次。

12. 按压和通气比 30∶2，完成 5 个循环。

13. 根据呼吸、脉搏进行复苏效果评估，判断。散大的瞳孔已缩小，自主呼吸恢复，能触及大动脉搏动，颜面、口唇、甲床、皮肤色泽由紫绀转为红润，上肢收缩压在 8kpa 以上，心电图波形有所改善。

14. 确认复苏成功时间（计时结束）。

15. 恢复气道、整理病人。

16. 全部操作时间在 3 分钟以内。

七、实训考核

项目	操作程序	分值	评分标准	减分	备注
素质要求	衣帽整洁，仪表端庄，动作规范，行动敏捷	4	每项 1 分		
用物	纱布（至少两块，放于抢救者上衣口袋内）、手电筒、听诊器、血压计	2	用物准备不能满足操作则该项不得分		
	确认现场环境安全	2			
操作步骤	判断意识：①快步走到病人身旁，②轻拍或摇动病人双肩，③大声呼叫"喂，您能听见我说话吗？"	3	每项 1 分		
	判断患者无反应，高声呼喊："快来人抢救！请哪位同志拨打 120"。同时，立即呼叫团队或紧急快速反应小组（确认抢救开始时间）（起步计时）	2	呼喊 1 分 确认抢救开始时间 1 分		
	患者仰卧在坚实的平面上，头、颈、躯干在同一轴线上，头部位置低于心脏，（软床去枕，背下垫木板）双手放于两侧，身体无扭曲（口述），暴露胸腹部，松开腰带	5	每项 1 分		

续表

项目	操作程序	分值	评分标准	减分	备注
操作步骤	迅速判断有无自主呼吸及脉搏（用右手的食指、中指自环状软骨外移2cm~3cm凹陷处，触摸患者颈动脉搏动，应判断近侧颈动脉）5~10秒	3	触摸颈动脉的手法及位置1分，时间1分，判断呼吸方法1分		
	开始胸外按压：①将一手掌根部紧贴在患者双乳头连线的胸骨中心，另一手掌根部重叠放于其手背上；②双臂伸直，垂直按压，使胸骨下陷至少5cm但不超过6cm；③每次按压后视胸廓完全回弹，放松时，手掌不能离开胸壁；④按压频率至少100~120次/分（15~18秒完成30次按压）；⑤每组按压30次	25	每个循环5分（每项1分）		
	从上衣口袋内取出一块纱布清拭口鼻腔分泌物（必要时头偏向一侧），口述：取下活动性义齿	2	每项1分		
	开放气道仰头抬颏/颌法①一只手置于患者前额部用力使头后仰，②另一只手食指和中指置于下颌骨部向上抬颏/颌，使下颌角、耳垂连线与地面垂直	4	每项2分		
	用置于患者前额的手固定，保持气道开放，拇指与食指捏住患者鼻孔，用口唇把患者的口完全罩住，另一手从上衣口袋内将另一块纱布取出垫于病人口部，拇指分开口唇	4	手法正确1分，捏住病人鼻孔1分，分开口唇1分，始终保持气道通畅1分		
	双唇包绕病人口部，吹气（每次通气持续1秒钟），使胸廓扩张，无漏气	3	吹气方法正确1分，胸廓能扩张1分，无漏气1分		
	操作者头部稍侧转，①松开病人鼻孔使之被动呼气；②继续听呼吸声音，用面颊感受病人的呼出气流；③观察病人的胸廓起伏情况。重复吹气一次 按压和通气比30:2，完成5个循环	20	每个循环4分，吹气方法正确每项1分，按压通气比1分		
	进行复苏效果评估：判断呼吸、脉搏	3	触摸颈动脉搏动的手法及位置1分，时间1分；判断呼吸方法1分，计数方法同上		

续表

项目	操作程序	分值	评分标准	减分	备注
操作步骤	①散大的瞳孔已缩小；②自主呼吸恢复；③能触及大动脉搏动；④颜面、口唇、甲床、皮肤色泽由紫绀转为红润；⑤上肢收缩压在8kpa以上；⑥心电图波形有所改善	6	边口述边演示，每项1分		
	确认复苏成功时间（计时结束）	2			
	恢复气道、整理病人。	2	每项1分		
熟练程度	操作熟练，动作连贯，口述流利	3	每项1分		
	侧重于急救意识、爱伤观念、真实感	2			
	全部操作时间在3分钟以内	3	每超时30秒扣1分，超时1分钟停止操作		

八、思考题

某男性，70岁，晨起在公园习惯性活动时，突感心前区剧烈疼痛，大汗，精神极度紧张。你作为休班警务人员，在现场附近健身，听到救助群众的呼喊。

1. 在事发现场，你和其他群众将对患者采取哪些救治措施？
2. 如果你在现场病情评估中，患者突然发生抽搐，意识丧失，将如何应对？
3. 高质量的心肺复苏要点是什么？
4. 如果经过及时有效的救治，患者恢复意识，你将怎样与救助的120救护车交接？

项目二　止血包扎技能实训

一、基础知识点

（一）创伤、开放性伤口与止血包扎

创伤是指机械性因素作用于人体所造成的组织结构完整性的破坏或功能性障碍。

开放性伤口是指受伤的部位与外界直接接触的伤口，会暴露出受伤部位的肌肉、组织及黏膜的损伤。

现场止血指用物理方法压迫血管，使受伤部位血液停止外流。

止血包扎是创伤急救的四大技术（止血、包扎、固定、搬运）的重要内容，方法多种，总目的是最快、最安全地为伤口止血并保护伤口。止血和包扎往往是分不开的，可以说是一个同步的过程。止血基本方法主要有加压止血法、指压止血法、止血带止血法（橡胶止血带）、堵塞止血法、强屈关节止血法。

（二）止血包扎的目的

止血包扎是为了保护伤口免受再污染；固定敷料、骨折部位与关节；压迫止血及减轻疼痛。

（三）评估

1. 受伤位置。判断受伤部位、伤口大小及形状。

2. 出血类别判断。

（1）动脉出血。呈喷射状，搏动性或脉冲状，鲜红色，需要直接压迫供血动脉。

（2）静脉出血。呈涌泉状，色鲜红，多数不能自行止血。

（3）毛细血管出血。创口滴血或渗血，色鲜红，可自行止血。

3. 出血程度判断。少量出血不危及生命，急性、大量出血可致失血性休克，需要急救处理。

4. 病人意识状况及合作程度。判断伤者意识是否清醒，身体四肢是否可动，是否配合包扎。

5. 评估环境是否安全。判断伤者所处位置是否安全，有无危险因素。安全环境可以就地实施止血包扎，如有环境不安全情况必须移至安全位置实施救助。

（四）止血基本方法

1. 加压止血法。找出并暴露伤口，必要时可剪开或撕开衣服；迅速检查损伤部位末梢的脉搏和神经功能；用无菌敷料也可用清洁毛巾、布单、手帕等代替，直接覆盖伤口上，再用手掌或其他物体在上面直接压迫，或用绷带、布带加压包扎。一般需要持续加压 5~15 分钟才可奏效。同时将受伤部位抬高也有利于止血。

2. 指压止血法。用手指、手掌或拳头压迫伤口近心端动脉经过骨骼表面的部位，使血管闭合阻断血流，达到止血的目的。

3. 止血带止血法（橡胶止血带）。在肢体伤口的近心端，用棉垫、纱布、毛巾或衣物等作为衬垫缠绕肢体，再以左手拇指、食指、中指持止血带头端，将长的尾端绕肢体一圈后压住头端，再绕肢体一圈，然后用左手食指和中指夹住尾端后将尾端从两圈止血带下拉出，形成一个活结。

4. 堵塞止血法。广泛而深层软组织创伤，如腹股沟、腋窝等部位的伤口，可用无菌纱布、棉垫等敷料填塞伤口，外加大块敷料加压包扎固定，松紧度以达到止血为宜。在做好彻底止血的准备之前，不得将填入的纱布抽出，以免发生大出血时措手不及的情况。

5. 强屈关节止血法。前臂和小腿动脉出血不能制止，如无合并骨折或脱位时，立即强屈肘关节或膝关节，并用绷带固定，即可控制出血，以便迅速转送医院。

（五）包扎方法

1. 绷带包扎法。该方法主要用于四肢及手、足部伤口的包扎及敷料、夹板的固定等。

（1）环形包扎法。将绷带环形缠绕。主要用于包扎开始与结束时和包扎粗细均匀部位，如颈、腕、胸、腹等。

（2）蛇形包扎法。先将绷带环行缠绕数周，然后以绷带宽度为间隔，斜行上缠，互不遮盖，将绷带再次环行缠绕数周，尾端固定。适用于夹板固定，或需由一处迅速延伸至另一处时。

（3）螺旋形包扎法。先用环形缠绕数周，然后稍微倾斜螺旋向上缠绕。每周遮盖上一周的1/3～1/2。适用于包扎直径基本相同的部位，如上臂、手指、躯干、大腿等。

（4）螺旋反折包扎法。每圈缠绕时均将绷带向下反折，并遮盖上一周的1/3～1/2，反折部位应位于相同部位，使之成一直线。适用于直径大小不等的部位，如前臂、小腿等。

（5）"8"字形包扎法。在伤处上下，将绷带自下而上，再自上而下，重复做"8"字形旋转缠绕，每周遮盖上一周的1/3～1/2。适用于直径不一致的部位或屈曲的关节部位，如肩、髋、膝等。

（6）回返式包扎法。先将绷带以环形法缠绕数周，由助手在后面将绷带固定住，反折后绷带由后部经肢体顶端或截肢残端向前，也由助手在前面将绷带固定住，再反折向后，如此反复包扎，每一来回均覆盖前一次的1/3～1/2，直至包住整个伤处顶端，最后将绷带再环绕数周把反折处压住固定。适用于头顶部、指端、截肢残端。

2. 三角巾包扎法。三角巾用途较多，可折叠成带状包扎较小伤口或作为悬吊带，可展开或折成燕尾巾包扎躯干或四肢较大的伤口，也可将两块三角巾连接在一起包扎更大范围的创面。进行三角巾包扎前，应先在伤口上垫敷料，再进行包扎。

二、实训案例

【案例7-2】

某年某月某日，某城市一座楼房发生火灾，一位居住在一楼的业主打碎阳台玻璃，从平台跳出，被阳台破碎玻璃窗划伤出血，右前臂、左食指活动出血。当时，在现场实施抢险灭火的有消防救援人员和附近派出所的干警。救援人员把这位受伤流血的居民交给派出所干警，派出所干警看到伤口流血量很大，由于火灾现场离最近的医院要25分钟车程，急忙帮助这位居民进行现场止血处置后，送到附近医院。

经过医院诊查，伤口位于右前臂屈侧中段，约10cm，可见肌肉暴露，伤口持续脉动出血，另左食指指腹活动渗血。由于第一时间止血有效，出血量不大，伤者身体指数基本正常，经过再次清理伤口敷药，半月即可以恢复。

【问题】

1. 公民自救互救的基本技能应当包括哪些?
2. 如果你是现场的派出所干警,在参与救助中自己受伤出血,将怎样处理?
3. 如果你是案例中的干警,怎样进行伤员处理?
4. 你认为现场救助中最简捷的临时止血方法是哪种?

三、实训目的

1. 通过实训,掌握简单的创伤现场止血基础知识和基本技能,提高应急处置能力。
2. 能够根据出血的类型和现场急救条件,掌握合适有效的止血方法。
3. 掌握正确的止血操作技巧。
4. 明确创伤止血操作中的注意事项。

四、实训内容

1. 依据案例7-2,模拟现场急救环境。
2. 掌握现场急救中止血和包扎的基本技能。
3. 评估现场急救中止血和包扎操作方法的规范性。

五、实训场地和器材

(一) 实训场地

实训主场地是学院操场,实训前任课教师对模拟现场环境进行相应的布置;学院室内篮球场、教室等可作为备用场地,以便下雨时使用。

(二) 实训器材

无菌敷料、消毒用品、棉垫、绷带、胶布、三角巾、止血带、标记卡。紧急情况下可用清洁的毛巾、手帕、布单、衣物等替代绷带和敷料等。

六、实训的步骤及注意事项

1. 训前准备。

(1) 布置实训场地,准备好实训器材。

(2) 学生接受实训前安全教育,以小组为单位反复训练止血和包扎技能。既要让整个模拟过程严肃、真实,又要保证充当伤员的学生人身安全,避免受伤。

2. 学生分组。根据实训需要,将学生分成若干组,每组不少于6人,并指定1人为负责人。其中,2人扮演伤员,4人扮演急救人员。

3. 模拟实施急救。

(1) 负责人向小组成员介绍现场和基本情况,确定各个岗位的职责。

（2）按照案例中的情节，模拟突发事件，让担任急救人员的学生完成对事件的准确处置。

（3）实训过程中，学生互相配合模拟练习，并进行角色互换，同学之间可以针对训练中的问题进行讨论、总结，也可以向老师寻求帮助。

4. 事后总结。

（1）完成实训后，由本组的负责人对本组的实训情况进行总结自评。

（2）实训小组进行互评，提出实训组存在的问题和建议。

（3）所有组实训完成后，由任课老师进行总结点评，并要求实训组以组为单位提交实训报告。

5. 注意事项。

（1）任何一种止血带都不能直接与皮肤接触，皮肤与止血带之间应加垫敷料，而且衬垫要垫平，以免损伤皮肤。

（2）部位要准确，止血带应扎在伤口近心端，尽量靠近伤口，以减少缺血范围。

（3）松紧要适宜，过紧会损伤神经、组织或造成肢体坏死，过松则达不到止血的目的，应以远端动脉搏动消失为度。

（4）上止血带后，在伤员的身上要有明显的标志，标志上要注明止血时间。

（5）上止血带0.5～1小时左右，要放松止血带2～3分钟。在放松时，用指压法止血。放松止血带时，要慢慢松开，以免加重出血。上止血带的总时间不应超过5小时。

（6）严禁用铁丝、编织带、尼龙绳、电线等物品作为止血带使用。

（7）上止血带的伤病员要尽快送医院，不要停留或耽搁时间。

（8）包扎伤口前，先简单清创并盖上消毒敷料，然后再行包扎，不准用手和脏物触摸伤口，不准用水冲洗伤口（化学伤除外），不准轻易取出伤口内异物，不准把脱出体腔的内脏送回。操作时小心谨慎，以免加重疼痛或导致伤口出血及污染。

（9）包扎要牢靠，松紧要适宜。

（10）包扎时使伤员体位保持舒适，皮肤皱褶处与骨隆突处要用棉垫或纱布作衬垫，需要抬高肢体时，应给予适当的扶托物，包扎的肢体必须保持功能位置。

（11）包扎方向为从远心端向近心端，以帮助静脉血液回流。包扎四肢时，应将指（趾）端外露，以便观察血液循环。

（12）绷带固定时一般将结打在肢体外侧面，严禁在伤口上、骨隆突处或易于受压的部位打结。

（13）解除绷带时，先解开固定结或取下胶布，然后以两手互相传递松解。紧急时或绷带已被伤口分泌物浸透干涸时，可用剪刀剪开。

七、实训考核

（一）实训考核要求

1. 操作熟练、动作规范、无菌观念强。

2. 沟通有效，体现人文关怀、爱伤观念、急救意识。

（二）实训考核标准

考核模块	考核要点	考核分值	考核得分
知识运用模块	1. 评估环境安全	5	
	2. 快速检测患者主要生命体征，检查伤情和出血情况	5	
	3. 物品准备	5	
	4. 与患者和蔼沟通，取得患者配合，缓解焦虑紧张情绪	5	
能力培养模块	5. 确定止血带位置	10	
	6. 绕扎止血带	10	
	7. 在标记牌上记录使用止血带的开始时间、部位	10	
	8. 用绷带固定夹板，完成止血流程	30	
	9. 突发事件处置能力	20	

八、思考题

某年某月某日，某城市小区居民楼四楼发生一起火灾，一居民被困在房中，消防队员第一时间到达现场施救。该楼四楼女性业主在阳台挥舞床单，向地面救援人员求救。自己在打破阳台玻璃过程中，慌乱之中左手腕部被玻璃片划伤，鲜血急流，出血量很大。

【问题】

1. 请问你作为救援人员到达救援现场，现场评估主要考虑哪几个方面？
2. 现场采用哪种方法止血与包扎？
3. 怎样与 120 医护人员完成对接？

司法警务技能实训篇

单元八

押解与看管

项目一 法庭押解

一、基础知识点

押解训练是司法警察各项素质的集中表现，是对司法警察素质的综合检验。押解是依据法律有关规定将羁押的犯罪嫌疑人、被告人和罪犯强制提解、押送到指定地点，接受讯问、接受审判或执行刑罚活动的过程。根据讯问和审判工作的需要，分为提押、还押、收押和移押。

（一）法律规定

印发的最高人民法院《人民法院司法警察刑事审判警务保障规则》第13条中规定司法警察的押解职责为：

1. 将被告人提押到法院指定的羁押场所。

2. 将被告人从羁押场所押解到法庭。

3. 将被告人还押到看守所或者其他监管机构。

4. 防止被告人串供、接触与押解无关的人员。

5. 预防和处置被告人脱逃、行凶、自杀、自伤或者其他危险行为。

6. 处置押解中的其他突发事件。

（二）法庭押解

法庭押解是指司法警察根据审判长的指令，将押解对象从法院的临时羁押场所押送到审判法庭，接受审判的过程。

（三）法庭押解中司法警察的职责

1. 接受押解任务。根据押解的整体任务，接受押解负责人分配的押解任务，认真准备、执行押解任务。

2. 掌握押解对象的基本情况。参与押解任务的司法警察对所负责的押解对象的基本情况（犯罪性质、认罪态度、相互关系、身体情况等）和旁听群众的情况要了解，确保审判活动参与人的安全和法庭活动的安全。

3. 保持高度的警惕。审判进行过程中，必须保持高度警惕，随时注意押解对象的情绪、思想、行为等方面的变化，防止押解对象与同案犯、家属等人接触或用暗语示意、传递信息，妨碍审判活动正常进行。

4. 果断处置突发事件。当发生押解对象脱逃、生病、自杀、攻击法庭工作人员或行凶时，司法警察要本着及时、果断的原则处置突发情况，务必防止押解对象失控。

二、实训案例

【案例 8-1】

2015 年 9 月 10 日上午，曾在网络上炫富而成为舆论焦点的郭某某、赵某某开设赌场一案在北京东城区法院开庭。9：30 北京东城区法院宣布开庭，审判长确认被告人身份。公诉人以开设赌场罪对郭某某进行起诉，郭某某对起诉书指控的犯罪事实无异议，但对指控的罪名有异议，认为自己构成的是赌博罪，而非开设赌场罪，故不认可公诉人对其起诉的罪名。

在举证质证阶段，公诉人提供了郭某某、赵某某开设赌场所用筹码等物证、账户查询记录等书证、证人证言、被告人供述、鉴定意见、辨认笔录、手机勘验检查记录、视听资料等证据。在公诉人出示的多份证人证言中，参赌人员指认被告人郭某某多次组织赌博并提供赌具、筹码、资金等犯罪行为。郭某某表示，证人证言不真实，自己不认识对方。公诉人举证完毕，辩护人没有出示证据，郭某某、赵某某也均未申请新的证人出庭。

三、实训目的

法庭押解具有环节多、透明度大、仪表状态要求高等特点，需要司法警察具有较强的责任心和较强较高的警体素质。按照人民法院刑事审判的程序（即《刑事诉讼法》相关规定），在刑事案件开庭审理过程中，人民法院司法警察的工作按照先后顺序依次为：带被告人上庭、将被告人手铐打开、法庭调查、对被告人监控和管理、宣判时对被告人进行警戒、审判结束后将被告人押回看守所等工作。司法警察在执行上述任务时，都应当根据当庭的审判长或独任审判员的指令执行任务。通过训练，明确法庭押解的准备工作以及执行法庭押解任务的职责和注意事项。

四、实训内容及要求

（一）实训内容

训练 1：带被告人上庭。当司法警察听到审判长或独任审判员下达"带被告人上庭"口令时，司法警察与被告人形成"品"字形队形，从被告人通道齐步走，将被告人押进法庭并立定，由位于公诉人一侧的司法警察打开囚笼或束缚椅，与另一侧的司法警察将被告人共同安置在囚笼或束缚椅内，由负责打开囚笼或束缚椅的司法警察负责重新关上囚笼或束缚椅，并将囚笼或束缚椅的椅门锁闭，与另一侧的司法警察面向审判席，同时取立正姿势，立于被告人后侧位。

训练2：请法警打开手铐。当听到审判长或独任审判员下达"请法警打开手铐"的口令时，位于公诉人一侧的司法警察应侧向前跨一步，右手按住被告人的左侧肩部，左手抓住被告人左手手肘，并顺势将被告人身体推向前一小步。与此同时，位于辩护人一侧的司法警察，同时向前一步，去位于囚笼或束缚椅的一侧，并按照解手铐的操作程序，迅速解开被告人的手铐，并将手铐和钥匙妥善保管，待打开手铐的司法警察将手铐装入手铐袋后，两名司法警察同时取立正姿势。

训练3：法庭调查阶段动作。当听到审判长或独任审判员下达"下面进行法庭调查"口令时，两名司法警察同时后退，直到事先安排好的椅子边，稍停顿，同时在椅子上坐下。取坐姿时，上身挺直，双脚分开与肩同宽，双眼平视前方，余光监视被告人的动态。

训练4：宣判阶段动作。当听到审判长或独任审判员下达"下面进行宣判"的口令时，两名司法警察同时起立并立正，同时到达囚笼或束缚椅边，位于公诉人一侧的司法警察右手按住被告人的左侧肩膀，左手抓住被告人左手肘，另一侧司法警察左手按住被告人的右侧肩膀，右手抓住被告人右手肘，双眼盯住被告人，保持对被告人警戒姿势，防范并警惕被告人的不法动作。

训练5：将被告人押回羁押室。当听到审判长或独任审判员下达"将被告人押回羁押室"的口令，位于公诉人一侧的司法警察维持右手按住被告人的左侧肩膀，左手抓住被告人左手肘部姿势不变，与此同时，位于辩护人一侧的司法警察放下双手，取立正姿势后，从手铐袋内取出手铐，按背铐上铐的操作程序，给被告人戴上手铐，戴手铐结束后，司法警察用左手抓住被告人的右侧肩膀，右手抓住被告人的右手手肘，控制住被告人。位于公诉人一侧的司法警察负责打开囚笼或束缚椅，两名司法警察共同将被告人带出囚笼或束缚椅后，于适当位置组织"品"字形队形，按照徒步押解的姿势，将被告人押出法庭，押至羁押室内。

（二）实训要求

1. 训练时间为2学时。
2. 参加训练的同学，5~8人为一个单位，分成若干小组。
3. 规范完成法庭押解任务的各项要求并进行总结。
4. 训练过程中互相配合模拟练习，并进行角色互换，可以针对训练中的问题进行讨论、总结，也可以向教师寻求帮助。

5. 训练结束后，请小组成员之间互评之后，完成考核。

6. 教师根据每小组训练中的表现和押解动作是否规范等进行考核，并给出成绩。

五、实训场地和器材

（一）实训场地

学院模拟羁押室。

（二）实训器材

司法警察警用装备、手铐、脚镣等戒具。

六、特别提醒

1. 在庭审中，司法警察应按审判长的指令行使押解任务，押解对象提出任何请求，须经审判长许可方可进行，司法警察不得以任何方式和理由催促、缩短庭审时间。

2. 司法警察按规定统一着制服警服，佩戴警衔标志。

3. 确认被告人身份，清点被告人数量、核对身份、了解被告人基本情况，掌握羁押位置、出庭顺序。

4. 对于重大案件被告人，可能发生自伤、自杀、行凶、脱逃或者其他危险行为的被告人不得解除戒具。

5. 对未成年被告人一般不使用戒具，必须使用戒具的，在现实危险消除后，应当立即停止使用。

6. 被告人因病或者体力不支无法站立时，司法警察应当报告审判长或者独任审判员。

七、法庭押解实训考核

考核模块	考核要点	考核分值	考核得分
知识运用模块	1. 警力配置	10	
	2. 路线设置	5	
	3. 押解方案	20	
	4. 押解动作的规范	10	
	5. 交接流程的准确	10	
组织协调模块	6. 人员分工	5	
	7. 法庭押解实训中的纪律	5	
	8. 法庭押解实训器材的准备	5	

续表

考核模块	考核要点	考核分值	考核得分
能力培养模块	9. 组织管理能力	5	
	10. 口头表达能力	5	
	11. 武器警械运用能力	10	
	12. 问题处理能力	10	

八、思考题

如果押解的是具有暴力倾向的女性被告人，法庭押解与所训练的有哪些不同？

项目二　看管

一、基础知识点

（一）执行看管前的准备工作

1. 熟悉看管对象及案件情况。通过案件承办部门的用警申请、起诉书或判决书等材料，掌握看管对象基本情况（姓名、性别、年龄、民族、案由、数量）、在押表现、身体健康状况、旁听人员情况，以及相关注意事项等内容。必要时，可与办案人员、审判人员、看守所民警等相关人员沟通，了解看管对象的情况。了解看管场所、基本案情、羁押场所、庭审时间、庭审地点、社会影响、承办人员及联系人的相关情况。

2. 明确看管的组织指挥和警力配备。看管警务负责人负责看管警务保障的组织与协调，确定司法警察任务分工及协作计划，指挥紧急情况的处置。

根据案件性质、羁押场所的具体情况、看管对象的危险程度和数量等情况配备相应看管警力，对一名被告人的看管一般应当配备不少于两名司法警察；对女性被告人应当由女性司法警察执行看管；案情复杂、社会影响较大的案件应当增加警力。确定负责看管对象进出的登记人员、监控设备操作人员、安全检查人员和巡查人员。

3. 看管前做好各项保障工作。

（1）看管警戒具配备。执行看管警务保障任务的司法警察应当配备警棍、手铐、手持金属探测器等警用装备以及对讲机等通信器材。

（2）监控室警戒具配置。除看管的司法警察单警装备外，还应当在监控室内配备电警棍、防暴盾牌和防暴头盔以及手铐、脚镣、警绳等警戒具。

（3）武器配备。根据案情，必要时应当配备武器。

（4）救护用品配备。为应对看管对象突发疾病及自伤、自杀情况，应当配备医药箱或急救包等救护用品。

4. 制定看管任务的实施方案。根据看管任务要求，确定和组织看管警力，明确看管的职责和分工，并由司法警察部门领导或看管警务负责人制定警务保障实施方案。

通常情况下，看管对象人数较多、社会影响重大、案情比较复杂的案件应当制定书面看管警务保障实施方案。方案的内容主要包括组织指挥、警力配备、装备配备、后勤保障、突发事件处置等内容。

（二）看管的组织实施

1. 安全检查。司法警察在执行看管警务过程中，应对羁押场所和看管对象进行安全检查。

（1）羁押场所的检查。检查羁押场所通道，确定是否畅通，沿途是否存放危险物品或与羁押、看管无关的物品。如有问题，应提前清理。

羁押场所设施的检查。检查的事项有：羁押场所的门锁是否处于良好状态；羁押室门窗安装的防护隔离栅栏是否安全牢固；束缚椅或者被告人固定座椅上安装的手铐、脚镣固定环等是否安全牢固；羁押场所墙面、夹缝等部位是否有可疑物品；羁押场所的监控设施是否处于正常工作状态，在看管过程中司法警察能否对整个羁押场所及被告人情况进行实时监控；对外通信设施是否正常等。如有问题，应提前解决。

羁押场所厕所的检查。检查羁押场所专用厕所的环境是否安全，厕所内有无危险品及障碍物；被告人如厕时能否处于司法警察有效控制范围内。如有问题，应提前处理。

羁押场所电路的检查。检查羁押场所内电源和照明用具是否安全可靠、是否可以正常使用；灯具是否置于看管对象无法触及的位置；电源线是否外露；电源开关是否置于羁押室外等。如有问题，应提前处理。

（2）对看管对象的安全检查。执行看管警务的司法警察对进入羁押场所的犯罪嫌疑人、被告人或罪犯应进行安全检查。主要采取手持金属探测器与手工检查相结合的方式进行安全检查。安全检查应当由两名司法警察协同实施，一名司法警察控制住检查对象，另一名司法警察进行安全检查。

如查出违禁物品，应立即收缴，并报告看管警务负责人。

2. 交接登记。与执行押解任务的司法警察履行交接手续时，应当清点被告人人数、核对身份、了解基本情况，逐一登记被告人姓名、案由以及进出羁押场所的时间等，并由执行押解、看管任务的司法警察分别签名确认。

3. 戒具使用。看管期间，对被告人可以解除戒具。对可能发生脱逃、行凶、自杀、自伤和其他危险行为的被告人,应当根据安全需要使用相应戒具。对未成年被告人一般不得使用戒具,但确有人身危险性的除外。

4. 巡查防控。严密监控被告人举动,不间断巡查羁押场所,检查门窗是否锁闭、牢固。

5. 看管要求。

(1) 对同案被告人、男性被告人和女性被告人、成年被告人和未成年被告人以及其他需要分别看管的被告人,应当分别看管。

(2) 必要时,对被告人实行面对面看管。

(3) 被告人在看管期间有检举、揭发请求时,应当立即报告审判长或者独任审判员,并及时报告司法警察部门负责人,及时配合处理。

司法警察执行看管任务时不得有以下行为:

(1) 询问或者谈论案情。

(2) 辱骂、体罚、虐待或者变相体罚被告人。

(3) 允许无关人员进入羁押场所。

(4) 给被告人带食品或者其他物品。

(5) 给被告人传递口信。

(6) 未经允许在羁押场所拍照、录音、录像和接受采访。

(7) 其他与看管任务无关或者违法违纪的行为。

6. 就餐。被告人在看管期间就餐时,应当在司法警察当面看管下用餐,同案被告人不得在同一场所同时用餐。就餐的食物应当由人民法院提供,并留下小样,冷藏保存至少24小时。不得让被告人使用金属、陶瓷、硬塑料、玻璃等可能存在安全隐患的餐具,不得使用筷子、叉子等锐器餐具进食,应当使用木质或者材质较软的勺子进食。用餐结束后,要及时回收餐具、剩菜饭等,确保被告人没有私藏物品。对于患有糖尿病、高血压、高血脂等疾病,对饮食有特殊要求的被告人,以及有民族风俗、宗教信仰等特殊情况的被告人,应当为其提供相应符合条件的食品。

7. 如厕。被告人如厕前,司法警察应当查看卫生间的环境是否安全,卫生间内有无危险品以及障碍物;如厕时,其应当处于司法警察有效控制范围内,一名被告人应当由两名同性司法警察进行监控。

8. 就医。看管期间被告人突发疾病,司法警察应当立即将相关情况报告审判长或者独任审判员,可以在对被告人进行有效控制的前提下,根据现场具体情况采取必要的救护措施或者送医。

9. 特殊看管。被告人患有传染病或者其他疾病的,司法警察应当视情况采取有效防护措施,根据需要为被告人提供必要的辅助设备或者器械。

二、实训案例

【案例 8-2】

2019 年 10 月 16 日，某市中级人民法院开庭审理李某强等人贩卖毒品案，其中，主犯李某强，32 岁，从犯李某刚，24 岁，系李某强的表弟，患有癫痫病，精神不稳定，且有自杀倾向。从犯张某怡，女，17 岁，系李某刚的女友。

开庭前三被告人被押至法庭羁押室看管。随着开庭时间的临近，张某怡逐渐情绪激动，哭着说要见自己的母亲，而另一羁押室的李某刚听到女友大哭后，情绪也逐渐失控，用头猛撞墙壁，脸色发青。

【问题】

1. 如果你是此次案件执行看管负责人，结合案情及被告人的情况，你将如何制定看管工作计划？
2. 如何进行警力分配和任务分工？如何按步骤执行对被告人的看管？
3. 本案中还有哪些需要注意的事项？

三、实训目的

看管是司法警察刑事审判警务保障的重要职务内容，通过顺利执行看管，有效保障刑事审判工作安全有序开展。通过实训，学生应加深对看管工作理论知识的理解，掌握看管的步骤和分工，明确执行看管的岗位职责，掌握看管中突发事件的处置技巧，养成良好的警务工作素养，为今后从事司法警察相关工作打下坚实的基础。

四、实训内容

1. 依据本案例，制作此次看管任务的实施方案。
2. 对羁押室及被告人进行安全检查。
3. 执行羁押室看管。
4. 执行监控室看管及交接登记。
5. 看管中突发事件的处置。

五、实训场地和器材

（一）实训场地

实训楼模拟羁押室。

（二）实训器材

1. 模拟羁押室钥匙。
2. 羁押人员进出登记表。

3. 警棍、手铐、枪支等警用器械。

4. 对讲机等通讯器材。

5. 手持金属探测器。

六、实训的步骤、方法和注意事项

(一) 实施步骤、方法

1. 训前准备。

(1) 熟悉实训场地，准备好实训器材。

(2) 熟悉案情，了解被告人基本情况。

2. 学生分组。根据实训需要，对学生进行分组，每组 12 人，并确定 1 名负责人。其中，3 人扮演被告人，3 人扮演执行看管法警，6 人扮演执行押解法警。

3. 模拟实施看管。

(1) 法警队负责人向队员介绍案情及被告人基本情况，并布置不同看管岗位的任务分工，确定各个岗位职责。

(2) 羁押室监控法警对羁押室进行安全检查，准备好进出登记表。

(3) 押解法警将被告人押至羁押室。

(4) 执行看管。

①与押解司法警察依法履行交接手续。认真核对被告人的身份，了解其犯罪的基本情况、有无疾病、有无异常情绪等情况。对被告人进出羁押场所的时间以及押解司法警察的姓名等，要逐一登记，认真填写看管记录。

②对看管对象进行人身安检。

③依法告知被告人在看管期间的权利和应遵守的规章制度。

④将被告人带进羁押间，安排其坐下，将羁押间门关上并上锁。

⑤密切监控被告人活动，并经常巡查看管场所，检查看管场所的门锁是否安全、有效，发现被告人有异常行为和表现，及时报告值班领导。

⑥被告人在看管期间有检举、揭发的要求时，应立即报告部门领导和本案负责人，及时制作笔录、录音或录像处理。

⑦被告人需要上厕所时，每名被告人应由两名司法警察监控。遇有女性被告人时，应由女司法警察监控。被告人如厕前，司法警察要注意查看厕所的环境是否安全，厕所内有无危险品及障碍物。被告人如厕时，司法警察应处在有效控制位置，防止脱逃等意外事件的发生。

(5) 模拟突发事件，让担任法警的学生完成对该突发事件的准确处置。

(6) 实训过程中，学生互相配合模拟练习，并进行角色互换，同学之间可以针对训练中的问题进行讨论、总结，也可以向老师寻求帮助。

4. 事后总结。

（1）完成实训后，由本组的负责人对本组的实训情况进行总结自评。

（2）没有进行实训的其他组也可以进行点评，提出实训组存在的问题和建议。

（3）所有组实训完成后，由任课老师进行总结点评，并要求实训组以组为单位提交实训报告。

（二）注意问题

1. 扮演法警的学生必须着警服。

2. 扮演被告人及群众的同学应当着便服。

3. 参加实训的学生要按照实训要求认真进行演练，听从指导老师的安排，整个演练过程必须严肃、真实。

4. 教师在实习过程中要全程进行指导、监督。

七、实训考核

（一）实训考核要求

1. 严格按照考核标准考核。

2. 考核要公平、公正、客观。

3. 实训成绩按照一定比例计入综合实训成绩。

（二）实训考核标准

考核模块	考核要点	考核分值	考核得分
知识运用模块	1. 看管方案	10	
	2. 警力配置	5	
	3. 物资准备	5	
	4. 执行看管的规范	25	
	5. 交接流程的准确	10	
组织协调模块	6. 人员分工	5	
	7. 实训中的纪律	5	
	8. 实训器材的准备	5	
能力培养模块	9. 组织管理能力	5	
	10. 口头表达能力	5	
	11. 武器警械运用能力	10	
	12. 问题处理能力	10	

八、思考题

1. 如果执行看管的对象不是单一被告,而是有多个案件、多名被告同时关押在羁押室中,那么有哪些需要特别注意的地方?

2. 在执行看管的每一个环节中,分别有哪些应当注意的事项?

3. 在看管过程中有哪些较常见的突发状况?作为司法警察应该如何进行处置?比如看管对象拒绝进食,你如果是看管的执行法警,你会做如何处理?还有其他的吗?

单元九

值庭

一、基础知识点

（一）值庭前的准备

1. 值庭警务受领。

（1）接受用警部门的申请。在案件审判工作中，承办业务部门在 3 个工作日前向法警部门提交用警申请，包括用警时间、地点、案件承办法官及联系人、被告人的基本情况、拟旁听人员数量及潜在风险评估。

（2）审核用警申请。法警部门认真、严格审核用警部门提交的申请，报请分管院领导审批后，可指派值庭任务负责人，负责值庭任务具体工作分配，安排警力维护法庭秩序，保障审判工作顺利进行。

2. 值庭警力配备。

（1）刑事案件的庭审活动必须配备值庭司法警察。这不仅是由刑事案件的严厉性和严格程序性决定的，而且还是实现值庭任务的基本要求。

（2）民事或行政案件的审判活动适度配备值庭司法警察。民事、行政案件审判活动可以根据案件需要、当事人及诉讼参与人的情绪状态及现有警力等因素，适度配备值庭司法警察。由于我国人民法院司法警察力量相对不足，就案件性质和警力情况而言，还没有对所有民事、行政案件的审判活动都配备值庭司法警察。

现阶段，法院仅对以下民事、行政案件审理配备值庭司法警察：①对影响大或涉及较多人利益的民事、行政案件审判活动，配备必要的、充分的值庭司法警察；②对于当事人情绪不稳定，可能出现自杀、大闹法庭，旁听人员中有可能冲击审判区域，危及庭审人员、其他诉讼参与人人身安全等倾向的民事、行政案件的审理活动，应当配备必要的值庭司法警察。

（3）根据审判活动区域内外的具体情况配备。进行值庭警力配备时，不仅要考虑到审判区域内的安全要素，还要考虑到旁听人员数量和审判场所外围可能出现的意外情况，以防止审判区域内外扰乱法庭秩序情况的发生。因此，应结合审判区域内外具体情况，配备足以能及时有效处置庭审过程中突发事件发生的值庭力量。

（4）根据庭审活动的规模配备。对于法院的大型庭审活动，应配备并加强值庭力量，并对参与庭审的非依法履行职务的人员进行有组织、有秩序地管理和安全检查，以保证庭审活动的有序进行。

目前，法院较常举行的大型公开宣判活动主要是刑事案件，而且一般都是涉及判处死刑和其他具有较大影响的案件，或者在特定时期针对各种严重社会治安问题进行的集中宣判。这类案件的公开宣判是对社会公民进行良好的法制教育体现。因此，大型公开宣判活动必须配备值庭人员，并且要求配备足够警力。

（5）涉外案件的审判活动中，必须配备值庭的司法警察。

3. 值庭警务准备。

（1）熟悉案情。司法警察部门在接到值庭任务后，应与案件承办人取得联系，及时了解案由、审判的时间和地点、被告人的基本情况（姓名、年龄、性别、民族、数量、身体状况以及认罪伏法态度等）。对于刑事案件，应与刑事案件被告人羁押场所沟通联系，了解被告人在羁押场所的表现。对于大型审判活动的时间、地点、规模、诉讼参与人的数量、证人的姓名、数量与所在位置，可能参加旁听的人员数量以及可能发生的各种情况，做到心中有数。

（2）制定值庭工作实施方案。司法警察部门的指挥人员应当根据庭审的时间、案件的类型、被告人的数量、旁听人员的数量、场地条件等情况，制定相应的值庭方案和突发事件处置的应急方案与措施。具体来说，值庭方案包括以下基本要素：案件的基本情况、组织指挥、警力部署、装备配备保障、情况处置和其他要求。

（3）值庭装备配备保障。值庭任务前，检查手铐、警棍、枪支、警绳、手套、通讯工具等装备是否齐全有效。为防止突发事件发生，可视情况准备紧急用车，备足油料，检查车辆性能是否完好，检查法警警容风纪是否符合要求等。

（4）庭前安全检查。司法警察部门应对与值庭任务有关的场地进行现场观察，确保审判法庭内部所有设施设备性能完好，包括法庭座椅、电路、安全门通道、使用的视频设备、扩音设备等，排查安全隐患。确保法庭情况良好后，将情况汇报给法庭审判人员。刑事案件值庭的庭前安全检查还应当确保法庭内约束设施牢固安全，约束椅能够正常锁闭。

对于大型审判活动的场地通常选用在人民法院以外的公共场所，因此对审判场所的周围环境、车辆进出路线、被告人进出通道、证人所在的位置等更要进行仔细地实地察看，以便制定相应的实施方案。

（二）值庭中的组织实施

1. 庭前引导旁听人员就座。开庭前，值庭法警应当按时到达法庭，检查安全防范措施是否到位、警具装备、通信工具性能是否良好。在庭前安全检查工作完毕后，引导旁听人员入庭就座。对旁听人员的身份证件进行检查，发现有未成年人、精神病人、醉酒的人或其他不宜旁听的人员，应当阻止其进入审判法庭。

旁听区值庭法警的位置，分为固定位置和流动位置两种。

（1）固定位置。一至二名司法警察在固定位置值庭时，一般在旁听区与审判区隔离带的两端相向而立。采取坐姿值庭时，通常在旁听席第一排座位的两端就座。具体值庭时，还应当考虑隔离带通道门的设置方位。多名司法警察固定位置值庭时，根据实际情况合理部署。

（2）流动位置。在法庭旁听区域的过道，通过司法警察来回巡察实现位置流动。司法警察在流动位置值庭时，一般不妨碍旁听人员的视线。

2. 指引证人、鉴定人进入和退出法庭。接到审判长传带证人、鉴定人到庭的指令后，靠近证人、鉴定人等候室的值庭司法警察引导证人、鉴定人入庭作证，示意证人、鉴定人可以进入法庭。传带时，司法警察位于证人、鉴定人侧前方，引导证人、鉴定人到达证人席入座，随后返回值庭位置。

当证人、鉴定人佐证结束，法官准予证人、鉴定人退庭后，值庭司法警察应提示证人、鉴定人起立，同时引导证人、鉴定人退出法庭。待证人、鉴定人退出法庭后，返回值庭位置。

3. 出示书证、物证。

（1）出示书证。庭审期间，接到法官出示书证的指令后，值庭司法警察应遵循就近原则，由离公诉人较近的值庭司法警察执行。先行立正，齐步走向公诉人，双手接过书证，转身走向被告人侧前方 0.5m 到 1m 处，以被告人能清楚辨认证据材料为宜。对于易毁损的证据，更要注意安全，防止被告人借机毁损。出示书证时，斜跨一步，双手伸直，将书证置于被告人前方与眼睛平行位置，值庭司法警察应用左手持书证的右上角，右手示意阅读部分，询问被告人是否看清；如果证据材料连同案卷等其他材料需要翻页时，值庭司法警察左手固定书证，右手进行翻页展示，而不得将所有材料交由被告人自行翻阅。当被告人查看完毕后，值庭司法警察转身，示意审判长查看完毕。根据审判长指令，值庭司法警察将书证双手交由辩护人查看，然后取捷径返回值庭位置。当辩护人查看完毕后，位于辩护人一侧的值庭司法警察双手将书证取回，提交法庭，随即返回值庭位置。

（2）出示物证。由离公诉人较近的值庭司法警察齐步走向公诉人，双手接过物证（以刀具为例），转身，走向被告人侧前方 1 米处，斜跨一步，双手伸直，右手握刀柄，左手捏住刀刃侧面，使被告人无法接触到刀具，询问被告人是否看清。待被告人查看完毕后，值庭司法警察转身示意审判长查验完毕。向审判人员、检察人员递还刀具物证时，以双手托住物证锋利一侧，将柄把递还审判人员或检察人员，再返回值庭位置。

4. 将证人保证书交证人查签。靠近证人值庭的司法警察双手从审判长手中接过保证书，转身齐步走向证人席位，交给证人签字，并应当提示证人看清保证书，向证人清楚指示签字位置。待证人签字后双手交还审判长，随后返回值庭位置。

5. 组织旁听人员退离法庭。当听到宣布休庭指令时，巡庭法警走向旁听席前端，转体，面向旁听人员实行跨立。待审判人员、公诉人、辩护人退出法庭后，巡庭法警组织旁听人员有序、安全地退出法庭。巡庭法警应提示旁听人员将个人物品带离法庭，有序退场。

6. 突发事件处置。司法警察值庭中遇违反法庭纪律的行为时，应当予以劝阻、制止，并依照审判长或者独任审判员的指令依法进一步采取强制手段或者强制措施；若遇危及法庭安全或者严重扰乱法庭秩序的行为时，应当立即采取必要的处置措施，并依照审判长或者独任审判员的指令依法进一步采取强制手段和强制措施。

（三）值庭后的工作安排

1. 庭后安全戒备与检查。法庭审理完毕并不意味着值庭工作的结束，庭审后仍有可能发生一些特殊或紧急情况。如判决结果易引起被告人情绪上的波动，被告人亲属、旁听群众也可能出现过激言行，新闻记者可能会进行现场采访等，这些情形的出现将直接影响到整个审判活动能否善始善终。因此，司法警察在此阶段不能有丝毫松懈，并应做到：①时刻警惕被告人的情绪波动，加强防范；②加强外围戒备，防止被告人亲属或不明真情的群众协助被告人逃逸、行凶；③不能擅自接受记者采访，发表个人意见等。

待所有庭审人员和旁听人员离开后，进行全场安检，值庭司法警察迅速全面检查法庭，排除安全隐患，检查结束后向法警负责人报告安检情况，整队带离。庭后安全检查的目的是排查法庭设施隐患，清除旁听区遗留物，保证日后法庭设施的使用安全。

2. 总结讲评。司法警察部门负责人或者该次值庭任务负责人，在庭后召集值庭司法警察进行总结讲评，肯定成绩，找出问题，完成值庭任务报告，为以后值庭工作积累经验。

二、实训案例

【案例 9-1】

2019 年 12 月 3 日，桐城市人民法院民事审判二庭正在审理一起离婚案件。庭审中，在女方（被告）代理人答辩时，男方（原告）突然情绪失控，往被告席冲去，旁听区女方亲属感觉女方被欺负，大声呐喊，要为女方撑腰，准备冲出旁听区殴打男方，场面一度混乱，庭审被迫中断，休庭一小时，待双方及亲属情绪稳定后再开庭审理。

继续审理后，随着庭审工作的进行，案件渐渐清晰。原来，双方当事人于 2015 年 9 月经人介绍相识，一个月后便登记结婚。婚后男方发现女方可能患有精神疾病，感觉受到蒙蔽，遂离开女方与她长期分居，并因此患上了抑郁症。女方因曾为男方流产，且对男方还有感情，不同意离婚。庭审中双方针锋相对，到了最后陈述时，男方情绪又激动起来,扬言如果不离婚就拉着女方一起跳楼,女方也不甘示弱表示坚决不离婚。庭审程序刚刚结束,女方突然从自己口袋掏出一瓶事先准备好的"百草枯",试图自杀,双方情绪再度失控。

【案例9-2】 戈某故意杀人案

被告人戈某,男,1985年2月17日出生于陕西省西安市高陵县,汉族,初中文化,农民,住高陵县某村。因涉嫌故意杀人罪于2012年6月29日被西安市公安局刑事拘留,同年7月8日被批准逮捕,后羁押于高陵县看守所。

案情介绍:2012年5月13日13时许,被告人戈某到被害人董某(系被告人戈某未婚妻,二人已于2011年3月5日订婚)位于西安市等驾坡一城中村的出租屋内闲聊。聊天过程中,二人因董某要去山东临沂打工一事产生争执,再加上二人订婚后所发生的种种矛盾,被告人由言语争执转而殴打被害人,并在出租屋内将被害人掐死。事后,逃离现场。5月13日22时许,被告人用借来的五菱之光面包车将被害人尸体运到灞河边一垃圾堆处焚烧并抛弃。经法医鉴定:被害人系被他人扼压颈部致机械性窒息死亡。

本案证据有:报案人陈某某的陈述,证人王某的证言,被告人戈某的供述,西安市公安局的现场勘查笔录、现场照片及说明、作案工具、抓获经过,法医出具的尸检鉴定结论,被告人戈某的户籍证明等。

【问题】

1. 如果你是上述两个案例中值庭工作的负责人,你将从哪几个方面组织实施此次值庭任务?请制定详细的值庭任务实施方案。

2. 案例9-1、案例9-2值庭中警力该如何分配,各自的职责分别是什么?

3. 案例9-1中有哪些破坏庭审秩序的行为,如果你是值庭的司法警察你该怎么做?

4. 在民事、行政和刑事案件审理的值庭工作中,司法警察要注意哪些事项?

三、实训目的

值庭工作是司法警察日常勤务工作之一,也是整个司法警务技能的重要组成部分。通过实训,学生应加深对值庭工作理论知识的理解,掌握值庭各个环节的流程、姿势及动作要领,具备能够依据审判活动的要求和值庭原则制定值庭预案、组织实施法庭值庭活动以及处置突发事件的能力,为今后从事司法警察相关工作打下坚实基础。

四、实训内容

1. 依据上述案例,分别制作此次值庭任务的实施方案。
2. 庭前安全检查。
3. 引导旁听人员就座。

4. 传带证人到庭、引导证人退庭。

5. 出示书证、物证。

6. 组织旁听人员退离法庭。

7. 值庭中突发事件的处置。

8. 庭后安全戒备与检查。

9. 总结讲评。

五、实训场地和器材

（一）实训场地

实训场地根据案例性质，分别安排民事和刑事模拟法庭。

（二）实训器材

1. 值庭法警的证件。

2. 手铐、脚镣、警棍、枪支、警绳、手套等警用器械。

3. 模拟所需书证、物证。

4. 对讲机等通讯器材。

5. 准备审判人员法袍若干套。

六、实训的步骤和方法

（一）实训前准备

1. 按照案件性质及任课老师要求布置好实训场地，准备并检查实训器材是否齐全、完好。

2. 对学生进行实训前安全教育，提醒学生在训练时，尤其是在处置突发事件等环节注意动作的规范操作，既要让整个模拟过程严肃、真实，又要保证充当各角色参训学生的人身安全，避免受伤。

3. 再次回顾理论知识，了解值庭的工作区域，清楚在不同案件性质的审判法庭中，负责审判活动区和旁听区的司法警察各自的职责和注意事项，注重值庭任务各工作环节中动作姿势的规范性，保证模拟法庭的严肃、真实、有序。

（二）学生分组

根据实训需要，对学生进行分组。可将学生分为4组，编号A、B、C、D组，每组8～10人，各确定一名负责人。A组扮演原告或者公诉方、被告、证人、书记员、审判长及多位审判员；B组扮演本场庭审负责值庭的司法警察，分别安排至审判区和旁听区；C组扮演旁听区的旁听人员。待A、B、C组模拟完一场庭审，B、C、D组分别递进取代上一场A、B、C组的角色开展下一场模拟庭审，直至A、B、C、D组均扮演过值庭的司法警察。

（三）模拟实施值庭

1. 值庭任务受领。法院司法警察部门受领值庭任务，审核用警部门提交的申请，报请分管院领导审批，指派本场值庭任务负责人。负责人向承办业务负责人了解本场值庭任务基本情况，特别是被告、原告的基本情况，拟旁听人员数量以及潜在的风险评估。对于刑事案件，还应与刑事案件被告人羁押场所沟通联系，了解被告人在羁押场所的表现。

2. 熟悉案情，制定值庭实施方案。召集本次值庭任务法警队员，向队员介绍案情、队员熟悉案情，探讨值庭任务实施细节并制定周密的值庭方案。对每个队员负责区域进行明确分工，确定各个岗位职责，做到心中有数。

3. 庭前安全检查。负责本次值庭任务的司法警察对与值庭任务有关的场地进行现场安全排查，确保审判法庭内部所有设施设备性能良好，包括法庭座椅、电路、安全门通道、使用的视频设备、扩音设备等，排查安全隐患。确保法庭情况良好后，将情况汇报给法庭审判人员。刑事案件值庭的庭前安全检查还应当确保法庭内约束设施牢固安全，约束椅能够正常锁闭。

4. 值庭任务实施。在模拟实施值庭任务过程中，法警队员要严格遵守司法警察值庭行为的规范要求，在值庭各任务环节保持规范的动作姿势，按规定着装，保持严谨的外在形象。

5. 突发事件处置。按照案例中的情节，模拟突发事件，让值庭任务法警完成对该突发事件的准确处置。

6. 庭后安全戒备与检查。判决结果易引起被告人情绪上的波动，被告人亲属、旁听群众也可能出现过激言行，新闻记者可能会进行现场采访等，值庭司法警察在此阶段不能有丝毫松懈。待所有庭审人员和旁听人员离开后，进行全场安检，值庭司法警察迅速全面检查法庭，排除安全隐患，检查结束后向值庭任务负责人报告安检情况，整队带离。

7. 值庭任务负责人进行总结点评、完成任务报告。

（四）总结点评

1. 完成实训后，由负责值庭任务组的负责人对本组的实训情况进行总结自评。

2. 组别之间可进行互评，提出值庭任务实训组存在的问题和建议。

3. 所有组实训完成后，任课老师进行总结点评，各实训组以组为单位提交实训报告。

七、注意事项

1. 按规定着装。扮演审判人员的学生需着法袍，扮演法警学生必须着警服，用学生证代替人民警察证。扮演原告、被告、旁听人员的同学应当着便服，值庭司法警察遵守值庭基本行为规范，保持严谨的外在形象。

2. 参加实训的学生要按照实训要求认真进行演练，听从指导老师的安排，整个演练过程必须严肃、真实、安全。

3. 教师在实习过程中要全程进行指导、监督。

4. 在实际庭审工作中，司法警察人员不能擅自接受记者采访、发表个人意见。

5. 若遇破坏庭审秩序的情况，应视违反法庭纪律行为的严重程度，按照审判长或者独任审判人员的指令依法采取强制手段或者强制措施，不能随意执法和过度执法。

6. 在出示书证时，要防止被告人借机损毁，若需翻页展示，不得将材料交由被告人自行翻阅；出示物证，特别是刀具时，值庭司法警察应右手握柄，左手握住凶器侧面，使锋利部分避开被告人，防止被告人夺取凶器行凶、自残、自杀。

7. 值庭任务中，在庭审各环节、不同区域全面部署警力，同时根据审理案件的实际情况，有侧重点地安排值庭警力，做好防范工作。

8. 在庭审过程中，涉及当事人为外国人或者少数民族的人员时，因其有各自不同的风俗习惯，值庭司法警察应当注意尊重其风俗习惯和人文习惯。

八、实训考核

（一）实训考核要求

1. 严格按照考核标准考核。

2. 考核要公平、公正、客观。

3. 实训成绩按照一定比例计入期末考试成绩。

（二）实训考核标准

考核模块	考核要点	考核分值	考核得分
知识运用模块	1. 警力配置	5	
	2. 值庭方案	20	
	3. 值庭业务动作规范	15	
	4. 值庭业务动作熟练程度	15	
组织协调模块	5. 人员分工	5	
	6. 警容警纪	5	
	7. 实训器材准备	5	

续表

考核模块	考核要点	考核分值	考核得分
能力培养模块	8. 组织管理能力	5	
	9. 口头表达能力	5	
	10. 武器警械运用能力	10	
	11. 突发事件处置能力	10	

九、思考题

1. 如果在上述案例的突发事件中，审判长的处置指令有误，值庭司法警察该如何处理？如果值庭司法警察处置过当，值庭工作该如何进行？

2. 在值庭任务中除了上述案例的突发事件外，还有哪些较常见的突发状况，应该如何处置？

单元十 配合强制执行

一、基础知识点

（一）配合强制执行概述及对象

1. 概述。配合强制执行是指在人民法院对生效法律文书的执行中，司法警察根据执行法官下达的命令，配合执行人员实施执行措施或依法采取强制措施，以保障执行活动顺利进行的职务行为。

2. 执行对象。配合强制执行的对象包括可执行的动产和不动产。动产是指能够移动而不损害其经济用途和经济价值的物，一般指金钱、器物、汽车、钢材等。不动产，是指不能移动或移动即会损害其经济效用和经济价值的物，如土地及固定在土地上的建筑物、房产等。但《最高人民法院关于人民法院民事执行中查封、扣押、冻结财产的规定》第3条规定人民法院对被执行人下列的财产不得查封、扣押、冻结：

（1）被执行人及其所扶养家属生活所必需的衣服、家具、炊具、餐具及其他家庭生活必需的物品。

（2）被执行人及其所扶养家属所必需的生活费用。当地有最低生活保障标准的，必需的生活费用依照标准确定；被执行人及其所扶养家属完成义务教育所必需的物品。

（3）未公开的发明或者未发表的著作；被执行人及其所扶养家属用于身体缺陷所必需的辅助工具、医疗物品。

（4）被执行人所得的勋章及其他荣誉表彰的物品。

（5）根据《中华人民共和国缔结条约程序法》，以中华人民共和国、中华人民共和国政府或者中华人民共和国政府部门名义同外国、国际组织缔结的条约、协定和其他具有条约、协定性质的文件中规定免于查封、扣押、冻结的财产。

（6）法律或者司法解释规定的其他不得查封、扣押、冻结的财产。

（二）配合强制执行的特点

1. 保障性。实践中有些被执行人法律意识淡薄，经人民法院执行人员说服教育仍不履行义务，甚至以暴力手段抗拒执行。司法警察配合执行，就是要凭借司法警察的警务保障，确保执行现场秩序免遭破坏，执行人员的人身安全得到保护，使任务得以顺利完成。

2. 强制性。司法警察配合强制执行，需要根据案情依法采取强制措施，震慑企图逃避执行、对抗执行的被执行人，以实现执行目的，彰显人民法院的司法权威。

3. 配合性。司法警察配合执行的目的在于保障执行活动的有序开展，应对、处置强制执行中的突发事件。配合强制执行的司法警察应积极参与执行案件的案情分析，拟订警务保障方案，做好实施强制执行措施的必要准备。处置紧急情况过程中，司法警察应与其他执行人员分工协作，相互配合，迅速采取有效措施、控制局面，保障执行人员的人身安全，保护有关财产。

（三）配合强制执行的法律依据

1. 《人民法院司法警察条例》。《人民法院司法警察条例》第7条第4项规定："人民法院司法警察在生效法律文书的强制执行中，配合实施执行措施，必要时依法采取强制措施。"第9条规定："对以暴力、威胁或者其他方法阻碍司法工作人员执行职务的，人民法院司法警察应当及时予以控制，根据需要进行询问、提取或者固定相关证据，依法执行罚款、拘留等强制措施"。根据该条之规定，在人民法院对生效法律文书的强制执行过程中，如果需要由司法警察配合实施执行措施的，司法警察部门应按要求派警予以配合；配合强制执行过程中，如有必要，司法警察应依法采取强制措施，确保强制执行的顺利进行。

2. 《人民法院司法警察执法细则》。该细则第四章规定了司法警察在配合执行工作中的职责：保护参与执行人员安全；维护执行现场秩序；看管执行标的物，保障被执行财物安全；配合实施搜查、查封、扣押、强制迁出等执行行为；依照指令对妨碍执行工作的行为人采取强制措施；其他与执行工作相关的职责。

3. 《最高人民法院关于高级人民法院统一管理执行工作若干问题的规定》（法发〔2000〕3号），根据2008年12月16日发布的《最高人民法院关于调整司法解释等文件中引用〈中华人民共和国民事诉讼法〉条文序号的决定》调整。原规定第4条规定"高级人民法院在组织集中执行、专项执行或其他重大执行活动中，可以统一调度、使用下级人民法院的执行力量，包括执行人员、司法警察、执行装备等。"《最高人民法院关于人民法院执行工作若干问题的规定（试行）》第8条规定"执行人员执行公务时，应向有关人员出示工作证和执行公务证，并按规定着装。必要时应由司法警察参加。"可见，在人民法院的强制执行工作中，如有必要，应由司法警察参与其中，保障执行的顺利实施。

（四）配合强制执行的职责

根据《人民法院司法警察执法细则》（法〔2019〕28号）第五章的规定，司法警察在配合强制执行工作中主要承担以下职责：

1. 保护参与执行人员安全。配合强制执行的司法警察保护执行人员的人身安全,防止受到被执行人或他人的伤害。

2. 维护执行现场秩序。配合强制执行的司法警察应当对执行现场设置警戒区域,疏导、劝离围观群众,维护好强制执行的现场秩序,确保强制执行有序进行。

3. 看管执行标的物,保障被执行财物安全。配合强制执行的司法警察应当看管好执行标的物,避免被执行财物遭到被执行人或他人的损毁,防止被执行财物丢失。

4. 配合实施搜查、查封、扣押、强制迁出等强制执行行为。在强制执行时,人民法院有时需要对被执行人人身或其隐匿财产的处所实施搜查,或者采取查封、扣押、强制迁出等执行措施。实施这些执行行为具有较大的风险,因此,需要司法警察予以配合实施。

5. 依照指令对妨碍执行工作的行为人采取强制措施。强制执行时,如果遇有妨碍执行工作的行为,人民法院需要对行为人采取强制措施,以确保执行工作顺利进行。

6. 其他与执行工作相关的职责。除上述职责外,配合强制执行的司法警察有时需根据案情的需要,配合执行人员完成其他有关事项。

二、查封扣押动产与不动产的注意事项

(一) 配合强制执行的条件

法院在强制执行过程当中,会依生效执行文书查封、扣押被执行人的财产,并对拒不履行的被执行人的财产采取评估、拍卖、变卖等执行措施,使财产得到变现以达到被执行人应当履行生效判决义务的目的。

1. 人民法院在查封、扣押被执行人的财产时通常包括法院依职权行使和法院根据申请人提供的线索执行两种方式。

2. 被执行人未按执行通知履行法律文书确定的义务。

3. 人民法院查封、扣押的财产应当与被执行人履行债务的价值相当。此外,还应当保留被执行人及其所扶养家属的生活必需品。

4. 人民法院查封、扣押财产时被执行人是公民的,应当通知被执行人或者其成年家属到场;被执行人是法人或者其他组织的,应当通知其法定代表人或者主要负责人到场。拒不到场的,不影响执行。被执行人是单位的,其工作单位或者财产所在地的基层组织应当派人参加。在实际工作中可以通知居委会、物业管理处、辖区派出所、街道或辖区司法所等相关单位到执行现场见证。

5. 灵活采取查封措施。对能"活封"的财产,尽量不进行"死封",使查封财产能够物尽其用,避免社会资源浪费。查封被执行企业厂房、机器设备等生产资料的,被执行人继续使用对该财产价值无重大影响的,可以允许其使用。

(二) 配合强制执行查封扣押动产与不动产中常遇到的问题

司法警察在配合强制执行查封扣押动产与不动产中遇到的问题统称为风险,因为

它们有可能给司法警察的工作带来被动，带来意想不到的恶劣影响。一般常见情形包括：

1. 被执行人有抵触情绪，拒不配合执行或企图抢夺、损毁执行标的物。

2. 被执行人抢夺、毁损固定资产台账、应收账款项目、会计凭证等各类账册。

3. 被执行人以自伤、自残、自杀、自焚相威胁。

4. 被执行人以点燃汽油、煤气罐等相威胁或泼洒浓硫酸等强腐蚀性液体攻击执行人员，行凶抗拒执行。

5. 出现群体性暴力抗拒执行、聚众暴力冲击执行现场，扰乱工作秩序，阻碍执行正常进行。

6. 被执行人抢夺、损毁汽车、摩托车等具有危险性的交通运输工具。

（三）配合强制执行查封扣押的工作顺序

1. 设置执行现场警戒区域。司法警察应当对强制执行现场设置警戒区域，责令无关人员退出执行现场，对强制执行现场与外界实施有效隔离。必要时，可协调辖区的公安机关、街道、居委会、物业管理处予以协助。

2. 对执行现场进行现场检查。司法警察应当对强制执行现场进行排查清理，排除危险物质，控制危险区域，对强制执行现场周边的人员、车辆进出通道进行疏通并予以管控，消除安全隐患。必要时，可在辖区的公安机关、街道、居委会、物业管理处支持下协助设置强制执行现场的警戒区域或交通管制区域。

3. 管控执行现场人员及危险物质。司法警察应当选取安全、有利的位置密切关注被执行人以及利害关系人，有效管控被执行人、利害关系人以及可能危及安全的物品，防止被执行人、利害关系人自杀、自伤、行凶等。控制组司法警察不少于2人，可根据强制执行的需要增加控制组司法警察数量，司法警察数量与需稳控人数的比例应不低于2∶1。需稳控人员是女性的，应有女性司法警察参加。在稳控人员及管控危险物品时，司法警察应做好自身防护，密切关注稳控人员的情绪变化及行为异常，及时采取有效的稳控措施，确保稳控人员不接触到管控的危险物品。

4. 看管标的物。对于被执行的标的物，司法警察应当严密看管，确保标的物不被损毁、灭失。看管组司法警察应当严密看管被执行的标的物，若标的物是动产的，在强制执行指挥员没有明确指令时，要重点防范标的物的位置移动和被执行人以及利害关系人接触标的物。

5. 维护现场秩序。司法警察应当严格控制人员出入执行现场，防止被执行人以及利害关系人等阻挠执行工作的开展。还应密切关注被执行人的情绪变化，维护强制执行的现场秩序，确保强制执行安全有序进行。

6. 搜集、保存执行现场视频证据。司法警察应当利用执法记录仪等设备对执行现场警务保障情况进行录音录像，搜集、保存证据和记录突发事件处置情况。

7. 依法采取强制措施。对不听劝阻、滞留执行现场、阻挠执行工作的人员，司法警察可以根据情况及时采取控制、制止、强制带离等处置措施，并根据执行工作负责人的决定，依法采取强制措施。

8. 及时报告情况。执行现场除紧急情况下应当立即采取强制措施外，对执行过程中遇到被执行人阻挠、哄闹、对抗等情形的，警务保障负责人应当及时向执行工作负责人报告，根据执行工作负责人的决定采取措施。

9. 安全有序撤离。配合强制执行活动结束后，根据执行工作负责人的决定撤离。撤离前，遇有阻止撤离的，司法警察不能贸然行动，应当配合执行人员对阻止人员进行教育疏导，告知其阻碍执行的法律后果，司法警察同参与执行的其他人员一起稳控现场秩序，严防伤害参与执行人员或损毁执行标的物和警务装备的事件发生。待执行现场秩序稳定后，应当立即有序撤离现场。现场仍难以控制的，现场执行工作负责人应当向院领导汇报并建议启动应急处突预案，司法警察根据执行工作负责人下达的指令，向公安机关请求协助并等待增援。如发生危及参与执行人员人身安全的情形，司法警察应立即采取措施，进行最大限度的控制，并形成有效的防护圈等候增援。同时，司法警察及执行人员应当通过拍照、摄像等方式固定相关证据。

10. 详细汇报情况。配合强制执行活动的警务保障负责人应当向司法警察部门负责人汇报相关情况，填写相关警务台账，包括本次配合强制执行的警力配备、配合强制执行预案的实施情况、采取的强制措施、配合强制执行过程中突发情况的处置。案情重大或者造成参与执行的人员人身伤害、装备损坏、财产损失的，应书面汇报。司法警察部门应当认真总结成功的经验，反思存在的不足，积极完善相关预案。

三、执行现场的控制风险

（一）室内条件下的风险管理

表 10 - 1

类别	共性	风险内容识别	潜在风险分析	风险处置方法
室内	空间小	1. 有抵触情绪； 2. 拒不配合执行； 3. 企图抢夺、损毁执行标的物； 4. 抢夺、毁损固定资产台账、应收账款项目、会计凭证等各类账册； 5. 企图以跳楼自杀相威胁； 6. 以自伤、自残、自焚相威胁	1. 楼层 2. 客厅或办公室 3. 阳台 4. 厨房 5. 卧室 6. 厕所 7. 桌椅板凳 8. 烟灰缸 9. 酒瓶 10. 水果刀	1. 人物分离 2. 说服教育 3. 防范劝告 4. 强制措施 5. 控制带离

续表

类别	共性	风险内容识别	潜在风险分析	风险处置方法
			11. 煤气罐 12. 菜刀 13. 棍棒 14. 杀虫剂	

从表 10-1 中可以看出，室内条件下风险的共性特点是活动范围较小，识别风险后到风险处置之间相互呼应，又相互影响。当在室内条件下执行查封扣押动产时，被执行人会在最短的时间内作出不利于执行的行为。例如，在查封财产时被执行人由于有抵触情绪在客厅内会随手拿起桌椅板凳、烟灰缸、酒瓶、木棍、水果刀抗拒执行或冲进厨房持菜刀，企图点燃煤气罐以自杀、自残等方式威胁伤害现场执行人员。在查封公司时，被执行人及其员工为了阻碍执行顺利开展会抢夺、毁损该公司的固定资产台账、应收账款项目、会计凭证等各类账册。被执行人甚至会冲出阳台窗外以自杀相威胁，使得现场执行工作陷入被动。

在查封不动产房屋时，首先要确认该房屋现状，向该房产辖区派出所、居委会、物业管理处了解相关情况，是否有人居住；水表电表煤气表是否正常运行；到辖区派出所了解该房产的户籍人员身份情况以及暂住人员身份情况；到居委会、物业管处了解房产产权人以及暂住人同住人的生活规律、生活习惯、工作情况；在房产外围查验房产阳台，窗户有否晾晒衣服、鞋袜，通过晾晒的衣物数量款式推断房屋内居住人员的人数、人员性别与年龄段。根据调查了解的信息情况做好风险排查以及执行现场的应急预案和人员的分工，明确执行现场每一位警务保障人员的职责。

在室内查封扣押财产，首先是要在进入执行现场前开启执法记录仪，确保全程录音录像，固定相关证据。进入室内后，马上进行人物分离，并指定人员控制阳台、卧室、厨房、洗手间等重要位置，并对在场的被执行人以及在场人员进行有效控制和防范，被执行人或其他在场无关人员出现情绪激动，阻扰抗拒执行时应及时对其采取必要控制措施。在必要的情况下，还可以在进入室内前切断电源防止被执行人及其员工损毁、销毁账册。

查封扣押过程中，应制作查封扣押清单，并对查封、扣押的财产进行逐一登记，清点登记查封完毕后，清单由执行人员、被执行人或在场人签名或盖章后，交被执行人一份。被执行人是公民的，也可以交其成年家属一份。查封扣押财产的价值应当与被执行人履行债务的价值相当，以其价额足以清偿法律文书确定的债权额及执行费用为限，不得明显超过标的额查封、扣押。

查封扣押动产过程中不得对如下物品实施查封扣押：被执行人及其所扶养家属生活所必需的衣服、家具、炊具、餐具及其他家庭生活必需的物品被执行人及其所扶养家属完成义务教育所必需的物品;未公开的发明或者未发表的著作;被执行人及其所扶养家属用于身体缺陷所必需的辅助工具、医疗物品;被执行人所得的勋章及其他荣誉表彰的物品。

(二) 室外条件下的风险管理

表 10-2

类别	共性	风险内容识别	潜在风险分析	风险处置方法
室外	1. 场地范围大; 2. 无关人员容易聚集; 3. 容易失控	1. 在场人员性质; 2. 场内环境; 3. 周边环境; 4. 场地使用功能、现场设备、器材	1. 被执行人抗拒; 2. 家属或员工参与抗法; 3. 无关人员围观	1. 警力充足; 2. 控制出入口; 3. 设立警戒线; 4. 缩小范围; 5. 规范执法

室外条件下的风险常见类型包括群体性暴力抗拒执行,阻碍执行正常进行或聚众暴力冲击执行现场,扰乱执行秩序等,多发生于市场、厂房、商场、酒店、停车场、农场等场所。风险反应共性有:范围大、场内工作人员多、无关人员容易围观。

在实施执行时,被执行人通常会在现场煽动工人阻扰执行,甚至有部分家属掺杂起哄;不明真相的群众容易围观,特别是在市场、商场、酒店、停车场等执行现场,群众围观后,通常做的是拍照、录像发朋友圈,甚至起哄,带有偏见的看待执法过程,增大了执法难度。所以,在这种情况下的执行,要特别注意着装规范,符合规定的标准,执法过程中使用法言法语,耐心劝服被执行人,对围观群众讲清规定,耐心劝离。在发现事态有升级的苗头后,迅速报告上级,同时设立警戒区域,加强法律宣传,等待支援。如果事态变化较快,可以建议执行人员先选择放弃,尽快撤离,避免因为警力与群众数量悬殊引发混乱。

(三) 动态条件下的风险管理

表 10-3

共性	风险点	风险内容识别	潜在风险分析	风险处置方法
1. 机动性强; 2. 车辆多; 3. 容易出现事故	实际使用人	冲卡	造成事故	1. 尾随拍摄保存证据; 2. 迅速向上级报告; 3. 选择合适地点实施第二次布控; 4. 安全检查

动态条件下的常见风险类型为抢夺、损毁汽车或摩托车等具有危险性的交通运输工具。在确定某一车辆需要查封扣押后,主要是针对车辆实施查封、扣押。但在实际

中，驾驶车辆的并非被执行人本人，有可能是其家属、亲戚、朋友，甚至可能是其债权人。在对行驶中的机动车辆实施查封扣押时，应当待车辆停止后或驾驶人准备下车离开车辆时进行。在特殊情况下，被执行人会在知道此车辆会被查封的情况下，委托无关人员驾驶车辆离开居住地，逃避执行。

1. 在这种情况下首先选择合适的地点利用阻车器、警车进行阻拦，如利用停车场、高速路口收费站、国道狭窄路口，在实施扣押中应当避开车辆出行的高峰期。

2. 实施扣押过程中，要严格按照车辆查缉战术操作流程检查车辆，同时要对实际驾驶人核实身份，根据车辆驾驶人实际情况表明身份，说明情况。如果是被执行人，要根据执行人员的指令对其实施带离现场，并对车内物品进行清点备案。

3. 对强行冲卡的车辆，不要做出危险行为。例如，对在公共道路上疯狂逃窜的车辆，不得使用或指令警车强行超越或直接拦截，应尾随拍摄和保存证据，同时向上级报告，待车辆停止或利用有利地形时机将其截停。

实践中，应尽可能在人民法院的智能指挥系统的监控下实施整个执行过程，同时配备执行记录仪。因为执行任务的特殊性，在现场，执行人员会遇到很多应急事件，所以为了确保安全及执行任务的规范性，预防授人以柄，要充分利用我们的监管平台实施更全面、更系统的监管机制，实施更有效的警务保障。

四、实训案例

【案例 10-1】

某区人民法院执行局干警到被执行人高某所在经营场所进行腾退出租房的强制执行。被执行人高某将大门锁上，并在门口放置汽油等易燃物品，阻止执行。

【问题】

1. 司法警察在配合实施强制腾退的执行任务时，应事先做好哪些工作？

2. 在被执行人已经放置汽油等燃烧物以阻止执行时，配合执行的司法警察应如何应对？

3. 如果司法警察事先已经了解到被执行人可能会采取措施阻止执行，在制定执行预案时应注意哪些事项？

五、实训目的

配合强制执行是司法警察职责之一，也是整个司法警务技能的重要组成部分。通过实训，学生应加深对配合强制执行工作理论知识的理解，掌握配合强制执行各个环节的流程、姿势及动作要领，具备能够规范执行和执行风险突发事件处置的能力，为今后从事司法警察相关工作打下坚实基础。

六、实训内容

1. 依据案例 10-1，制作此次配合强制执行任务的实施方案。
2. 预判配合强制执行中可能遇见的突发事件及制定处置方案。
3. 制作执行公告、执行笔录等相关文书。
4. 总结讲评。

七、实训场地和器材

（一）实训场地

实训场地根据案例性质，分别安排模拟执行现场。

（二）实训器材

1. 配合强制执行的法警证件。
2. 手铐、脚镣、警棍、枪支、警绳、手套等警用器械。
3. 模拟所需风险内容物。
4. 对讲机等通讯器材。

八、实训的步骤和方法

（一）实训前准备

1. 按照案件性质及任课老师要求布置好实训场地，准备并检查实训器材是否齐全、完好。

2. 对学生进行实训前安全教育，提醒学生在训练时，尤其是在处置突发事件等环节注意动作的规范操作，既要让整个模拟过程严肃、真实，又要保证充当各角色参训学生的人身安全，避免受伤。

3. 再次回顾理论知识，了解配合强制执行的工作要点，清楚在不同风险处置情形中司法警察的职责和注意事项，注重配合强制执行各工作环节中动作姿势的规范性，保证模拟执行的严肃、真实、有序。

（二）学生分组

根据实训需要，对学生进行分组。可将学生分为 4 组，编号 A、B、C、D 组，各组确定一名负责人。A 组扮演执行法官，B 组扮演配合强制执行的司法警察，C 组扮演被强制执行财产的所有人、使用人，D 组为机动组，根据实训需要补充其他 3 组成员。4 组间轮换角色模拟实训。

（三）模拟配合强制执行

1. 被强制执行现场布置。

2. 熟悉强制执行现场及人员情况，制定配合强制执行实施方案。

3. 配合强制执行前的装备、人员安全检查。

4. 配合强制执行任务实施。

5. 突发事件处置。按照案例中的情节，模拟突发事件，让配合强制执行法警完成对该突发事件的准确处置。

6. 配合强制执行后的现场处置，整体工作结束后向执行法官报告情况，整队带离。

7. 配合强制执行任务负责人进行总结点评，完成任务报告。

（四）总结点评

1. 完成实训后，由负责配合强制执行任务组的负责人对本组的实训情况进行总结自评。

2. 组别之间可进行互评，提出配合强制执行任务实训组存在的问题和建议。

3. 所有组实训完成后，任课老师进行总结点评，各实训组以组为单位提交实训报告。

九、注意事项

1. 按规定着装。

2. 参加实训的学生要按照实训要求认真进行演练，听从指导老师的安排，整个演练过程必须严肃、真实、安全。

3. 教师在实训过程中要全程进行指导、监督。

4. 若遇破坏强制执行秩序的情况，应视妨害执行公务行为的严重程度，按照执行法官或者配合强制执行法警负责人的指令依法采取强制手段或者强制措施，不能随意执法和过度执法。

十、实训考核

（一）实训考核要求

1. 严格按照考核标准考核。

2. 考核要公平、公正、客观。

3. 实训成绩按照一定比例计入期末考试成绩。

（二）实训考核标准

考核模块	考核要点	考核分值	考核得分
知识运用模块	1. 警力配置	10	
	2. 配合强制执行对象识别	10	

续表

考核模块	考核要点	考核分值	考核得分
知识运用模块	3. 配合强制执行动作规范	15	
	4. 配合强制执行熟练程度	15	
组织协调模块	5. 人员分工	5	
	6. 警容警纪	5	
	7. 实训器材准备	5	
能力培养模块	8. 组织管理能力	5	
	9. 口头表达能力	10	
	10. 武器警械运用能力	10	
	11. 突发事件处置能力	10	

十一、思考题

1. 如果在上述案例的突发事件中，执行法官的人身受到伤害，配合强制执行的司法警察该如何处理？如果被强制执行人自伤、自残的，司法警察配合强制执行的工作该如何进行？

2. 在配合强制执行中除了上述案例的突发事件外，还有哪些较常见的突发状况，应该如何处置？

单元十一

执行死刑

一、基础知识点

(一) 执行死刑的准备工作

1. 枪决执行死刑的准备。

(1) 成立执行死刑任务的领导小组。执行死刑任务前应成立由各部门主要负责人参加的领导小组,明确各部门的工作职责。领导小组应设立执行总指挥一名,副总指挥若干名。总指挥一般由执行法院分管刑事审判工作的院领导担任,主要负责指挥和督促有关部门开展工作,副总指挥由各部门负责同志担任,负责指挥、督促、检查本部门的工作情况。

(2) 制定执行死刑方案。执行死刑的领导小组应根据被执行死刑罪犯的人数、执行地点和环境、罪犯表现、行车路线、执行方式、天气变化等实际情况,制定出详细的执行方案。执行方案应包括执行死刑各阶段的时间安排、对意外事故的处置方法、对可能发生的突发事件的防范措施等内容,确保执行死刑工作有章可循、万无一失。

(3) 确定执行人员,明确分工。在执行死刑任务中,应对参与执行死刑任务的人员进行分工,明确各自职责,适时对参加执行任务的人员进行教育,确保执行死刑工作的顺利实施。

(4) 认真查看场地。场地是指执行死刑过程中各实施阶段的场地,包括验明正身场地、公开宣判场地、刑场。对场地的总体要求是易于控制罪犯、易于警戒、易于处置紧急情况。

具体实施时须做到:

①查看验明正身场地。验明正身是法律规定的对罪犯执行死刑时的必经程序,也是死刑罪犯情绪波动最大的时刻,极易发生自杀、自残或者伤害司法人员的意外事故。因此,对验明正身场地内的可移动物品,如桌子、椅子等,以及墙面凸出物等可能造成危险的物品,必须严格处置,以防万一。

②查看宣判活动场地。一是查看罪犯临时羁押室是否有一定的防范措施，是否与无关人员隔离；二是查看公开宣判地罪犯站立地点是否便于操作，上、下通道是否畅通、方便；三是在发生意外情况时是否便于紧急撤离。

③查看执行场地。查看枪决执行场地的内容主要有：射击条件是否良好；行刑地点是否平坦；是否有利于警戒；是否便于执行任务的车辆进出等。

（5）选择最佳的行车路线。确保行车路线的安全，是保障执行死刑任务安全的重要方面之一，必须认真对待。选择行车路线应注意掌握押解路线的自然情况，包括桥梁数量、岔路口数量、路面宽狭度、人员车辆流动量及可能塞堵执行车辆通过的地段情况；了解押解路线的治安状况；实地确定最佳行车路线和应急行车路线；注意跟沿线公安交通管理部门取得联系，取得他们的支持与配合。

（6）做好执行死刑的勤务保障。提供良好的物质保障，是执行死刑任务顺利实施的重要保证。执行死刑任务的物质保障主要做到以下方面：

①枪支、弹药。采用枪决方式执行死刑时，配备正、副射击手，射击手应提前检验枪支，确认枪支性能良好并进行擦拭保养。枪支、弹药依据执行死刑罪犯的人数及实施警戒实际需要进行配备，并配备适当的备用枪支、弹药。

②警用戒具。执行人员要提前准备好警用戒具，包括手铐、脚镣、警绳、电警棍及其他需要配备的物品。

③车辆。车辆分为囚车、工作车、指挥车等。原则上一辆囚车押解一名死刑犯，事先定人、定位、定车，并配置适量的预备用车。事先要检查车辆性能，排除可能发生的事故隐患。

④做好通讯联络，确保指挥畅通。

（7）掌握死刑罪犯的相关情况。罪犯的姓名、性别、特长；罪犯的籍贯或居住地，以便掌握和控制罪犯家属及亲朋好友的动态，以防止可能发生的各种情况，并做好相应的防范措施；案由及羁押地点的情况，以便在执行中，有针对性地做好罪犯情绪稳定工作。

2. 注射执行死刑的准备。注射执行死刑的准备工作除了按照枪决执行死刑做好准备工作以外，还要做好以下准备工作：

（1）领取注射器和注射药物。并检查注射器和注射药物是否性能良好、有效。

（2）确定并查看注射场所。注射执行死刑应在专用执行场所（执行室）内进行。查看注射执行场地的内容主要有：行刑床及其固定设备是否良好；注射器材是否准备妥当；注射用药量能否达到致死量；行刑场地是否安全、安静、可靠。

（3）确定注射人员。注射人员由司法警察担任，视情况也可以由法医担任。注射人员应经过专门训练，须达到操作熟练、注射准确无误的要求。

（二）执行死刑勤务的实施方法

1. 验明正身的实施方法。

（1）验明正身是指查验核对即将交付执行死刑的罪犯是否就是死刑判决确定并宣告判处死刑的罪犯。《刑事诉讼法》第263条第4款规定：指挥执行的审判人员，对罪犯应当验明正身。

（2）验明正身一般在羁押地点进行。羁押场所看管人员将死刑罪犯提出，交由司法警察对死刑罪犯实施捆绑，一般由3名司法警察捆绑一名死刑罪犯。捆绑完毕，由审判人员和检察人员验明正身，宣读执行死刑命令。

（3）验明正身是死刑执行程序中防止错杀的一个重要环节，必须认真对待。验明正身时，司法警察要时刻注意死刑罪犯的动态，抓住其手臂，防止自杀、自残、报复等行为的发生。

2. 死刑罪犯押解的实施方法。

（1）验明正身完毕后，要迅速将死刑罪犯押解上囚车。

（2）押解途中，押解车辆要编队行进，一般按指挥车、执行人员车、囚车、审判人员车的顺序行进。

（3）押解过程中，要严格遵守押解的有关规定，高度警惕，严密注意死刑罪犯的动态，防止发生意外情况。

3. 宣判场所的实施方法。

（1）将死刑罪犯押解到指定地点后，要按照看管的规定严密看守。对死刑罪犯应实施面对面看管，同时要增加看管警力。

（2）羁押地点外围要实施警戒，严禁无关人员与死刑罪犯接触。

（3）做好宣判的准备工作，熟悉宣判场所的位置及出入口，按宣判的出场顺序将死刑罪犯押解好。

（4）当审判长宣布押死刑罪犯到庭的指令后，押解人员要集中精力，动作敏捷，按押解规范要求，将死刑罪犯押进宣判会场的指定位置，面向审判台前群众，听候宣判。

（5）宣判结束后，根据审判长的指令将死刑罪犯押赴刑场。

4. 刑场执行死刑的实施方法。

（1）刑场指挥人员、执刑人员先行进入刑场，执刑人员按指挥人员的口令装填子弹或者准备注射器具，在指定地点站立待命。

（2）死刑罪犯押至刑场后，刑场指挥人员立即指挥将死刑罪犯按顺序押解至执行位置。使用枪决方式执行时，让罪犯跪立；使用注射方式执行时，令罪犯仰卧在执行床上，进行固定固牢，并将注射药物连通静脉。为执刑人员创造良好的执刑条件。

（3）执行总指挥下达执行命令后，刑场指挥员随即命令执刑人员迅速进入射击或注射位置。

（4）刑场指挥员检查完毕后，迅速下达"射击"或"注射"的口令，执刑人员立即实施射击或注射。

（5）射击或注射后，经法医检查，如果罪犯没有毙命，执刑人员按指挥员口令及时补射或再行注射，直至死亡。

5. 注射死刑的详细实施步骤。

（1）固定死刑犯。由于执行床系液压装置，可以升降和翻转，配合的犯人可以自己躺下，大部分被执行的犯人可能不会配合，或者动弹不了，执行床可以升降与翻转至犯人的背部，法警非常容易将安全带系在犯人身上，使犯人动弹不了。

（2）"打通道"。将犯人固定在执行床上后，有医疗资格的法警会在犯人的胳膊上"打通道"，即在犯人的静脉上插上针头皮管。"打通道"的人被称为"专业通道人员"。此步骤是整个执行中唯一采用人工操作的步骤。

（3）注射药物。死亡注射针剂由三部分组成，首先是让意识丧失的硫喷妥钠；其次是通过放松肌肉达到麻痹心脏和中止肺部活动的溴化双哌雄双酯；最后是导致心脏停止跳动的氯化钾。完成"打通道"后，监控舱执行官下达指令，主要执行法警会轻轻按下注射泵启动开关，很快注射泵内的化学药剂会推进到犯人血液中，在推进过程中，犯人随着体内化学药剂的增加，渐渐停止呼吸与心跳。与此同时，电脑显示屏上的脑电波从有规律的波动变成几条平行的直线。当仪器里发出连续不断的电子声，打印机开始工作，脑电波的前后变化被清晰地印在纸上。脑死亡将作为死刑报告的主要内容。

（4）死亡确认。由法医根据心跳、呼吸、脑电波、体温等多项指标确认罪犯死亡，并且签字确认，最终犯人尸体被抬下执行车送至殡葬车。

通常用注射方法执行一名犯人死刑，从犯人上车到被执行，不会超过 5 分钟的，如果从"打通道"算起，执行犯人注射死亡的全部时间应该在 100 秒左右。

（三）执行死刑勤务结束后的工作

1. 遗书、信札及其尸体的处理。执行死刑后，对死刑罪犯的遗书、信札应当及时进行审查处理，对罪犯尸体由人民法院按照有关规定处理。

依照《刑事诉讼法》第 263 条第 7 款的规定，将罪犯执行死刑后，交付执行的人民法院应当通知罪犯家属。家属可以在限期内领取罪犯尸体或骨灰，未被领取的尸体或骨灰由人民法院通知有关单位处理。对于死刑罪犯的尸体或骨灰的处理情况，应记录存卷。

对于死刑罪犯身边的遗物、遗款，应由羁押罪犯的看守所或监狱清点后，交其家属领收，并将收条移送交付执行的人民法院存卷。如果死刑罪犯尚有在诉讼中确定应交付的款项，那么按照人民法院的通知，由看守所或监狱协助预先从遗款中扣除。

2. 解除警戒与撤离。刑场指挥员组织射击手验枪，决定解除刑场警戒，组织执勤人员撤离刑场。

3. 注射器具的销毁。注射执行死刑后，负责执行的司法警察，要在有关领导的严格监督下，将使用过的注射器销毁。

二、实训案例

【案例 11-1】

时间：2004 年 2 月 20 日上午；

地点：贵州省遵义中院流动注射执行车；

人物："九指狂魔"张某强

事件：执行死刑

8：30 执行法官和检察官在法警的伴随下，到看守所提押罪犯张某强，开始执行死刑前的验明正身。

9：00 张某强被押至宣判会场听候宣判。

9：50 张某强被威严的法警从宣判大会场押到了刑场。刑场内，流动死刑执行车上的工作人员已经完成了各项执行准备。当罪犯张某强被押出囚车时，站在执行车前的遵义中院院长李某良表情严肃地对张某强说："罪犯张某强，你是我院使用流动执行车采用注射方式执行死刑的首名罪犯，希望你配合。"张某强表示愿意配合。随后，两名法警将罪犯张某强押进执行车。

10：00 张某强被法警固定在执行床上，并在罪犯的胳膊上"打好通道"（在罪犯的静脉上插针头皮管），罪犯表情平静。

10：06 监控舱"执行官"下令，执行法警按下了连接在罪犯左肘静脉血管上的注射泵启动开关。两只分别装有呼吸抑制剂和心脏抑制剂的针管在机械作用下，将药剂推进罪犯的血液中，随着体内化学药剂的增加，罪犯渐渐停止呼吸与心跳。

10：08～10：10 仪器显示罪犯心跳和脉搏同时停止，法医检测后宣布罪犯死亡。整个死刑执行过程仅持续了 130 秒。

罪犯被执行死刑后，尸体被立即运往火葬场火化。

【问题】

1. 如果你是本次注射死刑工作的负责人，你将围绕哪些方面组织此次注射死刑？请制定注射死刑任务的实施方案。

2. 注射死刑中的警力应当如何配备？每个岗位的职责是什么？

3. 遇到死刑犯自杀、晕倒等突发事件该如何处置？

三、实训目的

通过实训，学生能够进一步掌握执行死刑的基本理论，锻炼使用双通道注射泵、心电监控仪、执行床、模拟人等模拟注射死刑设备；掌握执行死刑的基本程序，提高突发事件的处置能力，同时增强执行死刑的心理调适，锻炼遵守纪律、保守秘密的能力。

四、实训内容

1. 制作注射死刑任务的实施方案。
2. 注射死刑过程中对死刑犯的验明正身和宣判。
3. 注射死刑过程中对死刑犯的押解。
4. 注射死刑的执行。
5. 注射死刑过程中突发事件的处置。

五、实训场地和器材

（一）实训场地

学院模拟注射执行室。

（二）实训器材

1. 双通道注射泵。
2. 心电监控仪。
3. 执行床、模拟人。
4. 手铐、警棍、手枪、警绳等警用器械。

六、实训的步骤、方法和注意的问题

（一）实施步骤、方法

1. 训前准备。

（1）布置实训场地，准备好实训器材。

（2）对学生进行实训前执行死刑心理预期、纪律和保密的教育。

（3）再次示范注射死刑的相关规范动作要领，提醒学生在进行对抗性训练时，尤其是在捆绑死刑犯、处置突发事件等环节注意动作的规范操作，既要让整个模拟过程严肃、真实，又要保证充当死刑犯的学生的人身安全，避免受伤。

2. 学生分组。

（1）根据指导老师设计的案情，安排参加实训的学生分组、角色分工。

（2）每小组人数控制为 8~10 个同学，模拟角色分别为执行法官 1 人、法警 5 人、法医 1 人、检察官 1 人、死刑犯 1 人、死刑犯家属 1 人等，并明确各自的职责任务和工作内容。每组确定一名负责人。

3. 模拟实施押解。

（1）执行法官向队员介绍案情及死刑犯基本情况，确定各个岗位职责。

（2）完成到看守所提押死刑犯、验明正身、宣判等流程。

（3）以徒步押解的方式完成对死刑犯的押解，将死刑犯押解至学院实训楼模拟注射死刑室。

（4）模拟注射死刑的捆绑、准备药物、静脉注射和确认死亡的整个执行死刑过程。要熟练掌握双通道注射泵、心电监控仪、模拟人固定以及静脉注射的操作要点。重点掌握注射死刑的"三步走"的步骤。

（5）模拟设置注射死刑过程中的突发事件，并灵活快速地完成对该突发事件的准确处置。

（6）实训过程中，学生互相配合模拟练习，并进行角色互换练习，同学之间可以针对训练中的问题进行讨论、总结，也可以向老师寻求帮助。

4. 事后总结。

（1）完成实训后，由本组的负责人对本组的实训情况进行总结自评。

（2）没有进行实训的其他组也可以进行点评，提出实训组存在的问题和建议。

（3）所有组实训完成后，由指导老师就实训情况进行总结评析，并要求实训组以组为单位提交实训报告。

（二）注意问题

1. 扮演法官、检察官的同学可以着衬衣或西装，扮演法警的学生必须着警服，可用学生证代替"人民警察证"，扮演死刑犯和死刑犯亲属等普通群众的同学应当着便服。

2. 参加实训的学生要按照实训要求认真进行演练，听从指导老师的安排，整个演练过程必须严肃、真实。

3. 教师在实习过程中要全程进行指导、监督。

七、实训考核

（一）实训考核要求

1. 严格按照考核标准考核。

2. 考核要公平、公正、客观。

3. 实训成绩按照一定比例计入期末考试成绩。

（二）实训考核标准

考核模块	考核要点	考核分值	考核得分
知识运用模块	1. 注射死刑方案制定	5	
	2. 执行死刑文书制作	5	
	3. 押解、捆绑死刑犯	10	

续表

考核模块	考核要点	考核分值	考核得分
知识运用模块	4. 注射泵、心电监护仪的准确操作	15	
	5. 注射死刑流程的准确	20	
组织协调模块	6. 人员分工	5	
	7. 实训中的纪律	5	
	8. 实训器材的准备	5	
能力培养模块	9. 组织管理能力	5	
	10. 口头表达能力	5	
	11. 武器警械运用能力	5	
	12. 突发事件处理能力	15	

八、思考题

1. 长期进行执行死刑工作，执行法警的心理压力是怎样的？有什么应对措施来缓解他们的心理压力吗？

2. 请思考如何敬畏生命。

单元十二

警务保护

一、基础知识点

根据《中华人民共和国人民检察院组织法》《中华人民共和国人民警察法》和《人民检察院司法警察条例》等法律法规，检察院司法警察具有保护出席法庭、执行死刑临场监督检察人员的安全，协助维护检察机关接待群众来访场所的秩序和安全等职责。

司法警察警务保护是指人民检察院司法警察在参与检察机关侦查、监督、诉讼活动中，为保障检察工作的顺利进行，针对特定人员、物质和空间范围所实施的专项保卫工作。

1. 警务保护的主体。执行警务保护的主体是检察院的司法警察。根据《人民检察院司法警察条例》的规定，检察院司法警察有职责对人民检察院直接立案侦查案件的犯罪现场以及出席法庭、执行死刑临场监督的检察人员进行保护。

2. 警务保护的对象。检察院行使权利时，可能存在遇到不法行为人袭击公诉人、殴打证人、围堵侦查工作地点等干扰、破坏检察工作的情况。为避免此类事件发生，保护检察人员、诉讼参与人的人身安全，保护检察工作的顺利进行，检察院司法警察依据业务部门的申请对犯罪现场、侦查活动安全的工作区域、诉讼参与人等进行警务保护。

3. 警务保护的性质。检察院司法警察作为检察院的司法行政力量，其工作性质具有依法辅助性。司法警察的全部执法活动都是在检察官的指令下完成。根据可能发生的意外情况和突发事件，经过公诉部门或者法院的申请，法警部门审查用警申请，可以指派一定数量的司法警察对保护对象实施警务保护。

4. 警务保护的目的。检察院在依法履行职责过程中，依法反腐、用法反腐，查办和预防职务犯罪，履行宪法法律赋予的监督职责。但是，在检察工作过程中，部分不法行为人可能实施伤害公诉人、证人等诉讼参与人的行为，破坏检察工作秩序。警务保护的目的就是要预防和制止破坏检察工作秩序的行为，保障公诉人、证人等的人身安全，保障检察工作顺利进行。

二、实训案例

【案例 12-1】

某月某日,熊某涉嫌故意伤害罪一案一审开庭庭审时,被告人亲属情绪激动,在法庭上公然谩骂、围攻甚至殴打公诉人员,扰乱正常的检察活动开展,严重威胁公诉人的人身安全,破坏刑事诉讼秩序。为防止二审出现此类情况,检察院法警队按照要求派法警保护公诉人。

【问题】

1. 根据案例 12-1,若你是该检察院法警队的负责人,针对二审期间被告人亲属仍可能出现殴打公诉人的行为,应当如何组织保护公诉人的警务保护工作?

2. 若你是执行保护公诉人的司法警察,面对被告人亲属殴打公诉人的情形,应当如何处置?

三、实训目的

警务保护是检察院司法警察职责之一,也是整个司法警务技能的重要组成部分。通过实训,学生应加深对警务保护工作理论知识的理解,认识警务保护工作内容,识别警务保护对象,掌握警务保护的方法和组织实施等基本操作要点,明确警务保护的任务和职责,掌握警务保护中突发事件的处置技巧,准确执行各项警务任务,为今后从事司法警察相关工作打下坚实的基础。

四、实训内容

1. 依据案例 12-1,制作此次参与警务保护任务的实施方案。
2. 警务保护任务的执行。
3. 警务保护中完成观察、教育、说服等支线任务。
4. 警务保护中突发事件的处置。

五、实训场地和器材

(一)实训场地

本次实训中,检察院司法警察警务保护的实训主场地是学院实训楼的模拟法庭和相关进出法庭的路线,实训前任课教师指导学生对模拟现场进行布置。

(二)实训器材

1. 模拟出庭支持公诉的公诉文书、实施警务保护法警的工作证件。
2. 警棍、手铐、枪支、警绳等警用器械。
3. 不法行为人的个人信息及此前侵害行为的处理意见等。

六、实训的步骤、方法和注意的问题

（一）实施步骤、方法

1. 训前准备。

（1）布置实训场地，准备好实训器材。

（2）实训前，对学生进行安全教育，可由指导老师再次提示警务保护的内容，告知保护公诉人时应注意事项。提醒学生在进行警务保护时突发事件处置训练时，尤其是在进行人身保护中为防止公诉人受到伤害可使用的相应警械，注意警绳、手铐等警械的规范使用，既要让整个模拟过程严肃、真实，又要保证充当犯罪嫌疑人的学生的人身安全，避免受伤。

2. 学生分组。根据实训需要，对学生分成若干组。每组为 10~13 人，并确定 1 名负责人。其中，1 人扮演侵害人，2 人扮演公诉人，2 人扮演旁听群众，1 人扮演法院独任审判员，其他人扮演参与警务保护、值庭的法警。

3. 模拟实施警务保护。

（1）确定组织指挥负责人及职责。任务负责人向队员介绍案情及现场基本情况，并完成警务保护工作的任务分工，确定警力部署和各个岗位职责。

（2）检察院法警与公诉人沟通，完成警务保护的前置程序流程。

（3）模拟警务保护的过程，确定各类保障。

（4）按照案例中的情节，模拟侵害人袭击公诉人的突发事件，让担任检察院法警的学生完成对该突发事件的准确处置。

（5）实训过程中，学生互相配合模拟练习，并进行角色互换，同学之间可以针对训练中的问题进行讨论、总结，也可以向老师寻求帮助。

4. 事后总结。

（1）完成实训后，由本组的负责人对本组的实训情况进行总结自评。

（2）各组之间进行互评，提出实训组存在的问题和建议。

（3）所有组实训完成后，由任课老师进行总结点评，并要求实训组以组为单位提交实训报告。

（二）注意问题

1. 扮演法警的学生必须着警服，可用学生证代替"人民警察证"。

2. 扮演侵害人、旁听群众的同学应当着便服。

3. 参加实训的学生要按照实训要求认真进行演练，听从指导老师的安排，整个演练过程必须严肃、真实。

4. 教师在实习过程中要全程进行指导、监督。

七、实训考核

（一）实训考核要求

1. 严格按照考核标准考核。
2. 考核要公平、公正、客观。
3. 实训成绩按照一定比例计入期末考试成绩。

（二）实训考核标准

考核模块	考核要点	考核分值	考核得分
知识运用模块	1. 警力配置	10	
	2. 路线设置	5	
	3. 警务保护方案	20	
	4. 警务保护的动作规范	10	
	5. 突发事件预案	10	
组织协调模块	6. 人员分工	5	
	7. 警务保护实训中的纪律	5	
	8. 警务保护实训器材的准备	5	
能力培养模块	9. 组织管理能力	5	
	10. 口头表达能力	5	
	11. 武器警械运用能力	10	
	12. 问题处理能力	10	

八、思考题

1. 如果案例12-1中，假设侵害人对公诉人的袭击不是发在庭审现场，而是发生在前往法院的途中，应当有哪些需要特别注意的地方？

2. 如果侵害人不区分目标，对在庭审现场的任何人进行袭击，实施警务保护任务的检察院司法警察应当如何与法院值庭法警进行任务间的配合？

单元十三

刑事案件开庭综合警务保障

一、基础知识点

刑事案件开庭综合警务保障工作是人民法院法警的一项日常勤务工作，也是一项多任务、需要多部门协同配合才能高效实施的一项重要工作。它涉及人民法院法警工作中的多个环节，包括监所提押、还押、途中押解、法庭押解，也包括安检、看管、值庭乃至突发事件处置等工作环节，需要根据具体案件的不同综合考量各项任务，合理配置警力，才能高效完成刑事案件开庭的综合警务保障工作。

（一）押解

1. 押解前的准备工作。

（1）明确押解工作的组织领导。

（2）明确押解工作的警力配备。押解警力配备要根据押解对象的数量、犯罪性质、押解的方式来确定。具体的警力配备应遵循以下原则：一般情况下，一名司法警察押解一名犯罪嫌疑人或被告人，但每次执行押解任务时，不得少于2名司法警察；押解多名犯罪嫌疑人或被告人、徒步押解以及长途押解时，应相应增加警力；乘车押解时，每辆警车押解的司法警察不得少于2名；押解重刑犯、死刑犯时，每名罪犯的押解不得少于2~3名司法警察；庭审时间较长的押解，应增加交替警力；押解女犯罪嫌疑人或被告人，必须由女司法警察执行。

（3）押解前做好各项保障工作。

（4）制定押解任务的实施方案。

2. 押解的组织实施。

（1）监所提押的组织实施。司法警察应当将盖有法院公章、法官签名手续完备的提押票，有关的诉讼文书和司法警察的警官证一同出示给看守所的值班干警，方可办理提押手续，在看守所中遵守监所相关规定。

按照提押票，逐一核对提押对象的姓名、年龄、案由、籍贯和住址等。一次提押多人的，离开监所前一定要认真核对人数。

根据押解对象的不同情况，采取不同的强制措施，适用不同的戒具。

（2）警车押解的组织实施。使用性能良好的警用囚车，车上应装有警灯、警报、囚笼和通信设备，押解前一定要清除车上的全部杂物。

对押解对象进行认罪伏法、配合押解工作的教育，严密监视押解对象的行为动态。为防止押解对象行凶、脱逃，对押解对象应一律使用戒具。

使用汽车对多名押解对象进行押解时，指定一名司法警察先上车，站于车辆的前面左或右角，然后令押解对象有序地上车，押解对象座位不能靠车窗或车门，把押解对象安置在便于监视和控制之处，司法警察位于押解对象的后方或对面，押解对象一律加戴戒具。要控制上车、下车、停车、开车四个环节，关好车窗，控制车门，防止跳车、用手铐撞击车玻璃和攻击其他押解对象等行为发生。

同案被告人尽量分车押解，避免相互之间串供。押解多名押解对象时，要勤查看、勤点数，禁止押解对象之间谈话。

（3）法庭押解的组织实施。

第一，押解法警要掌握押解对象接受审判的位置，熟悉押解对象姓名、特征、案由。

第二，法庭押解的动作要领如下：

一名司法警察押解一名押解对象时，司法警察位于押解对象的左后侧，右手抓住押解对象的左臂肘部，左手自然下垂。2 名司法警察押解一名押解对象时，司法警察分别位于押解对象的两后侧，各自抓住押解对象的肘部。

司法警察将被告人押入法庭时，步伐要规范；将被告人带到指定位置，面对审判人员站立。在审判长或者独任审判员指令"请打开被告人的戒具"后，应立即打开被告人的戒具。

司法警察押解被告人进出法庭时，司法警察的精力要集中、动作要规范。押解对象看到旁听席上的家属，情绪可能会发生变化，要注意押解对象的反应。

庭审时，担任押解任务的司法警察根据不同情况采用站姿或坐姿。当公诉人起诉书宣读完毕之前和法庭宣判时，司法警察采用站姿，站立于被告人侧后方，两脚跟靠拢并齐，双腿挺直，自然挺胸；其余时间司法警察可以采用坐姿，坐于被告人侧后方，上身挺直，双臂放于大腿或椅子扶手上，两腿分开与肩同宽。

（二）安检

1. 证件检查。证件检查的内容主要包括持证人姓名、年龄、性别、照片等相关要素是否与持证人相符，证件是否超过有效期；准予旁听的证件是否与旁听的案件和法庭相符。对公诉人、律师等依法出庭履行职务的人员，仅进行有效证件查验和登记。

证件检查的方法是：

（1）判定证件真伪。一般情况下，检查现场如果没有检查仪器，判定证件的真伪主要靠现场直观识别，这就需要检查人员眼、手并用。

认真查验证件的外观、式样、规格、塑封、暗记、照片、印章、颜色、字体、印刷以及编号、有效期限等主要识别特征是否与规定相符，有无变造、伪造疑点，有关项目是否齐全，有无涂改痕迹，注意查验证件是否过期失效。

（2）弄清居民身份，确认人、证相符。

（3）证件登记。设立专用的登记簿，对被检人员的证件进行登记。

（4）收缴非法证件。

检查中发现、判定伪造、变造、非法持有证件的，或持有多个证件等违反有关法律规定的，应及时收缴非法证件，阻止进入审判场所，并按法律规定移送有关部门处理。

通过证件检查，不得进入审判场所的人员有：

（1）无证件，伪造、冒用他人证件的人。

（2）未获得人民法院批准的未成年人。

（3）醉酒的人、精神病人或者其他精神状态异常的人。

（4）拒绝接受安全检查或者不听从安全检查人员安排的人。

（5）衣着不整、着装不文明的人。

（6）其他可能危害法院安全或者妨害诉讼秩序的人。

2. 人身检查的基本流程：当被检人员走进安全检查专门通道发生报警时，手检员提示被检人员进行人工复查。提示被检人员面向手检员双脚自然分开、双手微举，手检员借助手持金属探测器进行仔细检查，基本顺序为：由上到下、由里到外、由前到后。

（1）前面。前衣领→右肩→右大臂外侧→右手→右大臂内侧→腋下→右上身外侧→右前胸→腰、腹部→左肩→左大臂外侧→左手→左大臂内侧→腋下→左上身外侧→左前胸→右腿→裆部→左腿。

（2）转身后。从头部→后衣领→背部→后腰部→裆部→左大腿外侧→左小腿外侧→左脚→左小腿内侧→右小腿内侧→右脚→右小腿外侧→右大腿外侧。

（3）手持金属探测器所到之处，手检员另一只手配合做摸、捏、按的动作。

如果手持金属探测器报警，手检员左手应配合触摸报警部位，判明报警物质，同时请被检人员去除该物品，确认无危险品后方可进行下一步检查。

3. 随行物品检查流程：

（1）检查外层。看外形，检查外部小口袋及有拉链的外部夹层。

（2）检查内层和夹层。用手沿箱包各个侧面、边缘上下摸查，将所有的夹层、底层和内层小口袋检查一遍。

（3）检查箱包内物品。按 X 光检测仪操作员指出的重点部位和物品进行检查。对有疑点的箱包，再次进行 X 光检测仪检查。在没有具体目标的情况下应逐件物品检查，将已查和未查的物品要分开放置，仔细甄别。

（三）看管

1. 司法警察在执行看管警务过程中，应对羁押场所和看管对象进行安全检查。

（1）羁押场所通道的检查。检查羁押场所通道，确定是否畅通，沿途是否存放危险物品或与看管无关的物品。

（2）羁押场所设施的检查。检查的事项有：羁押场所的门锁是否处于良好状态；羁押室门窗安装的防护隔离栏是否安全牢固；束缚椅或者被看管人固定座椅上安装的手铐、脚镣固定环等是否安全牢固；在看管过程中司法警察能否对整个羁押场所及被看管人情况进行实时监控；对外通信设施是否正常等。

（3）对看管对象的安全检查。执行看管警务的司法警察对进入羁押场所的犯罪嫌疑人、被告人或罪犯应进行安全检查。安全检查应当由2名司法警察协同实施，一名司法警察控制住检查对象，另一名司法警察进行安全检查。

2. 交接登记。将被看管人从看守所押至人民法院、人民检察院指定的羁押场所时，负责押解的司法警察应当与负责看管的司法警察履行交接手续。

（1）清点人数与核对身份。履行交接手续时，执行看管警务的司法警察应当清点看管对象数量、核对身份、了解基本情况，逐一登记被看管人姓名、案由、身体状况等信息，并由负责押解和看管的司法警察分别签名确认。

（2）填写出入登记和看管记录。对被看管人出入羁押室的时间、被告人姓名、人数等信息，要逐一进行登记。

3. 监控管理。

（1）视频监控：监控看管对象的动态；监控羁押场所情况；录制与保存视频资料。

（2）现场监控。包括：

巡查监控。看管的司法警察应当采取不间断巡查和视频监控相结合的方式严密监控看管对象的举动。

就餐监控。被看管人在看管期间需要就餐时，应当加强监管。

如厕监控。看管对象如厕前，看管的司法警察应当事先查看厕所的环境是否安全，厕所内有无危险物品及障碍物；如厕时，1名看管对象应当由2名司法警察进行监管。

（四）值庭

1. 值庭的位置、姿势。

（1）位置。根据值庭司法警察所处位置不同，可分为审判活动区值庭和旁听区值庭。

审判活动区值庭时，可一人或两人进行，一般在审判台前端，背向审判台，面向旁听席站立。

在旁听区值庭时位置分为固定和流动两种。1~2名司法警察在固定位置值庭时，一般在旁听区与审判区隔离带的两端相向而立。流动值庭，则由司法警察在旁听区域的过道来回巡逻。

（2）姿势。值庭司法警察进出法庭时，应以"齐步走"的动作行进；在法庭调查开始前，司法警察应采取立姿（立正或跨立），宣判时采取立正姿势，法庭审理的其他时间则可以采取坐姿；庭审中需要传递证据时，值庭法警应行至传递或出示材料的对象的侧前方适当位置，侧向对方双手传递。

在值庭替换时，接替的法警行至值庭法警前方1米左右，成"立正"姿势行礼，值庭的司法警察应立即恢复立正姿势还礼，然后向审判台侧移一步，成"立正"姿势后，再行至休息位置；同时，接替的司法警察行至站庭位置接替值庭。

2. 值庭的组织实施。庭审前的准备工作：熟悉案情；庭前所有设备、设施的安全检查；制定周密的值庭方案。

庭审中的组织实施：庭前引导旁听人员就座；庭审中维护审判秩序，听从审判长或独任审判员的命令；传唤证人、鉴定人、翻译人员进入法庭，应给予指引；庭审使用播音设备的，司法警察应随时调整话筒和影视设备的角度和高度，使音响和影视效果保持到最佳状态；一旦发现有违反法庭秩序的行为，应当及时劝阻、制止。

（五）法庭审理中常见突发事件的处置

1. 旁听人员起哄闹事或相互殴打。旁听人员起哄闹事造成庭审无法正常进行时，由审判长下令中断庭审。负责押解看管的司法警察立即将被告人转至羁押室看管。审判区值庭法警在指挥官的命令下，迅速撤至审判区形成一排，面朝旁听人员以观事态发展。旁听区值庭司法警察负责驱散旁听人员，根据命令对主要闹事人员采取相应强制措施。审判台前端两名值庭法警保护审判长、审判员及公诉人等由法官通道进行疏散。

2. 有人携带凶器或爆炸物品进入法庭审判区。行为人携带凶器或爆炸物品进入审判法庭，说明该行为人报复目的明确，报复的手段包括当场行凶，劫持人质以及当场引燃易爆易燃化学危险品。

如果行为人是携带枪支、刀具等凶器进入审判区的，值庭司法警察应立即靠近将其制服，收缴凶器，扣留人员。

行为人携带的是爆炸物品则应视情况处置。如果能将其控制并进行劝导的，最好用冷处理的办法，令其交出爆炸物品，以免造成人员伤亡和财产的损坏，然后收缴爆炸物品，扣留人员；如果无法进行冷处理的，则应迅速将其制服，收缴爆炸物品，扣留人员。所收缴的爆炸物品和扣留的人员均应移交公安机关处理。对于那些有可能引爆而严重危害公共安全的行为人，必要时可当场击毙，但是要尽量避免误伤群众和引爆易燃易爆物品。在处理的过程中，要及时向院领导报告，以求得指示和支援。

3. 庭审中诉讼参与人或旁听人员冲击审判区。庭审中发生诉讼参与人或旁听人员冲击审判区的情形时，担任审判区和旁听区的值庭司法警察应当迅速组成人墙，堵住进入审判区的通道门，决不能让诉讼参与人以及旁听人员冲入审判区。同时，旁听值庭司法警察要有序疏散其他旁听人员,并对旁听人员中当事人的亲属进行解释、规劝,做好他们的思想工作。特别强调的是,在处置突发事件时,要各司其职,明确自身的任务,既要维护法庭秩序,警卫法庭,又要保护法官、书记员和当事人的安全。

4. 发生自伤、自残、自杀行为。不论是被告人还是旁听人员中发生自伤、自残、自杀行为的,值庭司法警察应当对行为人的人身进行有效控制,防止行为人进一步自伤、自残。对于受伤严重的,应当先抢救、后处理,并在第一时间将伤者交 120 紧急救护医务部门救助,有必要的,报当地公安机关处理。行为人当场死亡的,由公安机关对其死亡作出鉴定。

5. 携带未经法院允许的录音、录像、摄影器材等限制性物品进入法庭。在没有得到审判长允许的情况下,任何人不能在庭审中录音、录像,也不得携带录音、录像设备进入法庭。庭审前发现有携带此类物品进入法庭的人员时,告知其可以把此类限制性物品保存在法院入口的储存柜中,待庭审结束后取回。在庭审过程中发现旁听人员存在可能录音、录像、记录等行为的,司法警察应当先对其记录内容进行检查,涉及庭审信息的,责令其删除,并扣押、收缴录音、录像器材。如当事人不能如此行为的,则告知离开法庭,禁止继续旁听。

值庭中遇到个别记者强行采访的行为应坚决制止,特别是要提高警惕,慎防境外新闻记者和被告人交谈,如强行采访时,应在审判长的指挥下采取强制办法将其带离审判区。

二、实训案例

【案例 13-1】 李某杀人案

2009 年 11 月 23 日晚,李某将父母、妻子、妹妹和两个儿子杀害。5 天后,李某在三亚被警方控制。经鉴定,李某无精神病,具有完全刑事责任能力。

案件进入审理阶段后,李某的姥姥、奶奶及岳父母已分别提起民事索赔,合计 400 余万元。开庭前半小时,三方的代理人以及李某的代理律师先后进入法庭。

检方指控,2009 年 11 月 23 日 22 时许,李某在北京大兴区黄村镇清澄名苑小区北区其父家中,先后持刀将妻子、妹妹、父亲、母亲和两个儿子杀害。检方对其提起故意杀人罪,请求判处死刑。据起诉书显示,被杀害的 6 人除身上的其他刀伤外,都在颈部中刀。

对于指控,李某表示没有异议。但当检察官询问其在何处买刀、具体扎了几刀等细节问题时,李某则均表示"记不清了"。

据了解,李某在此前的供述中称,自小父母对他要求太严,不是打就是骂。妹妹也看不起他,老帮着父母说他。结婚后,妻子王某玲也挑他的刺,不是和他吵架,就是向他要钱。于是在 2008 年,他就对家人动了杀机,当时他买了把 30 厘米长的刀,并随身带着。在 2009 年 11 月 23 日,李某又因为家庭琐事与家人发生争执后,失去理智的他拿出了刀。

整个庭审过程进行了近三个小时，其间，李某三次提到"请求法官判我速死"。

李某的叔叔李某全因为是证人，在刑事部分审理时，未进入法庭。直到 11 时 40 分许，法庭开始审理民事部分，李某全作为民事赔偿的代理人，进入法庭。

在快接近被告席时，李某全突然加紧脚步，扑向李某，试图动手打这个侄子，但被法警拦下。李某全还冲法警大声喊为什么要将他拉开。他说："外面那么多人（庭外等候的亲人）谁不想打他！"在整个过程中，李某始终仰坐在椅子上，看着叔父，没有闪躲。

三、实训目的

本单元实训属于人民法院司法警察对于刑事案件庭审保障的一个综合实训项目。涉及押解、安检、看管、值庭、突发事件处置等各个项目的协同配合。通过该项目的实训，学生应了解刑事案件庭审综合保障工作的各项要求，学会根据案情制定周密的警务保障计划，在实践层面掌握各项勤务工作要求和各类工作的协同配合。

四、实训内容

要求学生根据所给案例，完成刑事案件庭审的综合保障实训。

按照庭审案件的工作流程，完成监所提押实训、途中押解实训、看管实训、安检实训、法庭押解实训、值庭实训、庭审突发事件实训等项目内容。考查学生的单项技能的操作和协同配合保障技能的掌握情况。

五、实训场地和器材

（一）实训场地

本次实训中，实训主场地是学院模拟法庭，辅实训场地是学院模拟羁押室，安全检查实训室等场所。

（二）实训器材

1. 押解法警的证件、押解用提押票。
2. 警棍、手铐、枪支、警绳等警用器械。
3. 安检门、手持金属探测器、X 射线探测设备等安检设备。

六、实训的步骤、方法和注意的问题

（一）实施步骤、方法

1. 训前准备。

（1）布置实训场地，准备好实训器材。

（2）教师说明实训内容、目的和要求。由实训指导教师设计详细案情，下发有关

案情资料。实训指导教师联系扮演被告人、被告人的亲属等学生，做好突发事件的案情布置和保密教育。

2. 学生分组。根据实训需要，对学生进行分组。每组 25 人，分为若干小组。其中，押解小组 3 人，看管小组 2 人，安检小组 3 人，值庭小组 6 人，1 人扮演被告人，其余 10 人分别扮演法官、检察官、辩护律师、被告人亲属、旁听人员等。演练过程中，学生应以临场姿态出现，突出角色，严明纪律，遵守规则。

3. 具体训练过程。

（1）由押解组完成监所提押和途中押解项目。注意监所提押时的法定流程，包括法律文书的出示、核对被告人防止错提、对被告人搜身、上戒具等步骤；途中押解以徒步押解为押解方式，要求学生注意徒步押解的相关要领：徒步押解必须使用戒具，必要时手铐和警绳可以并用；徒步押解 1 名押解对象时不得少于 2 名司法警察，押解多名押解对象时应配备足够的警力；徒步押解时押解人应位于押解对象的侧后方，手抓押解对象肘部，与押解对象保持一定的距离。不可只抓押解对象的衣领，防止途中押解对象挣开衣扣，脱掉上衣，摆脱押解而逃跑。

（2）由看管小组完成临时看管项目。完成交接看管对象，都必须进行交接登记；对看管对象进行安全检查；关闭羁押室门、上锁；面对羁押室门坐下，执行看守；带看管对象上厕所；巡查等工作。

（3）由安检小组完成安检项目。使用安检门、手持金属探测器、X 射线探测设备等安检设备对所有进入审判场所的人员进行安全检查。包括对人身的检查、对证件的检查、对进入法庭人员随身物品的检查等方面，对发现不应当进入法庭的人应该如何处理，对发现不能带入法庭的违禁物品应该如何处理的问题进行操作。

（4）在庭审过程中，由押解小组和值庭小组完成庭审的保障工作。押解小组完成对被告人的法庭押解。包括从临时羁押室将被告人提出；以正确的姿势带被告人上庭；根据情况决定是否为被告人取下戒具；如何对被告人在庭审中进行控制；以正确的姿势完成整个庭审过程。

值庭小组完成法庭审理中的各项值庭工作。包括值庭法警的分组分工、位置、站姿和坐姿和动作要领；值庭法警中途的换岗动作要领；庭审中证据传递和传带证人的动作要领和注意事项；发生法庭骚乱或人身伤害等突发事件的处置要领。

（5）实训过程中，学生互相配合模拟练习，同学之间可以针对训练中的问题进行讨论、总结，也可以向老师寻求帮助。教师总结点评，学生写出实训报告或心得。

4. 事后总结。

（1）完成实训后，由本组的负责人对本组的实训情况进行总结自评。

（2）没有进行实训的其他组也可以进行点评，提出实训组存在的问题和建议。

（3）所有组实训完成后，由任课老师进行总结点评，并要求实训组以组为单位提交实训报告。

（二）注意问题

1. 扮演司法警察的学生必须着警服，扮演被告人和证人、旁听人员等同学应当着便服。

2. 参加实训的学生要按照实训要求认真进行演练，听从指导老师的安排，整个演练过程必须严肃、真实。

3. 在模拟突发事件的时候，一定要注意安全，避免学生受伤。

4. 教师在实习过程中要全程进行指导、监督。

七、实训考核

（一）实训考核要求

1. 严格按照考核标准考核。

2. 考核要公平、公正、客观。

3. 实训成绩按照一定比例计入期末考试成绩。

（二）实训考核标准

考核模块	考核要点	考核分值	考核得分
知识运用模块	1. 警力配置	5	
	2. 押解（看管、值庭、安检）方案	20	
	3. 押解（看管、值庭、安检）动作的规范	15	
	4. 交接流程的准确	10	
组织协调模块	5. 人员分工	10	
	6. 实训中的纪律	5	
	7. 实训器材的准备	5	
能力培养模块	8. 组织管理能力	5	
	9. 口头表达能力	5	
	10. 武器警械运用能力	10	
	11. 同其他任务的法警的配合能力	10	

八、思考题

在庭审过程中除了本案中由被告人亲属引发的突发事件外，还有哪些较常见的突发状况？应该如何处置？并思考在发生突发事件后，负责法庭押解的司法警察和负责值庭的司法警察应当如何进行工作任务的分配。

安全保卫技能实训篇

单元十四

安全检查

一、基础知识点

（一）安全检查的特点

1. 技术性强。安全检查是一项专业性、技术性很强的安全防范工作，对受检人的人身检查，对限制物品、管制物品、易燃易爆物品和强腐蚀性物品等危险物品的检查、识别和处理，以及各种安全检查设备的操作使用、保养维护，都需要一定的业务知识和专业的安全检查操作技能。

2. 规范性强。安全检查涉及受检对象的人身权利，为确保安全检查工作的顺利进行，安全检查的对象、程序及其动作有严格的规范性要求。

（二）安全检查的要求

1. 严格检查。严格检查既是安全检查的基本前提，也是消除隐患、确保安全的重要保证。在实施安全检查时必须认真履行职责，严格遵守安全检查流程即相关操作规范，严密控制限制物品、管制物品、易燃易爆物品和强腐蚀性物品等危险物品进入审判场所。

2. 细致检查。细致检查是安全检查效果的重要保障。在实施安全检查时，应提高警惕、加强防范，对所有进入审判场所的人员、物品进行全面细致的检查，排除任何可能危及场所和人员安全的危险物品。

3. 文明检查。文明检查是安全检查顺利进行的关键。在安全检查过程中严格遵守安检礼仪，保持良好的仪容仪表和规范文明的言行举止，尊重每一位受检人的人格尊严，以主动、热情、诚恳的态度取得受检人的积极配合。坚决避免用简单粗暴的方法解决矛盾，以实际行动赢得群众的理解和支持。对于不理解安全检查工作或情绪急躁的受检人应进行耐心的解释说明。女受检人由女安检员进行人身检查。

（三）证件检查

1. 检查证件的类别。

（1）居民身份证。根据《中华人民共和国居民身份证法》第12条的规定，居民身份证是证明公民身份效力的法定证件。公民在申请领取、换领、补领居民身份证期间，急需使用居民身份证的，可以申请领取临时居民身份证。

（2）护照和签证。护照是一个主权国家发给本国公民出入境和在国外旅行、居留时使用的合法身份证明和国籍证明。目前在国际交往中普遍使用的有外交护照、公务护照和普通护照，以及供出入境使用的通行证、旅行证等。

在我国，普通护照又分为两种，一种是因公普通护照（紫色的），一般发给国家派出的研究生、留学生、访问学者和工程技术人员等，这种护照由外交部或地方外事部门颁发。另一种是因私普通护照（枣红色的），由国家公安部或公安部授权的各地公安机关颁发给因私事前往外国或旅游居住在国外的本国侨民使用的护照。

一个有效的护照一般包括下列内容：颁发护照国家的国名全称、国徽或代表国家标志的图案；持证人的姓名、性别、出生日期、出生地点、职业（或身份），有些国家的护照还有持证人的身高、肤色、眼睛和头发的颜色及面部特征等；持证人的照片、本人签字，照片上要盖有发照机构的骑缝钢印；发照机构的印章、发照日期、护照有效期限以及延期、签证页和护照使用说明等。护照使用的文字以本国文字为主，大多数国家的护照还同时印有国际通用的文字，一般为英文。

签证是指一个主权国家发给本国公民或外国人出入经过本国国境的许可证明。签证和护照同时使用。

我国目前签发的普通入境签证是用汉语拼音字母加以标示的，有以下八种：D字（定居）签证，Z字（职业）签证，X字（学习）签证，F字（访问）签证，L字（旅游）签证，C字（乘务）签证，G字（过境）签证，J-1、J-2字（记者）签证。

（3）其他身份证明。由于各种原因，或在特殊的时间，有些人还可以使用或是需要出示其他证件以证明身份。这些证件主要有：机动车驾驶证、社会保障卡、律师证，以及特殊通行证等。

2. 证件检查的内容。证件检查的内容主要为根据持证人姓名、年龄、性别、照片等相关要素判断是否与持证人相符，证件是否超过有效期。

3. 证件检查的方法。

（1）判定证件真伪。一般情况下，检查现场如果没有检查仪器，判定证件的真伪主要靠现场直观识别，这就需要检查人员眼、手并用。认真查验证件的外观、式样、规格、塑封、暗记、照片、印章、颜色、字体、印刷以及编号、有效期限等主要识别特征是否与规定相符，有无变造、伪造疑点，有关项目是否齐全，有无涂改痕迹；注意查验证件是否过期失效。真实、合法、有效的证件才能够证明一个人的真实身份，所以检查证件首先要判定证件的真伪。

（2）弄清居民身份，确认人、证相符。验明持证人与所持证件内容是否相符，弄清持证人的身份，主要掌握证件上的照片与持证人是否一致，有无转借、冒名顶替、揭换照片的疑点，把好人、证相符关。入场证件是否与进场入口、位置、区域相符。

其次，核对证件内容，证件载有持证人身份的主要信息，观察辨别持证人与证件内容是否吻合，如核对性别、年龄、相貌等特征。对有疑点的证件应当进行细心询问，问其姓名、年龄、出生日期、生肖、单位、住址等，进一步加以核实。

（四）安全检查门安检方法

安全检查门，也称作金属探测门，简称安检门，由门体、探测线圈、报警器组成，主要用于探测人身上隐藏的金属及合金物品。两个"门柱"设有若干个探头，当人员从此门经过，探头组对其多个部位探测，如探出金属就报警。被检人员通过安全门时，如果安全门报警，应由安检的法警实行手持金属探测器或徒手检查。

（五）手持金属探测器安检方法

手持金属探测器由探头和报警器组成，主要用于探测人身上隐藏的金属物品或小面积场地检查，使用时将探头接近（不需接触）被测物表面平行移动，如遇金属就会报警。检查时，手持金属探测器移动要平稳匀速，不需接触被测物。具体顺序是：前身：右肩→右臂上→右臂下→右腋→右胸→腰部→右腿外侧→右腿内侧→左腿内侧→左腿外侧→左胸→左腋→左臂下→左臂上；后背（请被检人员转身），后肩→从头到腰→左后腿→右后腿。

检查时，另一只手跟着手持金属探测器走，以便发现异物时及时触碰查清；如穿着短袖、背心、发型相对简单明了的，手臂、头部检查可通过直观观察；腿部检查手探呈45度倾斜，防止遗漏裤袋；穿着皮靴的注意触碰是否有异物。

（六）X光机安检方法

X光机安检是借助于传送带将被检查行李物品送入履带式通道完成的。物品进入X光机通道后，检测装置将相关信息送至控制单元，由控制单元触发X射线源发射X射线。X射线经过准制器后形成非常窄的扇形射线束，传送带上的行李物品落到探测器上，探测器把接收到的X射线变为电流信号。很弱的电流信号被放大后量化，通过通用串行总线传送到控制计算机作进一步处理，经过复杂的运算和成像处理后，得到高质量的图像。

检查时，被检人员将箱包横向平放到X光机传送带上。X光机成像为物品的轮廓线条，金属为蓝色，有机物为浅色或浅黄色。如果发现箱包内有可疑物品，须将该箱包控制好，待箱包所有人来到处置台后，再对箱包进行复查。箱包的复查要注意做好防范。

（七）安检组成员站位与职责

一条安检通道一般采用"一机两门"的模式，可根据安检人员数或人流情况安排1或2名前引导员或后引导员。"一机"指的是1台X光机，一般需3名安检员负责。

"两门"指的是2个安检门,一般情况下1个安检门设2名手检员,根据人流情况可调整为1或3名手检员。

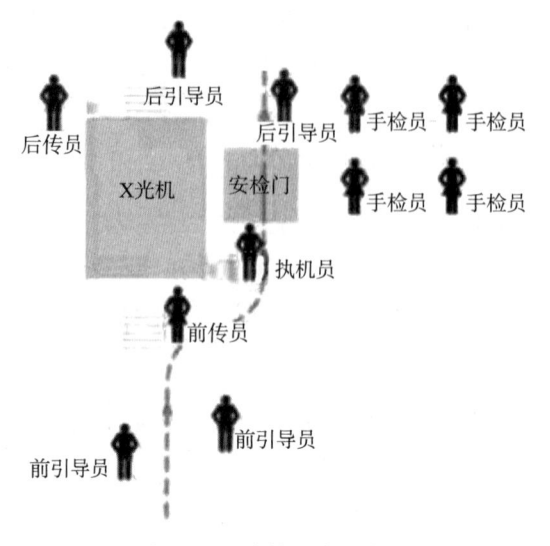

图 14-1 安检组成员站位

前引导员2名,负责人流的控制与安检门人数分配。

前传员1名,提醒被检人员将随箱包物品放于安检机传送带上,必要时调整箱包的角度便于X光机的探照检查。

执机员1名,负责查看X光机成像,观察是否有违禁物品、爆炸物品等危险物品。

后传员1名,负责整理从X光机传送带上输出的箱包,防止其堆积数量过多而掉落摔坏被检人员包内物品。

手检员4名,负责使用手持金属探测器或徒手复查被检人员的人身。因安检"男不查女"原则,一般情况下女性手检员占多数为宜。

后引导员2名,主要负责提醒被检人员结束检查后迅速离开安检口,防止人流聚集在安检口等。

(八)安检口一般情况处置

1. 安检门或手持金属探测器、X光机失灵情况下,进行徒手检查。徒手人身检查的具体顺序是:由上到下、由里到外、由前到后。即从被检人员的前领起,至双肩外侧、双手手掌、双肩内侧、腋下、背部、后腰部、裆部、双腿、腿部。

徒手开箱包检查,应轻开、慢拉、谨慎开启。先轻轻挪动一下拉链、纽扣,确保方法正确以防将其损坏,同时要注意拉链、纽扣上是否另有机关,防止箱包内有爆炸装置等;打开箱包盖后,用手轻压,查看是否有夹层;将箱包内的物品分层取出,取上层物品时要用手轻轻压住下层物品,注意上下层之间有无连线,防止安装有爆炸装置;箱包内的物品应按顺序检查,轻拿轻放。有线、有声响、有气味的物品,更要谨慎拿取；拿取物品时按照从上往下的顺序进行，不要掏底取物，更不能将箱包内的东西反复上下翻动；凶器一定不能满把抓，尽可能用干净布垫手或戴手套轻取。对于取出的物品分清顺序和方向摆放好，检查完毕后按照原来的顺序一一复原。

2. 如遇人流大，手检员不够，在标准人员配备情况下，对于"一机两门"模式可以调配1名前引导员、1名后引导员或者机动人员到手检岗位工作。此时，前引导员要注意人流的控制与分配，安抚好被检人员的情绪，让他们理解安检工作，耐心等待。

3. 经过X光机的箱包出现可疑物品时，执机员要及时提醒后传员或后引导员徒手开箱包检查。如果是违禁品应收缴，并运用法律规定做好解释说明工作。

4. 留意安检通道内或周边范围出现的放置一段时间且无人认领的可疑物品，应及时排除。有时这可能是违法犯罪行为人故意遗留在安检通道的，用以制造危险事件的危险物品。

5. 当确定有爆炸物品时，应使用暗语提示安检组成员。将被检人员带到处置台，控制好被检人员和所有物品，实行人物分离。合理疏散停留在安检通道的待检人员，同时向上级报告。如果安检通道有排爆罐，可将爆炸物品轻放置于排爆罐内或用防爆毯覆盖。对于确定的、可以先行处理的爆炸物品，如使用导火索引爆且导火索已点着的，可剪断导火索；短时间内就要发生爆炸，无法等待排爆专家到达现场，且现场没有排爆箱的，可迅速将爆炸物品带到空旷的地方抛向空中。需要注意的是，当今爆炸物品复杂多样，为了谨慎起见，最佳的方法仍然是放置排爆箱内待排爆专家的处理。

6. 如接到举报信息，指出在法院或检察院内有爆炸物品，可通知场内的工作人员进行网格式排查。在发现爆炸可疑物品后，应根据现场情况，稳妥的将爆炸可疑物品带离，或者合理有序地疏散在场观众。切记不可喧哗、大声叫喊，以免引发恐慌、不利于场面的控制。

（九）实训参考法律法规

《治安管理处罚法》第30、32条，《刑法》第130条等。

二、实训案例

【案例14-1】

某市体育馆将在12月31日晚上8点，进行跨年晚会，现场将有1800人左右观看。为确保会场安全，对入场观看晚会的人员实施安检。预计观众入场高峰期为晚上6:30~7:30之间。

【问题】

1. 观众入场高峰期与普通时段安检人员的配置有无区别？请制定对应安检方案。
2. 安检通道的岗位人员如何配置？每个岗位的职责是什么？
3. 遇到携带危险品或不配合安检工作的人员该如何处理？

三、实训目的

通过训练，学生掌握爆炸物品的危险性、大型活动安全检查的必要性；能组织、实施大型活动安全检查岗工作；能初步处理大型活动中涉爆突发情况。

四、实训内容

1. 依据本案例，制作安全检查的实施方案。
2. 安全检查任务的执行。
3. 安全检查中突发事件的处置。

五、实训场地和器材

（一）实训场地

安全检查的实训主场地是安全检查实训室，实训前任课教师对安全检查实训室的仪器设备进行检查确保可正常使用。

（二）实训器材

1. 安全检查门、手持金属探测器、X光机。
2. 几种常见危险物品或者是模拟道具若干，如大号剪刀、（陶瓷）刀、打火机等。

六、实训的步骤、方法和注意的问题

（一）实施步骤、方法

1. 训前准备。

（1）布置实训场地，准备好实训器材。

（2）对学生进行实训前安全教育：一是提醒同学们在使用X光机时，注意操作程序。二是提醒学生在进行训练时，注意动作的规范操作，既让整个实训过程严肃、真实，又要保证携带危险物品学生的人身安全，避免对抗时受伤。

2. 学生分组。根据实训需要，对学生进行分组。学生10~12人成一个安检组。根据安检岗位布置好人员分工。

3. 模拟实施安检。

（1）小组之间交错完成安检训练。一个安检组对另外1个或2个组进行安全检查。

（2）一般流程与规范用语。一条安检通道一般采用"一机两门"的模式，可根据安检人员数或人流情况安排1或2名前引导员或后引导员。"一机"指的是1台X光机，一般需3名安检员负责。"两门"指的是2个安检门，一般情况下1个安检门设2名手检员，根据人流情况可调整为1或3名手检员。

因实训室只配备一台安检门，对此，本次实训只能安排"一机一门"模式。

前引导员：负责人流的控制与安检门人数分配。标准用语："您好，请在此等待。""您好，可以进入安检通道。"

前传员：提醒被检人员将随身箱包物品放于安检机传送带上，必要时调整箱包的角度便于X光机的探照检查。标准用语："您好，请将箱包放于X光机传送带上。"

执机员：负责查看X光机成像，观察是否有违禁物品、爆炸物品等危险物品；并及时通知后引导员。如遇重大危险物品应使用暗语或暗号手势（安检组事前商量好），以避免引起安检口恐慌。

后传员：负责整理从X光机传送带上输出的箱包，防止箱包堆积数量过多而掉落，摔坏被检人员包内物品。标准用语："您好，请拿好您的提包行李。""您好，您的箱包内是否有管制刀具等物品。"

手检员：负责使用手持金属探测器或徒手复查被检人员的人身；因安检"男不查女"原则，一般情况下女性手检员占多数为宜。标准用语："您好，请举起双手。""您好，口袋里的东西是什么，请拿出来。""您好，请转身。""感谢您的配合。"

后引导员：主要负责提醒被检人员结束检查后迅速离开安检口，防止人流聚集在安检口，以及突发情况的初期处置。标准用语："您好，根据相关规定，此类物品不可进入公共场所，并且要收缴相关危险品。""您好，请您配合我们的工作，否则根据《治安管理处罚法》第30、32条您要承担相应法律责任。""感谢您的配合。"

机动人员：安检备勤状态。

（3）根据案例情节，被检小组模拟一般情况，让安检小组完成对该情况的处置。

（4）实训过程中，学生互相配合模拟练习，并进行角色互换练习，同学之间可以针对训练中的问题进行讨论、总结，也可以向老师寻求帮助。

4. 训练后总结。

（1）完成实训后，由本组的负责人对本组的实训情况进行总结自评。

（2）被检小组或观摩小组进行互评，提出实训组的优点和不足，给出完善或改正建议。

（3）所有组实训完成后，老师进行总结点评，并要求实训组以组为单位提交实训报告。

（二）注意问题

1. 安检组学生必须佩戴白手套。

2. 参加实训的学生要按照实训要求认真进行演练，听从指导老师的安排，整个演练过程必须严肃、真实。

3. 教师在实习过程中要全程进行指导、监督。

七、实训考核

（一）实训考核要求

1. 严格按照考核标准考核。

2. 考核要公平、公正、客观。

3. 实训成绩按照一定比例计入期末考试成绩。

（二）实训考核标准

考核模块	考核要点	考核分值	考核得分
知识运用模块	1. 安检人员配置	5	
	2. 安检方案	5	
	3. 岗位职责	10	
组织协调模块	4. 人员分工与调配	20	
	5. 实训中的纪律	10	
能力培养模块	6. 口头语言表达能力	10	
	7. 安检器材运用能力	20	
	8. 问题处理能力	20	

八、思考题

1. 你在本次训练中参加了哪些岗位的工作？简要谈谈你对这些岗位的认识？

2. 通过训练，你认为自己在安全检查工作还有哪些方面不足或者不明白的？

3. 通过训练并结合自己的生活经历或实习经验，你认为安全检查工作需要在哪些方面加强或完善？

4. 通过本次训练，你有什么收获或建议？

单元十五

防爆检查

一、基础知识点

（一）防爆检查的含义

防爆检查，是由工作人员利用专用试纸和检测仪对进入指定场所的所有人员和随行箱包进行可疑爆炸危险品检测，以此识别和防范爆炸物危险的安全检查活动。

防爆检查不能代替其他安全检查，它只是安全检查活动的其中一项。防爆检查只是对爆炸物及有关成分进行检测，对于进入某些特殊场所的人员和物品，有着更为严格的安全检查标准，所以在进行完防爆检查后，还必须进行更为全面的专业安全检查。

（二）防爆检查的类别

目前能通过直接识别爆炸物分子而实现预警的技术包括离子迁移谱、质谱和荧光放大聚合物。

质谱检爆需要真空环境，无法实现手持或者现在灵活布防；荧光放大聚合物只能针对预先设定的爆炸物如 TNT 发生反应，不能全面保证现场的安全性，无法在重要场合独立应用。

因此，后两项技术虽然在灵敏度上有一定优越性，但其致命缺点限制了它们的商业化发展和普及。基于粒子迁移谱技术的爆炸物检测设备是应用于各机场、车站的主要检爆仪器。

（三）防爆检查的取样和原理

离子迁移谱检爆设备的取样方式主要分为两种：擦拭取样和吸气取样。

两种取样方式基本原理接近。自然界中任何物质都具有一定的挥发性，在任何环境下都会有微量分子散发到空气中，只是散发量上存在差异，比如硫酸的挥发性较高，而水的挥发性相对低，固体的挥发性更低。离子迁移谱检测的目标便是挥发到空气中的微量爆炸物分子。

由于危险品携带者在制作、搬运过程中，势必会有微量危险品分子残留在手上，之后通过将爆炸物分子传递至行李箱提手、口袋等处。通过擦拭刷来对行李的提手，旅客的口袋等部位进行擦拭取样，仪器便可检测出危险品分子，并发出报警。

擦拭取样的优势在于漏报率相对较低，可迅速确认危险品携带者，但检验过程相对繁琐，会减缓安检口的旅客流动速度。吸气取样则可以保证流动速率，但是通过吸气获取爆炸物分子的难度比擦拭高，因此安全性比擦拭取样要低。两种方式都需要2~10秒左右的数据分析过程，一旦被检测到存在危险品，就需要将被检人员召回开箱包检查。

（四）防爆检测的方法和注意事项

1. 开启爆炸物品检测仪，使其预热，并进入正常工作状态。
2. 将采样试纸放置到采样器具上。
3. 握住采样器的把手，将有试纸的一面在被检人员衣袖、腹部衣物或者随行箱包上进行擦拭。
4. 将试纸从采样器上取下，放入检测口。（有的仪器不用取下试纸）
5. 按下检测按钮，等待爆炸物品检测仪检测。
6. 完成检测，爆炸物品检测仪给出检测结果。

注意操作过程中，手不可触碰到试纸，以免污染试纸，影响检测结果。

（五）防爆检查岗位安排和职责

1. 前引导员，1~2名。引导被检人员排队进入防爆检查通道。
2. 检测员，1~2名。负责防爆检测。
3. 后引导员/处置员，2名。提醒检测完的无可疑情况的人员离开。

（六）防爆检查一般情况处置

1. 一般来说，正常被检人员的防爆检查等待时间不超2分钟。人流量大时，被检人员可能出现等候过久的不满情绪，要做好解释工作。
2. 检测到疑似爆炸物品的，需要对被检人员的人身和箱包进行单独复检。人物分离应控制好可疑箱包。
3. 如果确实是爆炸物品的，使用暗语交流，避免被检人员脱逃。及时有序地疏散周边人员。将爆炸物品放入防爆罐或者覆盖防爆毯。

二、实训案例

【案例15-1】

国庆假期到来，甲市高铁站客流量激增，为了确保旅客的出行安全，高铁站派出所增派人员，对进入高铁站的旅客进行防爆检查。

使用离子迁移谱检爆设备（擦拭取样），因采样试纸属于消耗品，同时为了节省时间，1张试纸对3名旅客进行初次采样。由于防爆安检需要一定时间，排队旅客较多，又要赶车，有旅客出现不耐烦情绪，抱怨甚至不理解防爆安检工作。

甲市高铁站防爆安检共有3个通道，当前只开通了2个通道。

在防爆安检过程中发现旅客李某携带疑似爆炸物品，防爆安检组进一步核查后发现李某行李箱内有爆炸物质。

【问题】

1. 防爆检查的方法是什么？
2. 防爆检查有哪些注意事项？
3. 发现有携带爆炸物品可疑的该如何处理？

三、实训目的

通过训练，学生掌握防爆检查的方法以及一般情况的处置。

四、实训内容

依据本案例，进行防爆检查。

五、实训场地和器材

（一）实训场地

防爆检查的实训主场地是防爆实训室，实训前任课教师对安全检查实训室的仪器设备进行检查是否可正常使用。

（二）实训器材

1. 爆炸物品检测仪。
2. 常见炸药如黑火药。

六、实训的步骤、方法和注意的问题

（一）实施步骤、方法

1. 训前准备。

（1）布置实训场地，准备好实训器材；

（2）对学生进行实训前安全教育，提醒小心取用炸药。

2. 学生分组。

根据实训需要，对学生进行分组。学生4~6人组成一个爆炸检查组。根据岗位布置好人员分工。

3. 模拟实施安检。

（1）小组之间交错完成防爆检查训练。一个防爆检查组对另外1个或2个组进行防爆检查。

（2）一般流程与规范用语。

前引导员：负责人流的控制与安检门人数分配。标准用语："您好，请在此等待。"

"您好，可以进入检查通道。"

后引导员：提醒被检人员结束检查后迅速离开检查通道，防止人流聚集，以及突发情况的初期处置。标准用语："您好，根据相关规定，我们需要对您进行复检。""您好，请您配合我们的工作。""感谢您的配合。"

（3）根据案例情节，被检小组模拟一般情况，让防爆检查小组完成对该情况的处置。

（4）实训过程中，学生互相配合模拟练习，并进行角色互换练习，同学之间可以针对训练中的问题进行讨论、总结，也可以向老师寻求帮助。

4. 训练后总结。

（1）完成实训后，由本组的负责人对本组的实训情况进行总结自评。

（2）被检小组或观摩小组进行互评，提出实训组的优点和不足，给出完善或改正建议。

（3）所有组实训完成后，老师进行总结点评，并要求实训组以组为单位提交实训报告。

（二）注意问题

1. 参加实训的学生要按照实训要求认真进行演练，听从指导老师的安排，整个演练过程必须严肃、真实。

2. 教师在实习过程中要全程进行指导、监督。

七、实训考核

（一）实训考核要求

1. 严格按照考核标准考核。

2. 考核要公平、公正、客观。

3. 实训成绩按照一定比例计入期末考试成绩。

（二）实训考核标准

考核模块	考核要点	考核分值	考核得分
知识运用模块	1. 防爆检查人员配置	10	
	2. 岗位职责	10	
组织协调模块	3. 人员分工与调配	20	
	4. 实训中的纪律	10	

续表

考核模块	考核要点	考核分值	考核得分
能力培养模块	5. 口头语言表达能力	10	
	6. 防爆检查器材运用能力	20	
	7. 问题处理能力	20	

八、思考题

1. 你在本次训练中参加了哪些岗位的工作？简要谈谈你对这些岗位的认识？
2. 通过训练，你认为自己在防爆检查工作还有哪些方面不足或者不明白的？
3. 通过本次训练，你有什么收获或建议？

单元十六

视频监控

一、基础知识点

（一）视频监控实训前的准备工作

1. 认识视频监控系统实训平台的组成和整体结构。视频安防监控实训平台整合了视频监控系统中的前端采集设备、信号传输设备、管理中心设备和客户端设备。

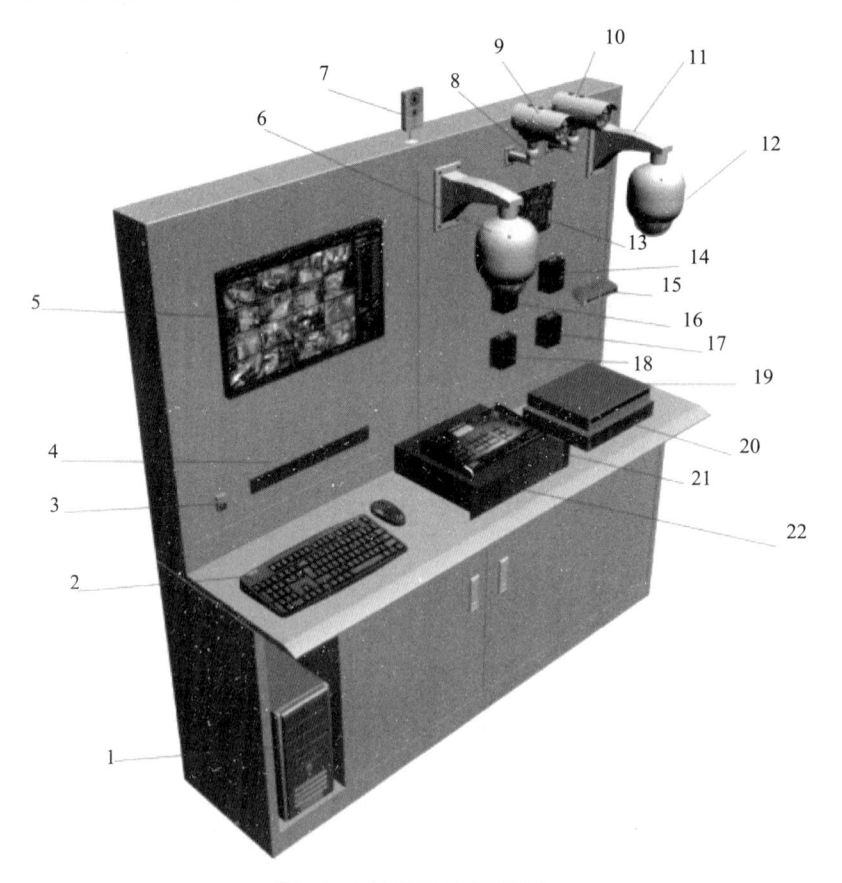

图　视频监控系统实训平台

序号	设备名称	说明
1	工控机	用于视频处理
2	鼠标和键盘	工控机鼠标键盘
3	视频安防监控实训平台总电源开关	控制视频安防监控实训平台所有设备电源
4	电源插板	预留设备电源接口
5	监视器	显示设备
6	模拟型球机	同轴摄像机
7	互联网摄像机	互联网云存储摄像机
8	云台	旋转设备
9	模拟型摄像枪	同轴摄像机
10	网络型摄像枪	网络摄像机
11	球机支架	支撑设备
12	网络型球机	网络摄像机
13	故障检测板	模拟故障状态
14	光纤收发器	传输设备
15	网络交换机	传输设备
16	模拟视频光端机	模拟信号/光信号转换设备
17	光纤收发器	传输设备
18	模拟视频光端机	模拟信号/光信号转换设备
19	视频分配器	视频分配
20	硬盘录像机	存储设备
21	主控键盘	选配，控制键盘
22	视频矩阵	选配，监控系统控制机

2. 视频安防监控实训平台电源。视频安防监控实训平台总电源开关控制整张实训平台的电源，输入电压为 AC220V。从总电源开关引出电源插座和 DC12V 开关电源（供摄像机设备直流电源）。

视频安防监控实训平台集线区提供 DC12V 电源接口和 RS485 接口。视频安防监控实训平台前端设备，如摄像机、云台等可以集线区取电，RS485 信号线可以集中到集线区。布线图如下：

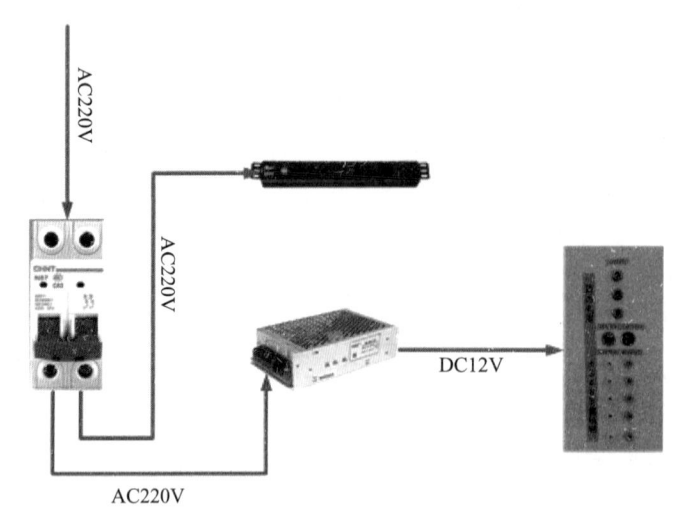

图　总电源开关连接图

3. 实训平台设备接线示意图。

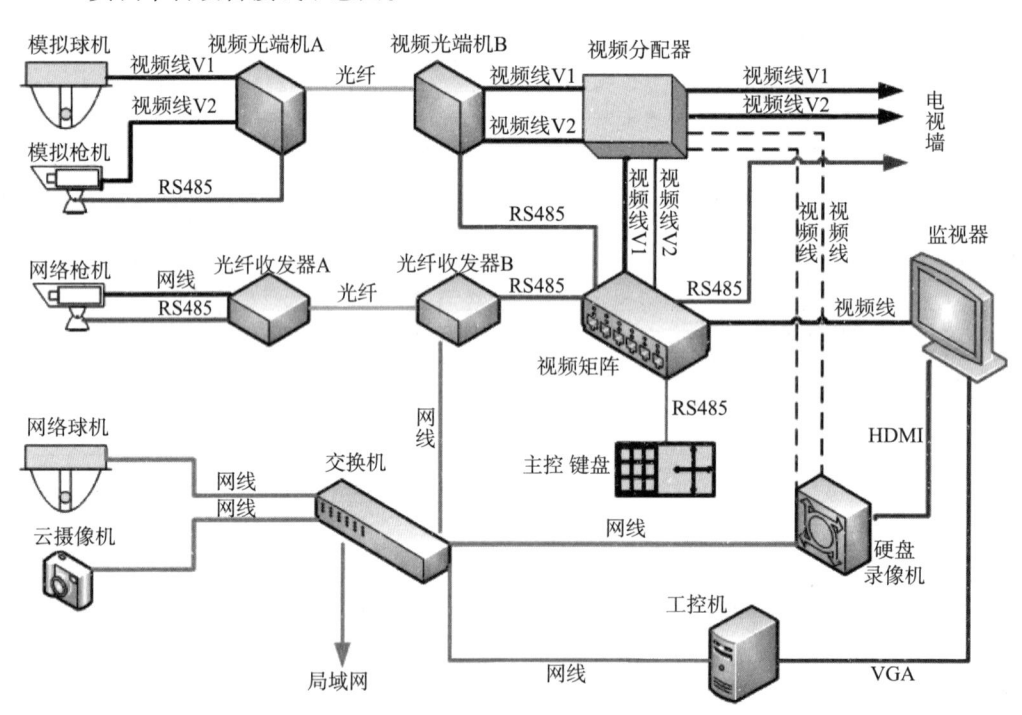

图　实训平台设备连接示意图

（二）工控机 SADP 软件基本配置与操作

1. 工控机开机与初始操作：

第一步：按下工控机主机电源开关。

第二步：把监视器的视频信号从 HDMI 切换到电脑。

第三步：打开客户端 SADP 软件。

（1）添加硬盘录像机（192.168.1.5）。

（2）在控制面板中选择设备管理。

（3）在服务器界面选择硬盘录像机，添加至客户端。

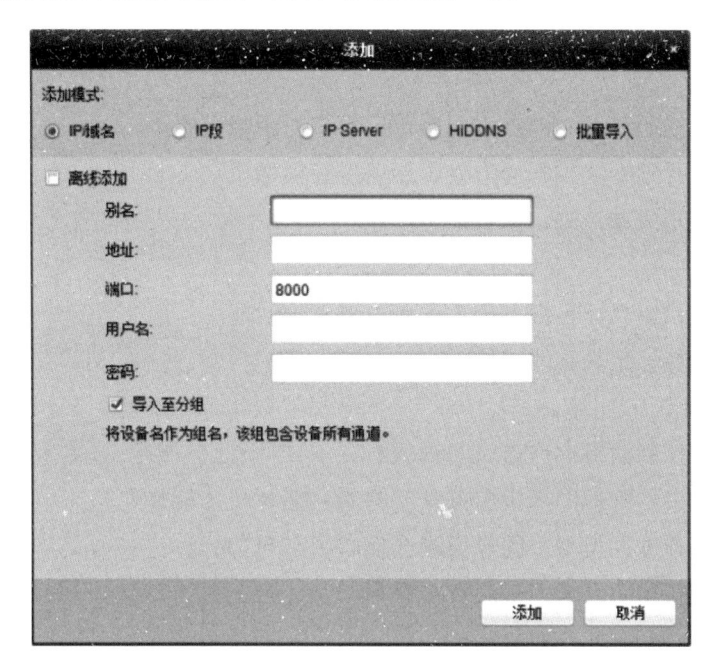

第四步：添加基本信息，别名自定，用户名：admin，密码 admin1123456。

第五步：进入分组可看到所添加的设备。

第六步：点击菜单中的主预览，双击监控点中所添加的设备。

第七步：把监控点一个个拉到显示窗口，用云台控制对模拟球机、模拟枪机和网络球机进行操作。

2. 更改摄像机名称。

第一步：在初始界面右键点击主菜单后再点击通道管理。

第二步：点击 OSD 配置进行通道选择。

第三步：更改通道名称。

第四步：查看通道名称是否更改。

3. 预置点、轨迹和巡航的设置。

（1）预置点。

第一步：选中设备，点击云台控制，把摄像机调至需要监控的位置。

第二步：点击预置点，再点击添加预置点名称，点击播放。

（2）轨迹。

第一步：点击轨迹，点击菜单中的小箭头。

第二步：控制云台录制轨迹，录制完成后点击停止按钮。

第三步：点击播放按钮查看操作是否成功。

（3）巡航。

对预置点的巡航，先选择合适的两个预置点作为巡航的起始点，并设置巡航时间。

4. 录像编辑。

（1）录像配置。

第一步：在初始界面右键点击主菜单后再点击录像配置。

第二步：在计划配置找到通道设置然后选择摄像机。

第三步：编辑录像计划，设置定时录像。

（2）回放。

第一步：在初始界面右键点击主菜单后再点击回放。

第二步：选择你想查看的录像内容。

5. 事件管理。

第一步：在控制面板中点击时间管理。

第二步：在事件管理中选中监控点（只有网络球机才能操作）。

第三步：选择事件类型，图像侦测选择启用（打勾）。

第四步：设置布防区域，最后点击保存。

（三）硬盘录像机配置与操作

1. 激活硬盘录像机。首次使用的设备必须先激活，并设置一个admin用户的密码，才能正常登录和使用。

第一步：设备开机后即弹出激活界面。

第二步：创建设备admin用户的密码。

第三步：单击"确定"，完成激活设置。

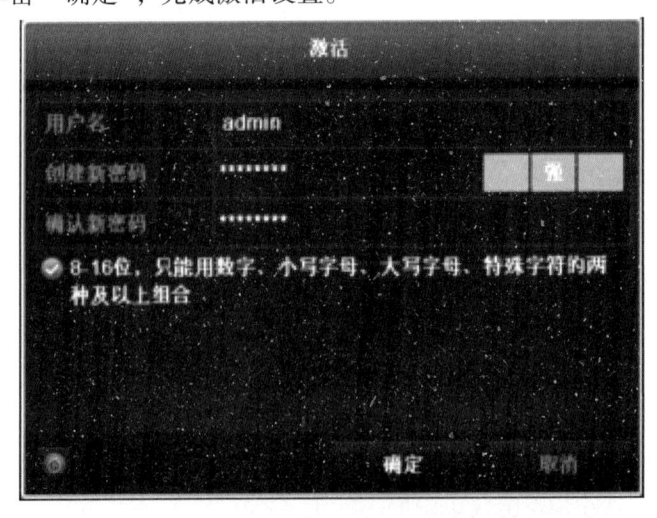

2. 信号接入配置。

开机向导中可配置信号接入状态。

第一步：按需勾选各通道信号接入类型。

第二步：单击"应用"，完成配置操作。

3. IP 通道配置。开机向导中可快速添加 IP 通道。

第一步：设备会自动搜索同网段下支持 SADP 或 ONVIF 协议的 IP 设备。

第二步：单击"一键激活"，可将列表中的所有未激活的 IP 设备进行批量激活。也可以通过单击 未激活，对单个 IP 设备单独进行激活。

第三步：选择需要添加的 IP 设备，单击"添加"。

4. 移动侦测。

第一步：单击通道管理，选择要配置摄像头。

第二步：选择左侧的移动侦测，在右侧视频画面中划出要侦测区域。

第三步：单击"应用"，完成移动侦测设置。

5. 视频回放。设备支持即时回放、常规回放、事件回放、标签回放、智能回放、分时段回放、外部文件回放等回放模式。这里介绍常用的常规回放模式，其他回放模式的操作类似。预览状态下，鼠标放在需要回放的通道上面，右键选择"回放"，进入通道回放窗口，使用回放控制条，进行录像回放操作。

（四）摄像机的配置与操作

1. 模拟摄像机的连接。

第一步：检查各类连线。

第二步：打开电源。

第三步：显示器切换到 HDMI 模式。

第四步：查看模拟图像，若无图像就要检查各类连线有无错误。

第五步：有图像就进行云台操作，若无法操作则按右键点击主菜单选择云台设置，通道管理修改云台地址，退至初始界面再次进行云台操作。

2. 网络摄像机的连接。

第一步：在初始界面右键点击主菜单后再点击通道配置。

第二步：通道配置的界面中找到 IP 通道选择添加摄像机。

第三步：添加完成后，查看视频信号是否正常。

第四步：对网络球机进行云台操作。

二、实训案例

【案例 16-1】

2017 年 8 月 10 日，广东省某火车站派出所，因乘客逐年增加并且警力又不足，计划在火车站搭建网络监控系统,以应对警力不足的压力。该派出所安保队王队长通过对火车站机房、现有电源和网络走线、进出口地形以及进出口人流等基本情况进行了了解得知,此火车站有两个门,分别为南门和北门。其中南门出去后就是一个比较大的广场,而且人流量比较大。北门出去后是一条小走廊,人流量不多。并且北门左边有个机房重地门口,闲人不能进入。

安保队成立了视频监控系统两人小组,并立即进行了部署。视频监控中心和硬盘录像机放在安保中心的机房。南门采用网络球机摄像机巡航,北门采用网络枪机。传输系统采用现有的公共以太网络走线,摄像机电源分别在北门和南门就近取220V市电,并配备可以运行48小时以上的备用可充电电池。两人分工协作,一人安装摄像机、网络和电源走线,一人完成客户端设备软件平台安装并对软件平台做相应配置。

硬件平台和软件平台安装好后,完成对摄像机和硬盘录像机相应的配置。其中南门摄像机主要完成东西180°往返巡航设置,巡航时间为20秒一个循环。北门的摄像机通过硬盘录像进行在画面对机房重地门区域进行移动探测设置,一旦视频发现侦测区域有人员入侵,立马进行报警。在调试北门摄像机过程中,显示器画面突然黑屏无图。安保队王队长吩咐一人在监控中心操作和监视画面情况,自己立即携带万用表等检测仪器去到北门现场进行检测定位问题,发现网络摄像机无电源输入,通过检测,定位为电源线断裂,重新换一根电源线,解决此问题。经过一段时间调试和运行,视频监控系统运行良好,完成此次视频监控系统的部署任务。

【问题】

1. 如果你是本次视频监控系统部署工作的负责人,你将围绕哪些方面组织此次部署?并制定视频监控系统任务的实施方案。

2. 视频监控系统部署中应当如何配备人力?硬盘录像机和每个摄像机的配置是什么?

3. 遇到显示器视频无图像等突发事件该如何处置?

三、实训目的

通过实训,熟悉各种典型摄像机的种类,熟悉各种典型摄像机和硬盘录像机的基本调试操作方法。掌握通过SADP软件、客户端软件掌握网络监控管理软件的基本操作。

四、实训内容

1. 依据本案例,制作此次监控任务的实施方案。
2. 网络球机巡航配置的执行。
3. 硬盘录像机人脸移动侦测报警的执行。
4. 突发故障的排查。

五、实训场地和器材

（一）实训场地

实训主场地为学院实训楼视频监控实训室。

（二）实训器材

1. 视频安防监控实训平台 4 台。
2. 万用表，示波器等检测设备。

六、实训的步骤、方法和注意的问题

（一）实施步骤、方法

1. 训前准备。

（1）布置实训场地，准备好实训器材

（2）对学生进行实训前安全教育，再次示范万用表测试动作要领，提醒学生在进行市电 220V 测试时，确保学生的人身安全，避免受伤。

2. 学生分组。根据实训需要，对学生进行分组。学生分为 25 组，每组 2 人。其中，1 操作软件，1 进行硬件检查和配合工作。每组确定一名负责人。

3. 模拟实施任务。

（1）安保队负责人向队员介绍视频监控系统组成部分和任务分工，确定各个岗位职责。

（2）开机视频安防监控实训平台，确保各个硬件平台供电正常。

（3）打开客户端 SADP 软件，添加网络球机和网络枪机，确保其图像显示在显示器。

（4）完成对网络球机的巡航设置，可以根据现场情况设计巡航的起始的预置点和巡航时间。

（5）将显示器切换到硬盘录像机 VGA 显示模式，然后对硬盘录像机进行移动侦测设置和报警方式的设置。

（6）按照案例中的情节，模拟突发事件，让担任该任务的学生完成对该突发事件的准确处置。实训过程中，学生互相配合模拟练习，并进行角色互换练习，同学之间可以针对训练中的问题进行讨论、总结，也可以向老师寻求帮助。

4. 事后总结。

（1）完成实训后，由本组的负责人对本组的实训情况进行总结自评。

（2）没有进行实训的其他组也可以进行互评，提出实训组存在的问题和建议。

（3）所有组实训完成后，由任课老师进行总结点评，并要求实训组以组为单位提交实训报告。

（二）注意问题

在对视频安防监控实训平台进行上电操作时，先上电源总开关，再上电保险丝后的分开关。

七、实训考核

（一）实训考核要求

1. 严格按照考核标准考核。
2. 考核要公平、公正、客观。
3. 实训成绩按照一定比例计入期末考试成绩。

（二）实训考核标准

考核模块	考核要点	考核分值	考核得分
知识运用模块	1. 软件配置	5	
	2. 网络球机设置	5	
	3. 方案制作	20	
	4. 巡航配置	15	
	5. 硬盘录像机人脸识别配置	10	
组织协调模块	6. 人员分工	5	
	7. 实训中的纪律	5	
	8. 实训器材的准备	5	
能力培养模块	9. 组织管理能力	5	
	10. 口头表达能力	5	
	11. 检测工具的运用能力	10	
	12. 问题处理能力	10	

八、思考题

如果在上述案例中，显示器画面无图，除了是电源线断裂了以外，还有哪些原因会让显示器画面无图？

单元十七

出入口控制系统

一、基础知识点

（一）出入口控制体系实训前的准备工作

认识出入口控制系统实训平台的组成和整体结构。实训平台整合了出入口控制系统中的人脸识别终端、读卡设备、交换机、速通门后台管理系统设备和速通门。

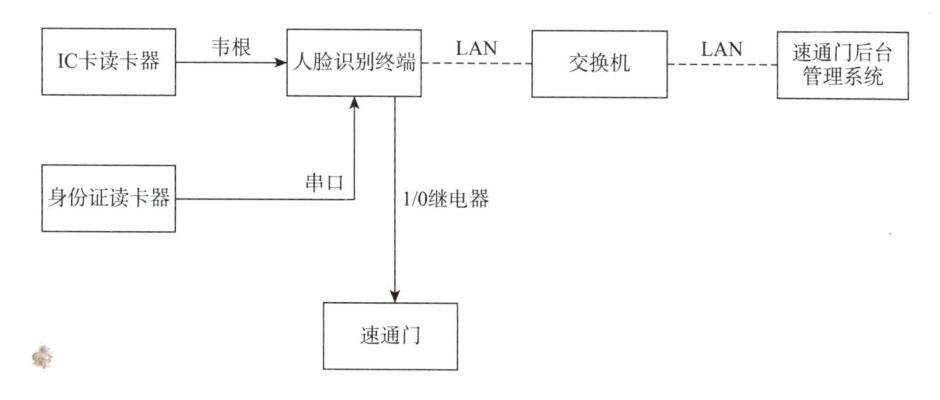

```
IC卡读卡器 ──韦根──> 人脸识别终端 ──LAN── 交换机 ──LAN── 速通门后台管理系统
身份证读卡器 ──串口──> 人脸识别终端
人脸识别终端 ──I/O继电器──> 速通门
```

（二）人脸识别终端功能配置

1. 人脸抓拍设置。人脸抓拍配置包括人脸检测、人脸检测阈值、目标尺寸过滤（瞳距）等参数配置。合理的参数配置，能更好地进行人脸检测及比对。

（1）选择［配置＞智能监控＞智能抓拍］，选择［人脸抓拍设置］页签，进入设置界面。

（2）系统默认已开启智能分析功能，当需修改界面参数时，单击"停止智能分析"，停止智能分析后，再进行参数设置。

2. 人脸库设置。选择［配置＞智能监控＞智能抓拍］，选择［人脸库设置］页签，进入设置界面。人脸识别终端的开门模式分为两种：

（1）核验通过：当配置为核验通过时，只有配置的核验模式核验通过时，识别终端才会产生开门信号。

（2）刷脸：当配置为刷脸时，人脸识别终端抓拍到人脸照片后即产生开门信号，不再进行核验比对。

(三) 后台管理系统平台下发人员配置流程

1. 系统登录。速通门人脸管理服务器的系统登录要求采用 chrome 浏览器登录, 若没有该浏览器, 可采用最新版的火狐浏览器。打开浏览器, 输入【http://服务器 IP 地址】登录服务器管理界面, 默认超级用户名: admin, 密码: admin。首次登录成功后, 会要求修改默认密码。修改完成, 需要重新登录。

2. 添加人员。

(1) 登录速通门管理平台。人员管理>员工, 选中"宇视科技"根目录。

(2) 新增部门。在新增部门界面中, 输入部门名称、部门编码信息, 单击"确定", 完成新增部门。

(3) 新增人员。选择该员工所在部门后, 单击"新增"。在弹出的界面中, 输入新增员工信息。

3. 添加闸机识别终端。

(1) 登录速通门管理平台。配置>门组/设备管理, 选中"宇视科技园"根目录。

(2) 新增区域。选中"宇视科技园"根目录, 点击+, 新增区域。

(3) 新增门组。选中区域, 选择"闸机识别终端"页签。点击新增门组, 创建门组的同时创建通道 (默认为 3 个)。

(4) 添加设备。选择通道, 点击+, 在弹出的界面中输入 IP 地址和用户名密码, 点击获取信息, 获取设备相关信息后点击确定。

4. 添加门口机。

(1) 登录速通门管理平台。配置>门组/设备管理, 选中"宇视科技园"根目录。

(2) 新增区域。选中"宇视科技园"根目录, 点击+, 新增区域。

(3) 添加设备。选中区域, 选择"门口机/室内机"页签。点击+, 在弹出的界面中输入 IP 地址和用户名密码, 点击获取信息, 获取设备相关信息后点击确定。

5. 添加门禁权限组。

(1) 登录速通门管理平台。

(2) 新建门禁权限组。权限管理>门禁权限组, 点击新建, 在跳出的界面中输入权限组的名称, 选择正确的时间模板。

(3) 绑定设备。将对应的设备添加至右侧设备栏中, 点击确定。

(4) 绑定人员。选择需要操作的门禁权限组, 单击🔍, 添加对应人员至该门禁权限组。可以按照部门新增, 也可以按照人员新增。

6. 人员下发。登录速通门管理平台。配置>门组/设备管理, 勾选自动下发。或者关闭自动同步开关, 单击需下发名单的设备后 📇, 完成手动下发。

(四) 后台管理系统布控任务配置流程

1. 黑名单库管理。新建黑名单人员需先新建黑名单库。每个黑名单人员都属于一个或者多个黑名单库。

（1）进入［布控管理>布控名单］页面。

（2）选择黑名单列表栏。

（3）单击□，在弹出的新增黑名单库界面输入相关信息。

（4）单击"确定"，完成黑名单库新增。

2. 黑名单人员管理。黑名单人员管理包括黑名单人员新增、修改、删除、导入、导出、查询等操作。这里只给出新增操作步骤，其他操作类似。

（1）进入［布控管理>布控名单］页面。

（2）选中某一黑名单库，黑名单库创建于新增黑名单库。

（3）单击"新增"，在弹出的新增界面中，按实际情况配置相关参数。

（4）单击"确定"，完成新增黑名单人员。

3. 新增布控任务。

（1）进入［布控管理>布控任务］页面。

（2）单击"新增"，在弹出界面中配置相关参数。

（3）选择布控名单。按实际需求选择，此处名单均创建于新增黑名单库。选择的黑名单库下人员将被布控管理。每个黑名单库只能对应一个布控任务，已经被布控的黑名单库将不能再被其他布控任务选择，且颜色置灰不可选。

（4）选择有效期。按时间需求布控有效期，有效期一到，布控任务将自动开启，有效期过后，布控任务将自动停止。

（5）选择布控地点。布控地点设置即选择布控地点所在设备，可以选择一个或者多个设备，按实际布控需求设置。

（6）选择报警阈值。当人员经过设置的布控地点，人脸识别终端将抓拍的照片与黑名单底库照片进行1∶N比对，当相似度值大于此处设置的报警阈值时，将形成布控报警信息，实时推送至平台界面。报警阈值的取值范围为［0%～100%］，阈值越高，则抓拍照与黑名单底库照相似度要求越高。可通过拖动滚动条调整，也可通过上下键调整。

（7）输入布控描述。非必填项，对于布控任务的描述，按实际需求选填。

（8）单击"确定"，完成新增布控任务。

4. 查看布控。对于刚刚新增的布控任务，其布控状态为"未布控"，布控任务在到达布控时间点时将自动开启布控，并自动下发黑名单库及核验模式（刷卡或者刷脸）至其下各设备终端，布控状态改为"布控中"，需手动刷新页面查看。布控任务在设置的布控时间点开启时，黑名单库、阈值、核验模式等将自动下发至各终端设备。可通过如下步骤查看下发是否成功。

（1）进入［布控管理＞布控任务］页面。

（2）选择布控中的布控任务，单击布控地点列参数值。

（3）在弹出的布控地点界面中，可查看名单、阈值、核验模式下发状态。

5. 报警阈值设置。此处设置的报警阈值可按每台设备单独设置。而新增布控任务设置的报警阈值，是设置该布控任务下的所有布控设备的报警阈值。

（1）进入［布控管理＞布控任务］页面。

（2）选中需修改报警阈值的布控任务，单击布控地点列参数值。

（3）在弹出的布控地点界面中，根据实际修改布控设备的报警阈值。

（4）单击 ![icon]，下发修改的阈值至终端设备。

（5）单击"确定"，完成配置布控设备的报警阈值。

二、实训案例

【案例 17-1】

2018 年 9 月，某学院因出入口管理采用传统人工管理人员进出，经常混入小偷，发生多起盗窃贵重物品事件。为了解决这一问题，学院计划升级校园进出口管理系统，保卫科程科长成立了出入口控制系统两人小组，并立即进行部署实施。经过对出入口控制系统设备市场调研和校门口地形建筑考察，决定采用行业先进的带有人脸识别功能的速通门方案。该方案包括速通门、人脸识别终端及后台管理系统设备等设备。两人采购并安装好相关硬件设备后，一人负责采集所有教职工和学生照片，通过后台管理软件将全体人员照片上传到后台管理系统设备并且下发到速通门，同时设置相应的进出权限。另一人负责根据当地公安部门发布的犯罪嫌疑以及以前惯偷人员的照片，在后台管理系统软件建立布控黑名单库，同时设置布控地点为校门口、布控时间为全天、报警方式为鸣笛、报警阈值为 85%。速通门上的人脸识别终端抓拍进入人员的人脸图片并与黑名单库的图片进行对比，如发现是犯罪嫌疑人速通门将不开闸门并进行相应鸣笛报警。

在调试过程中，其中一位教师刷脸后，速通门并未打开闸门。经排查，此位教师采集上传到后台管理系统的照片是戴眼镜的，与未戴眼镜的人脸图片相差较大，人脸识别终端在对比抓拍的照片和后端管理系统上传的照片时未能识别成功。删除原有戴眼镜照片，重新采集并上传未戴眼镜照片，测试通过。

【问题】

1. 如果你是本次出入口控制系统的负责人，你将围绕哪些方面组织此次部署？并制定出入口控制任务的实施方案。

2. 后台管理系统如何配备？

3. 遇到后台管理系统已经下发人员刷脸不成功等突发事件该如何处置？

三、实训目的

通过实训，熟悉出入口控制系统的组成结构和工作原理，熟悉出入口控制系统设备间的电气连接和调试操作方法。掌握人脸识别终端和速通门后台管理系统软件配置的基本操作。

四、实训内容

1. 依据本案例，制作此次出入口控制系统任务的实施方案。
2. 人脸识别系统的抓拍设置与执行。
3. 后台管理系统软件人员下发和布控任务的设置与执行。
4. 故障问题的排查与处理。

五、实训场地和器材

（一）实训场地

实训主场地为学院实训楼出入口控制实训室。

（二）实训器材

1. 出入口控制系统实训平台 4 台。
2. 照相机，U 盘等设备。

六、实训的步骤、方法和注意的问题

（一）实施步骤、方法

1. 训前准备。

（1）布置实训场地，准备好实训器材。

（2）对学生进行实训前安全教育，提醒学生，在上电操作并进行硬件检查时，设备是 220V 供电，注意人身安全，避免受伤。

2. 学生分组。根据实训需要，对学生进行分组。学生分为 25 组，每组 2 人。两人共同进行硬件检查，一人对人脸识别系统软件进行配置，另一人对后台管理系统软件进行配置。每组确定一名负责人。

3. 模拟实施任务。

（1）负责人向队员介绍出入口控制系统组成部分和任务分工，确定各个岗位职责。

（2）开机出入口控制系统实训平台，确保各个硬件平台供电正常。

（3）通过触摸屏对人脸识别终端抓拍功能进行配置并且设置速通门开门核验模式为刷脸识别。

（4）采集队员照片，通过后台管理系统软件将人员照片下发到速通门，同时设置相应的进出权限。

（5）在后台管理系统软件建立布控黑名单库，并设置相应的布控地点、布控时间、报警方式和报警阈值。

（6）按照案例中的情节，模拟问题故障，让担任该任务的学生完成对该问题故障的准确处置。实训过程中进行角色互换练习，同学之间可以针对训练中的问题进行讨论、总结，也可以向老师寻求帮助。

4. 事后总结。

（1）完成实训后，由本组的负责人对本组的实训情况进行总结自评。

（2）没有进行实训的其他组也可以进行互评，提出实训组存在的问题和建议。

（3）所有组实训完成后，由任课老师进行总结点评，并要求实训组以组为单位提交实训报告。

（二）注意问题

在安装和检查人脸识别系统装置时，要保证人脸识别系统的抓拍摄像头方向和位置要对正适中，防止抓拍的人脸图片变形而不能被识别。

七、实训考核

（一）实训考核要求

1. 严格按照考核标准考核。

2. 考核要公平、公正、客观。

3. 实训成绩按照一定比例计入期末考试成绩。

（二）实训考核标准

考核模块	考核要点	考核分值	考核得分
知识运用模块	1. 硬件的检查	5	
	2. 人脸识别终端配置	5	
	3. 人员相片的采集与上传	10	
	4. 后台管理系统人员下发任务操作	20	
	5. 后台管理系统布控任务操作	20	
组织协调模块	6. 人员分工	5	
	7. 实训中的纪律	5	
	8. 实训器材的准备	5	
能力培养模块	9. 组织管理能力	5	
	10. 口头表达能力	5	
	11. 问题处理能力	15	

八、思考题

如果在上述案例中，本院学生的进出触发鸣笛报警，可能的原因有哪些？你会怎么处理？

单元十八

防盗防入侵

一、基础知识点

（一）紧急报警开关

紧急报警开关安装在隐蔽之处，需要由人按下其按钮，使开关接通（或断开）来实现报警。要解除报警必须要由人工复位。

（二）主动红外报警器

由主动红外发射机和主动红外接收机组成。发射机与接收机之间的红外光束被完全遮断或按给定的百分比被遮断时能产生报警信号。红外发射机通常采用互补型自激多谐振荡电路作调制电源，它可以产生很高占空比的脉冲波形。用大电流窄脉冲信号调制红外发光二极管，发射出脉冲调制的红外光。红外接收机通常采用光电二极管作为光电传感器，它将接收到的红外光信号转变为电信号，经信号处理电路放大、整形后驱动继电器接点产生报警状态信号。

（三）振动探测器

振动探测器是以探测入侵者的走动或进行各种破坏活动时所产生的振动信号来作为报警的依据。例如，入侵者在进行凿墙、钻洞、破坏门、窗、撬保险柜等破坏活动时，都会引起这些物体的振动，以这些振动信号来触发报警的探测器就称为振动探测器。振动传感器是振动探测器的核心组成部件。

（四）玻璃破碎探测器

玻璃破碎时，主要发出大约 10kHz～15kHz 的高频声响信号，但是在这个频率范围内很容易与其他物体发出的声响混淆。因此，在实际应用中大都采用次声波—高音频玻璃破碎探测器。

次声波—高音频玻璃破碎探测器分别检测敲击玻璃引起的超低频次声波和高音频声响。声电传感器将接收到的多种频率的声波信号转换成电信号后，经过低通和高通放大电路将超低频信号和高音频信号分离、放大。通常，信号处理电路是在接收到玻璃敲击次声波后才开始声响识别，如果在一个特定的时间内探测到玻璃破碎音，探测器则发出报警状态输出信号。

二、实训案例

【案例 18-1】

G 市某公司新购置一幢别墅（有院子、围墙），拟用于办公、接待和存放贵重财物。为满足基本的安全防范需求，该公司将重点加强该别墅范围内防盗防入侵系统的建设，完成周界保护和室内保护，并在别墅内还设置了保安值班室、接待处、财务室、展厅等。

在部署入侵报警系统工作时，应对某些重点区域进行加强管理，实现"一键报警"。如在财务室保险柜、接待室等位置，设置紧急报警开关，当发生突发事件或遇险时用于求救和警报的作用。通过紧急按钮将报警信号发送至保安室内或手机端，能使突发事件能得到及时有效的处理。紧急报警开关需 24 小时布防，由专人配备专用钥匙解除警报，防止误报。

为防止入侵者攀爬、翻越别墅院落外的围墙，该公司拟在环绕院落一周的外围墙上缘设置 4 组对向型安装的主动红外报警探测器，构成院落围墙周界报警系统。为防止小鸟、野猫等动物的意外闯入造成不必要的报警，应使报警探测器光束位于围墙上缘约 25~30 厘米处。

该别墅某房间内放置若干个保密资料柜，用于放置重要文件、档案等。为防止入侵者砸、撬保密柜，偷盗公司资料，该公司拟在各资料柜上安装振动探测器，达到"一有异动，及时响应"的效果。

该别墅接待处后方设有一展厅，四周共有 5 扇玻璃窗。为防止入侵者破窗而入，该公司拟在该展厅内加装 2 只玻璃破碎探测器。

三、实训子项目一：紧急报警开关

（一）实训目的

1. 认识紧急报警开关的组成结构。
2. 熟悉紧急报警开关的工作原理。
3. 掌握紧急报警开关的连接方法。

（二）实训内容

紧急报警开关的拆卸与连接。

（三）实训器材

1. 设备：

紧急报警开关　　　　　　　　1 个

闪光报警灯	1只
直流12V电源	1个

2. 工具：

万用表	1只
"6"十字螺丝刀	1把
"6"一字螺丝刀	1把

3. 材料：

1mRVV（2×0.5）导线	1根
1mRVV（3×0.5）导线	1根
0.2m红、绿、黄、黑跳线	各1根
实训端子排	1只

（四）实训的步骤、方法和注意的问题

1. 断开实验操作台电源开关。

2. 拆开紧急报警开关外壳，辨认报警输出状态信号的公共端C、常开端NO、常闭端NC。

3. 用万用表导通档测量常开接点端子（红表棒接C端，黑表棒接NO）、常闭接点端子（红表棒接C端，黑表棒接NC）。紧急报警开关接线图参照示意图18-1。

图18-1 紧急报警开关接线示意图

4. 完成实训端子排上侧端子的接线，闭合紧急报警开关探测器外壳。

5. 通过实训端子排下侧的端子，利用短接线按图分别完成常开接点输出、常闭接点输出各项实训内容。

注：每项实训内容的接线完成，检查无误方可接通电源。按下紧急报警按钮及使用专用钥匙复位紧急报警按钮，分别观察闪光报警灯的情况，并作记录。每项实训内容结束后，必须关断电源。

（五）实训考核

1. 考核要求。

（1）严格按照考核标准考核。

（2）考核要公平、公正、客观。

（3）实训成绩按照一定比例计入期末考试成绩。

2. 考核标准。

考核模块	考核要点	考核分值	考核得分
知识运用模块	1. 辨认构造	10	
	2. 万用表测量	20	
	3. 完成接线	30	
组织协调模块	4. 实训中的纪律	5	
	5. 实训器材的准备	5	
能力培养模块	6. 组织管理能力	5	
	7. 口头表达能力	5	
	8. 检测工具的运用能力	10	
	9. 问题处理能力	10	

（六）思考题

1. 紧急报警按钮常开接点输出时，其开关状态与警戒状态和报警状态是什么关系？报警灯是如何对应的？

2. 紧急报警按钮常闭接点输出时，其开关状态与警戒状态和报警状态是什么关系？报警灯是如何对应的？

3. 实训端子排在系统中相当于一台最简单的报警控制器，它对探测信号作何种处理？

4. 解释紧急报警开关必须有自锁功能的原因。

5. 说明为什么紧急报警开关不需要工作电源。

四、实训子项目二：主动红外探测器

（一）实训目的

1. 认识主动红外探测器的组成结构。
2. 熟悉主动红外探测器的工作原理。
3. 掌握主动红外探测器的连接方法。

（二）实训内容

1. 观察单组主动红外探测器，区别主动红外接收机与发射机，并分别拆开辨认。

2. 主动红外探测器的调试，完成光轴的校准。

3. 人为阻断红外线，观察闪光报警灯的变化；再改变遮光时间调节钮，观察响应速度的变化。

(三) 实训器材

1. 设备：

主动红外探测器	1 台
闪光报警灯	1 只
直流 12V 电源	1 个

2. 工具：

万用表	1 只
"6"十字螺丝刀	1 把
"6"一字螺丝刀	1 把

3. 材料：

1mRVV（2×0.5）导线	3 根
1mRVV（3×0.5）导线	3 根
0.2m 红、绿、黄、黑跳线	各 1 根
实训端子排	1 只

(四) 实训的步骤、方法和注意的问题

1. 断开实验操作台电源开关。

2. 拆开红外接收机外壳，辨认输出状态信号的常开接点端子、常闭接点端子、接收机防拆接点端子、接收机电源端子、光轴测试端子、遮挡时间调节钮、工作指示灯。

3. 拆开红外发射机外壳，辨认发射机防拆接点端子、发射机电源端子，工作指示灯。

4. 按图 18-2 完成接线端子排上侧端子的接线，闭合实验操作台电源开关。

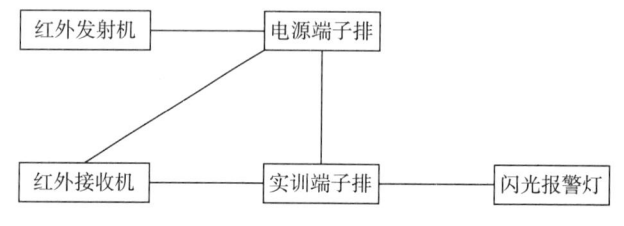

图 18-2 主动红外报警器接线示意图

5. 主动红外的调试主要是校准发射机与接收机的光轴，分目测校准和电压测量校准。首先利用主动红外内配的瞄准镜，分别从接收和发射机间相互瞄准，使发射机的发射信号能够被接收机接收；然后在接收机使用万用表测量光轴测试端的直流输入电压，正常工作输出电压要大于 2.5V，一般越大越好。

6. 通过接线端子排下侧的端子，利用短接线依次完成各项实训内容。每项实训内容的接线和拆线前必须断开电源。

7. 完成接线、检查无误、闭合探测器外壳、闭合电源开关。然后，人为阻断红外线，观察闪光报警灯的变化。在最后一项内容中，改变遮光时间调节钮，观察闪光灯的响应速度。

(五) 实训考核

1. 考核要求。

(1) 严格按照考核标准考核。

(2) 考核要公平、公正、客观。

(3) 实训成绩按照一定比例计入期末考试成绩。

2. 考核标准。

考核模块	考核要点	考核分值	考核得分
知识运用模块	1. 辨认发射机、接收机	5	
	2. 辨认内部结构	10	
	3. 完成接线	10	
	4. 校准光轴	15	
	5. 阻断红外线，观察变化	15	
	6. 调节遮光时间，观察变化	15	
组织协调模块	7. 实训中的纪律	5	
	8. 实训器材的准备	5	
能力培养模块	9. 组织管理能力	5	
	10. 口头表达能力	5	
	11. 问题处理能力	10	

(六) 思考题

1. 主动红外探测器的校准如何进行？
2. 光电传感器的工作原理是什么？
3. 主动红外探测器的应用场合主要有哪些？使用要点主要有什么？

五、实训子项目三：振动探测器

(一) 实训目的

1. 熟悉振动探测器的原理和结构。
2. 掌握振动探测器的安装方法、接线方法、测试方法和注意事项。
3. 熟悉应用场合。

(二) 实训内容

振动探测器的安装与测试。

（三）实训器材

1. 设备：

振动探测器	1 只
闪光报警灯	1 只
直流 12V 电源	1 个

2. 工具：

万用表	1 只
"6"十字螺丝刀	1 把
"6"一字螺丝刀	1 把

3. 材料：

1mRVV（2×0.5）导线	3 根
1mRVV（3×0.5）导线	1 根
0.2m 红、绿、黄、黑跳线	各 1 根
实训端子排	1 只

（四）实训的步骤、方法和注意的问题

1. 安装。

（1）振动探测器主要适用于保险箱的金属表面、银行保险库的混凝土表面等的防护。既可用于室内，也可用于室外。

（2）与被测物体作刚性连接，连成一体。比如用螺丝拧紧、焊接在金属表面等。

（3）安装的位置要远离振动源，如电机、电冰箱等。用于室外时，不要将其埋在树木、拦网桩柱附近，以免刮风时物体晃动，引起附近土地微动造成误报。

2. 测试。

（1）测试期间把灵敏度设置为 Gmax 或其他档位。稍用力连续敲击或连续摩擦与探测器刚性连接的被保护物体表面一定次数（如 3 次或 5 次以上），用万用表测量 4（积分器电平）和 2（接地）接线柱的电压，会有一定的电压变化。注意观察电压变化到何种程度时，会有报警信号输出。

（2）测试灵敏度（探测范围）。根据不同物体材质、产生振动的方法不同、灵敏度设置等，振动探测器会有不同的探测范围。

（五）实训考核

1. 考核要求。

（1）严格按照考核标准考核。

（2）考核要公平、公正、客观。

（3）实训成绩按照一定比例计入期末考试成绩。

2. 考核标准。

考核模块	考核要点	考核分值	考核得分
知识运用模块	1. 安装部位的选择	10	
	2. 安装方法的选取	15	
	3. 测试何时输出信号	20	
	4. 测试灵敏度	20	
组织协调模块	5. 实训中的纪律	5	
	6. 实训器材的准备	5	
能力培养模块	7. 组织管理能力	5	
	8. 口头表达能力	5	
	9. 检测工具的运用能力	5	
	10. 问题处理能力	10	

（六）思考题

1. 压电式和电动式振动探测器，哪个灵敏度更高？
2. 为何压电式振动探测器在一次适度振动时不报警，需要几次连续振动才报警？

六、实训子项目四：玻璃破碎探测器

（一）实训目的

1. 认识玻璃破碎探测器的组成结构。
2. 熟悉玻璃破碎探测器的工作原理。
3. 掌握玻璃破碎探测器的连接方法。

（二）实训内容

1. 辨认玻璃破碎探测器的内部结构，掌握连接方法。
2. 完成玻璃破碎探测器的自检（环境测试）。
3. 分别制造多种声响，观察闪光灯变化。

（三）实训器材

1. 设备：

玻璃破碎探测器	1 只
闪光报警灯	1 只
直流 12V 电源	1 个

2. 工具：

万用表	1 只
"6"十字螺丝刀	1 把
"6"一字螺丝刀	1 把

3. 材料：

1mRVV（2×0.5）导线	1 根
1mRVV（3×0.5）导线	1 根
0.2m 红、绿、黄、黑跳线	各 1 根
实训端子排	1 只

（四）实训的步骤、方法和注意的问题

1. 断开实训操作台电源开关。

2. 拆开玻璃破碎探测器外壳，辨认开关信号的公共端 C、常开端 NO、常闭端 NC 及防拆端 T。

3. 用万用表导通档测量常开接点端子（红表棒接 C 端，黑表棒接 NO）、常闭接点端子（红表棒接 C 端，黑表棒接 NC）、防拆接点端子。

4. 按示意图 18-3 完成实训端子排上侧端子的接线，闭合玻璃破碎探测器外壳。

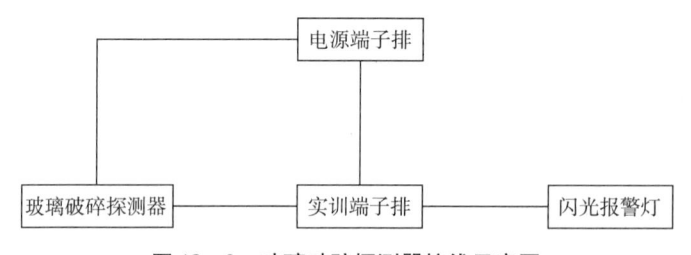

图 18-3　玻璃破碎探测器接线示意图

5. 接通实训操作台电源开关。玻璃破碎探测器供电后就进入 5 分钟自检状态。探测器的 LED 灯闪亮 10 秒表示测试开始，再次闪亮 10 秒表示测试结束。自检期间主要完成环境测试，可作各种声响观察 LED 灯的情况。每探测到一次低频干扰，就每秒闪亮 5 次；每探测到一次高频干扰，就每秒闪亮 1 次。断开实训操作台电源开关。

6. 通过实训端子排下侧的端子，利用短接线分别完成常开接点输出、常闭接点输出、防拆接点输出、常闭/防拆接点串联输出各项实训内容。

注：内向实训内容的接线完成，检查无误方可接通电源。探测器自检结束后，轻轻刮擦、敲击探测器外壳，制造声响产生低频、高频声波。观察 LED 灯和闪光报警灯的情况，并作记录。每项实训内容结束后，必须断开电源。

（五）实训考核

1. 考核要求。

（1）严格按照考核标准考核。

（2）考核要公平、公正、客观。

（3）实训成绩按照一定比例计入期末考试成绩。

2. 考核标准。

考核模块	考核要点	考核分值	考核得分
知识运用模块	1. 辨认结构	10	
	2. 完成接线	15	
	3. 完成自检	20	
	4. 制造多种声响，观察变化	20	
组织协调模块	5. 实训中的纪律	5	
	6. 实训器材的准备	5	
能力培养模块	7. 组织管理能力	5	
	8. 口头表达能力	5	
	9. 检测工具的运用能力	5	
	10. 问题处理能力	10	

（六）思考题

1. 探测器接收人为制造的声波时，LED 灯都会闪亮，但闪光报警灯只有在报警状态输出时才会闪亮。这说明了什么问题？

2. 防拆接点开关状态与防拆报警状态和防拆警戒状态是如何对应的？

3. 解释探测信号、防拆信号分路输出与探测信号、防拆信号同路输出的特点。

4. 系统中所谓的报警控制器实际上由什么元件来代替？起了什么作用？

5. 说明为什么玻璃破碎探测器需要工作电源。

单元十九

警用无人机

一、基础知识点

（一）了解警用无人机

1. 警用无人机的渊源。无人机（Unmanned Aerial Vehicle，简称UAV，又称无人驾驶航空器）技术产生于20世纪初，最早源于英国军方。无人机是指通过无线电遥控设备和自备的程序控制装置在操纵的，没有登机驾驶人员的一种航空器。2017年，我国公安部发布了《警用无人驾驶航空器系统》标准，明确规定了警用无人驾驶航空器（Police Unmanned Aircraft，简称警用无人机）的概念。警用无人机是指公安机关所使用的、用于警务执法活动的、没有登机驾驶人员的一种航空器，属于警用装备。

2. 警用无人机的类型。公安部发布的《警用无人驾驶航空器系统》将警用无人机分为无人直升机、多旋翼无人机、固定翼无人机三大类。无人直升机（Unmanned Helicopter），指具有1~2个螺旋桨，可垂直升降、悬停的无人机。具有较强的负载能力、续航能力以及模块悬挂系统，但其隐蔽能力和稳定能力差。多旋翼无人机（Multi-Axis Unmanned Aircraft），指具有3个或更多的螺旋桨，可垂直升降、悬停的无人机。具有良好的机动性、简易性、经济性，但续航能力差。固定翼无人机（Fixed-Wing Unmanned Aircraft），指借助固定机翼产生升力的无人机。具有强大的续航能力，作战半径大、飞行速度快，但是快速部署展开能力差、起落场地要求高。本次实训均采用多旋翼无人机。

（二）警用无人机实训的内容

1. 侦查与监视。侦查与监视是无人机警务化之后最早实现的功能。处置突发事件尤其是对嫌疑人进行搜捕行动时，警务人员往往面临复杂的地形和面积巨大的搜索区域，采用由侦查人员深入现场进行侦查、监视的传统手段不仅很难摸清现场的全部情况，并且具有极大的危险性，而且往往会出现遗漏的情况，在夜晚这些缺陷更加凸显。无人机搭载照相机、摄像机、夜视仪、红外线探测器等设备进行侦查与监视，其高空、高速的特性可以获得更开阔的视野、更高的搜索效率，从而减少搜索时间、节省人力物力、避免遗漏,并能够及时发现潜在危险,降低人员伤亡。

2. 武力打击。警用无人机挂载武器模块可对嫌疑人进行直接攻击和辅助攻击。警用无人机在进行直接攻击时,可选择搭载震爆弹、强光手电、声波武器等非致命性武器装备,在短时间内降低或解除嫌疑人的抵抗能力,起到心理震慑作用;也可选择搭载微型枪炮、炸弹等致命性武器装备,对嫌疑人进行火力压制或对其掩体进行定向爆破,提高处置行动的成功率,保证己方人员的安全。警用无人机在进行辅助攻击时,可以搭载能够发射荧光剂的装备,对目标进行标记,辅助战斗小组进行处置;也可以搭载摄像机、夜视仪等装备,将嫌疑人的行动、位置、状态、装备等信息实时反馈给战斗小组,辅助处置行动。在处置群体性事件的行动中,警务人员可利用警用无人机搭载催泪弹、强光手电、高声喇叭等非致命性装备,对聚集人群起到控制或强行驱散的效果。

(三) 警用无人机实训的组织实施

1. 小型侦查用无人机侦查与监视。小型侦查用无人机具有机动性高、隐蔽性强的特点,通常最先到达现场。同时搭载高分辨率摄像机进行高空侦查监视,获取现场及周边的地形地貌、道路交通情况、建筑物情况等信息。通过控制其升降、移动、悬停,确保将现场各个角落尽收眼底;通过跟踪嫌疑人,监视其动态。

2. 中型照明用无人机补光与指引。中型照明用无人机携带强光模块,到达现场关键部位,通过强光模块照亮四周,让嫌疑人无处遁形,同时对地面人员的行进方向进行指引,指明核心现场位置,帮助警务人员快速到达并明了现场状况。

3. 中型喊话用无人机传输与震慑。中型喊话用无人机挂载扩音模块、投放模块,向嫌疑人喊话并散发传单进行劝降,瓦解其信念,削弱其意志,避免警方人员承担不必要的风险,增强信息传递的效果。利用警用无人机在嫌疑人上空不断盘旋,同时发出高强度声音干扰其听觉,使嫌疑人难以听到警方人员行动的声响,同时营造出四面楚歌的态势,使其心理恐慌,意志动摇。

4. 大型攻击用无人机爆闪与爆震。大型攻击用无人机挂载非致命性武器模块震爆弹、闪光弹、爆闪灯等武器,对嫌疑人进行非致命攻击,使其在一定的时间内丧失反抗能力。警方处置小组要在嫌疑人失去反抗能力的这段时间迅速行动,实施控制抓捕。

二、实训案例

【案例 19-1】

2017 年 3 月 6 日,公安机关利用警用无人机在巡查时发现武屯街道沟王村附近一处麦田有被人翻新的土壤,面积有四五平方米。随之,反馈给阎良区文物保护稽查队,巡护人员前往查看发现,麦田里有类似探针探过的小孔,探针是盗墓贼用来发现古墓葬的作案工具。巡护人员分析应是不法分子踩点、盗掘所留。巡护人员将此情况上报上级部门和公安阎良分局刑侦大队打击文物犯罪中队，并加强巡防力度。

2017年3月8日晚10时许，巡护人员巡护至沟王村附近时，发现6名可疑人员正在实施盗掘，立即通知刑侦大队打击文物犯罪中队和武屯派出所前来支援。民警们到达现场后，由于天黑地形又空旷，再加上正逢春灌，不便于立即采取抓捕行动，民警们便选取有利地形埋伏观察，并利用多功能警用无人机从高空实施贴近侦查犯罪嫌疑人和作案车辆。通过埋伏侦查和警用无人机高空贴近侦查相结合，民警瞅准时机，在巡护人员的协助下，在泥泞的麦地里追击2000多米后，先后将其中3名嫌疑人抓获，缴获铁锹、探针、探照灯等作案工具。

【问题】

1. 如果你是抓捕工作的负责人，你将围绕哪些方面运用警用无人机？并制定警用无人机抓捕任务的实施方案。

2. 运用警用无人机抓捕过程中的警力应当如何配备？每个岗位的职责是什么？

3. 遇到犯罪嫌疑人抵抗、逃跑等突发事件该如何处置？

三、实训目的

警用无人机是司法警察日常勤务的重要工具之一，操纵和使用警用无人机也是整个司法警务技能中的重要组成部分。通过实训，使学生加深对警用无人机工作理论知识的理解，掌握警用无人机的实战动作要领和技战法等，明确各类警用无人机的工作原理和任务职责，掌握警用无人机处置突发事件的技巧，准确执行各项警用无人机飞行任务，为今后从事司法警察相关工作打下坚实的基础。

四、实训内容

1. 依据本案例，制作此次警用无人机实训的实施方案。
2. 侦查与监视警用无人机任务的执行。
3. 武力打击警用无人机任务的执行。
4. 警用无人机执行任务中突发事件的处置。

五、实训场地和器材

（一）实训场地

本次实训中，警用无人机实训的主场地是学院操场，实训前任课教师对操场进行相应的布置；警用无人机的组装与调试主场地为学院实训楼警用无人机实训室。

（二）实训器材

1. 小型侦查用无人机、中型照明用无人机、中型喊话用无人机、大型攻击用无人机。

2. 无人机电池、手机、数据线、桨叶等无人机耗材。
3. 手铐、胶枪、铰刀等。

六、实训的步骤、方法和注意的问题

（一）实施步骤、方法

1. 训前准备。

（1）布置实训场地，准备好实训器材。

（2）对学生进行实训前安全教育，再次示范警用无人机使用的相关规范和动作要领，提醒学生在进行飞行训练时，尤其是多机同时飞行时的规范操作，既要让整个模拟过程严肃、真实，又要保证参训学生的人身安全，避免受伤。

2. 学生分组。根据实训需要，对学生进行分组。学生分为 5 组，每组 8～10 人。其中，1 人扮演犯罪嫌疑人，4 人操纵无人机，1 人观测机位、1 人协调指挥、3 人负责抓捕。每组确定一名负责人。

3. 模拟实施警用无人机实训。

（1）飞行前对飞机进行调整，确保电量充足，信号稳定，传感器正常，并安装所需任务挂载部件。

（2）实训开始，犯罪嫌疑人逃进模拟农田，不见踪迹。小型侦查用无人机首先抵达现场开展侦查与监视。

（3）小型侦查用无人机发现嫌疑人踪迹后，中型照明用无人机迅速到达嫌疑人附近开灯补光，并为抓捕分队指引方向。

（4）中型喊话用无人机到达嫌疑人正上方对其进行劝降，并用噪音对其进行震慑。

（5）最后大型攻击用无人机开启爆闪灯，使嫌疑人失去视觉和抵抗能力，抓捕分队趁机抓捕。

（6）实训过程中，学生互相配合模拟练习，并进行角色互换，同学之间可以针对训练中的问题进行讨论、总结，也可以向老师寻求帮助。

4. 事后总结。

（1）完成实训后，由本组的负责人对本组的实训情况进行总结自评。

（2）没有进行实训的其他组也可以进行点评，提出实训组存在的问题和建议。

（3）所有组实训完成后，由任课老师进行总结点评，并要求实训组以组为单位提交实训报告。

（二）注意问题

1. 扮演抓捕分队的学生必须着警服。

2. 扮演犯罪嫌疑人的同学应当着便服。

3. 参加实训的学生要按照实训要求认真进行演练，听从指导老师的安排，整个演

练过程必须严肃、真实、安全。

4. 教师在实训过程中要全程进行指导、监督。

七、实训考核

（一）实训考核要求

1. 严格按照考核标准考核。

2. 考核要公平、公正、客观。

3. 实训成绩按照一定比例计入期末考试成绩。

（二）实训考核标准

考核模块	考核要点	考核分值	考核得分
知识运用模块	1. 警力配置	5	
	2. 飞行顺序设置	5	
	3. 警用无人机实训方案	20	
	4. 警用无人机飞行动作的规范	15	
	5. 交接流程的准确	10	
组织协调模块	6. 人员分工	5	
	7. 实训中的纪律	5	
	8. 实训器材的准备	5	
能力培养模块	9. 组织管理能力	5	
	10. 口头表达能力	5	
	11. 警用无人机运用能力	10	
	12. 问题处理能力	10	

八、思考题

1. 如果在上述案例中，不是执行一般侦查抓捕任务，而是执行突发事件应对与处置任务，那么警用无人机的使用有哪些需要特别注意的地方？

2. 在警用无人机执行任务过程中除了炸机这种突发事件外，还有哪些较常见的突发状况？应该如何处置？

单元二十

突发公共卫生事件及处置

一、基础知识点

(一) 突发事件的基础知识

1. 明确突发事件的概念。在我国 2007 年 8 月 30 日发布的《中华人民共和国突发事件应对法》的规定中，突发事件是指突然发生，造成或者可能造成严重社会危害，需要采取应急处置措施予以应对的自然灾害、事故灾难、公共卫生事件和社会安全事件。对于突发公共事件的定义，国务院 2006 年 1 月 8 日发布的《国家突发公共事件总体应急预案》将其定义为突然发生，造成或者可能造成重大人员伤亡、财产损失、生态环境破坏和严重社会危害，危及公共安全的紧急事件。

2. 明确突发公共卫生事件的概念。突发公共卫生事件是指突然发生，造成或者可能造成社会公众健康严重损害的重大传染病疫情、群体性不明原因疾病、重大食物和职业中毒以及其他严重影响公众健康的事件。突发公共卫生事件应当具备以下特征：①突发性：突发公共卫生事件不易预测，突如其来，但其发生与传播也具有一定的规律性。②公共属性：突发事件所危及的对象不是特定的人，而是不特定的社会群体，在事件影响范围内的人都有可能受到伤害，往往累及大众。③危害的严重性：突发事件可对公众健康和生命安全、社会经济发展、生态环境等造成不同程度的危害，这种危害既可以是对社会造成的即时性严重损害，也可以是从发展趋势看对社会造成严重影响的事件。其危害可表现为直接危害和间接危害。直接危害一般为事件直接导致的即时性损害，比如人群健康和生命受损。间接危害一般为事件的继发性损害或危害，例如，事件引发公众恐慌、焦虑情绪等造成心理伤害，对社会、政治、经济产生影响。如经济遭受损失，国家和地区形象受损，以及造成政治不稳等。

3. 突发公共卫生事件的分类。根据事件的成因和性质，突发公共卫生事件可分为：重大传染病疫情、群体性不明原因疾病、重大食物中毒和职业中毒、新发传染性疾病、群体性预防接种反应和群体性药物反应，和重大环境污染事故、核事故和放射事故、生物、化学、核辐射恐怖事件、自然灾害导致的人员伤亡和疾病流行，以及其他影响公众健康的事件。

4. 突发传染病事件的概念。突发传染病事件指各类具有传染性的疾病在人群中的暴发、流行或大流行事件。传染病突发事件的基本特征包括不确定性、公共性、严重性、紧迫性、复杂性。每一次重大传染病暴发或流行，都会严重侵害人类生命健康，传染病可以在短时间内突然造成大批人群发病或死亡，从而引发群体性恐慌，也干扰了正常的社会秩序，造成巨大的经济损失。严重者，可影响到国家安全和政府形象，甚至政治稳定。尤其是新发传染病，往往在疫情初发时，人们不知如何应对，临床医生也不知采取何种有效治疗方案，发病率或病死率居高不下；预防控制人员也不能及时确定病因，因而无法采取特异性预防和控制措施；政府机构得不到专业人员的明确意见，也很难及时做出决策；大众得不到有效的宣传和教育，恐慌心理严重，容易造成社会的不稳定。

(二) 传染病流行的三个基本环节

突发传染病事件的原因是传染病的特点所决定的，而传染病的特点则取决于其特异的病原体。后者的特性决定了传染病的传染源、传播方式和传播途径。传染病的流行与否取决于特异病原体和生态学因素的相互作用。传染病在人群中蔓延，必须具备三个相互连接的基本条件：传染源、传播途径以及易感人群。这三个条件又称为传染病流行的三个环节，是构成传染病在人群中蔓延的生物学基础，缺少其中任何一项，传染病就不可能在人群中发生和蔓延，更谈不上引起突发事件了。

1. 传染源。病原体感染人体后，通过与机体的相互作用，在机体内生长繁殖引起疾病，并可排出体外感染另一个机体，从而导致疾病在人群中的传播。某些特殊情况下，病原体感染不一定导致机体的疾病，但却能排出病原体。这种能排出病原体的人或其他动物均称之为传染源。特定传染源在传染病传播中的作用与其携带的病原体种类、排出病原体的时间及数量等有关。

2. 传播途径。病原体只有从一个机体排出后感染另一个机体才能导致疾病的蔓延，这种病原体更换宿主的过程称为传播。病原体只有通过特定的途径进入机体的特定部位生长繁殖才能导致疾病，这就是传染病的传播机制。如果病原体排出机体后，不能进入新的宿主，或者是进入宿主的方式或途径不恰当，病原体就不能在新宿主体内生长繁殖，当然也就不能导致传染病的传播。

3. 易感人群。易感人群是指容易感染某病原体并引发疾病的人。人群作为一个整体对某传染病病原体的易感性程度称为人群易感性。在某一个特定的地区或单位，易感人群在总人口中所占比重的高低对传染病的流行具有重要意义。一般而言，在免疫水平低下或健康水平低下的人群中，就容易发生传染病的暴发或流行。

(三) 突发传染病事件的应急处置措施

当传染病暴发或发生重大传染病疫情时，应立即向有关行政部门和疾病预防控制机构报告，迅速组织有关人员对疫区进行调查、抢救病人、采取紧急措施、控制疫情的蔓延。无论报告的是传染病的暴发或病因未明疾病的暴发，疾病预防控制机构在接到报告后，都应立即做出反应，并且应该对其信息的来源及其可靠性进行核实和判断，特别应当及时掌握疾病的"三间分布（时间、地区、人群）"的情况。这些对分析疫情形势及判断疾病性质很有帮助。在正式调查前，最好能依据已掌握的临床及流行病学资料，对可能的暴发原因和传播途径，进行初步估计和假设。

在调查流行病学的同时，应采取紧急应对措施救治病人、控制传染病疫情的传播。这些紧急措施主要包括针对传染源的措施、针对传播途径的措施以及针对易感人群的措施。

1. 针对传染源的措施。传染源的无害化措施，是综合防治措施中的重要一环，包括对患者、病原携带者及动物传染源的措施。

（1）对患者的措施：主要是"五早"措施，即早发现、早诊断、早报告、早隔离、早治疗。

早发现：患者是许多传染病的主要传染源，早期发现不仅有利于患者自身的及时诊治和康复，而且可以防止其病原体继续传播。早期发现患者的主要措施包括：广泛开展健康教育，把传染病知识教给群众，提高群众识别传染病的能力，有利于及早就诊；提高诊断水平，尽可能减少误诊和漏诊；主动发现病人，尤其是症状较轻的病人；有计划、有针对性地进行健康检查和普查，尤其在疫源地内对接触者询问、检查，及早发现传染病患者，如幼儿园、学校的晨检；加强国境卫生检疫、疫区检疫和交通检疫也能早期发现病人。

早诊断：及早诊断患者有利于治疗与隔离。应采取早期特异诊断方法，提高鉴别诊断水平。传染病的最后诊断应以流行病学、临床和实验室检查综合判定，提高确诊率。

早报告：一旦诊断确定，应立即进行传染病报告。有关传染病报告时限、报告程序，遵从《中华人民共和国传染病防治法》之规定。传染病的报告工作涉及各级卫生部门，涉及疫点疫区的广大群众，是一项经常性工作，必须加强领导、落实制度、统一部署、统一检查。目前，我国已在绝大多数县级医疗单位实施传染病网络直报制度，大大提高了传染病报告的速度和水平。

早治疗：一经确定为传染病患者，应按传染病防治法的规定实行分级管理，对疑似患者应尽早明确诊断。

甲类传染病的疑似患者必须在指定场所进行医学观察、隔离、治疗和送检病原学标本，当地卫生防疫机构应在两日内明确诊断。

乙类传染病的疑似患者在医疗保健机构指导下治疗或隔离，并在两周内明确诊断，对病原携带者应做好登记并进行管理，指导、督促他们自觉养成良好的卫生习惯和道德风尚，定期随访，经2~3次病原检查阴性时可以解除隔离。

早隔离：隔离是将患者在传染期内置于不再传染健康人群的医疗监护环境，防止病原体向外扩散，便于管理和消毒，同时有利于患者的治疗、休息和康复，起到控制传染源的作用。隔离的方式应根据当时、当地的条件和传染病的传染力不同，采取住院、居家和临时病房隔离。目前，需住院隔离治疗的有鼠疫、霍乱、SARS 等；可在家庭隔离治疗的有麻疹、百日咳、猩红热等；临时病房隔离治疗的有流行时的伤寒、甲型肝炎、流行性感冒等。应不断创造条件，扩大住院隔离治疗的病种和比例。如果需要转送病人，应根据病情选择适当的路线和交通工具，转送路线应该最短，而且安全、平稳、对病人的危害最小。转送后车辆应及时消毒。

（2）对病原携带者的措施。主要通过病后随访、病史追踪，进行病原学检查来发现病原携带者，且必须多次检查才能发现和确定。主要检查的人群有患者的密切接触者、曾患传染病的人、来自疫区的人群、饮副食行业人员、宾馆服务人员、水源及粪便管理人员、性乱人员等重点人群；也可以通过新生入学、新兵入伍、团体体检、婚前检查等发现病原携带者。

病原携带者的管理要因病而异，以有关法律、条例、规定、方案为依据。如限期离境，针对国外输入的艾滋病病毒感染者；采取中西药物治疗，消除病原携带状态，常见的有伤寒、痢疾、乙型肝炎病原携带者和某些寄生虫感染者等；调离危害性职业，包括托幼机构、饮副食行业及其他容易使病原体扩散的职业；2~3 次病原检查阴性时才可解除管理。

（3）对动物传染源的措施。许多人畜或人禽共患病，携带病原的动物在该类传染病的流行环节具有重要意义，对于该类传染病的控制非常重要。可以针对动物采取以下措施，防止传染病从动物向人类的传播：①消灭：对所传疾病危害性大且经济价值低的鼠类、某些野生动物及狂犬病犬、炭疽病牲畜等可杀灭，然后焚烧或深埋。②隔离治疗：对有经济价值且所传疾病属非烈性传染病的动物，如血吸虫病的耕牛，布鲁氏菌病的牛、羊等，可进行隔离治疗，防止在畜群间传播。③免疫预防：通过检查及早发现感染动物，做好家畜动物的预防接种及检疫。尤其对养犬施行狂犬病疫苗免疫，是预防人类狂犬病的关键措施。④卫生管理措施：多种家禽、家畜带有感染性腹泻病原体，但因携带率高，动物数量大，目前只能在饲养、屠宰、加工、销售等过程中加强管理，减少危害。

2. 针对传播途径的措施。切断传播途径主要是指对疫源地和污染环境采取的措施。传染病的传播途径不同，所采取的措施也不相同。如：肠道传染病主要由粪便、垃圾、污水等污染环境，措施重点在污染物品、粪便、垃圾、污水的卫生处理以及饮水消毒和个人卫生防护。呼吸道传染病主要由空气传播，措施重点在于空气通风、消毒以及个人防护。

（1）消毒。消毒可分为预防性消毒和疫源地消毒。预防性消毒指对怀疑有传染源存在的地区和可能被病原体污染的物品等进行消毒处理，如饮水消毒、餐具消毒、空气消毒和乳品消毒等。疫源地消毒指对现有或曾有传染源的场所进行的消毒处理，如对传染病病房或传染病患者家庭进行的消毒。根据其实施的时间不同，疫源地消毒又可分为随时消毒和终末消毒。随时消毒指在现有传染源的疫源地（或医院内），对其排泄物、分泌物及所污染的物品及时进行的消毒，以迅速杀灭病原体。此种消毒应随时或每天进行，可训练参与消毒的工作人员进行。终末消毒指传染病患者离开后（痊愈、死亡或转移等），对疫源地进行的最后一次彻底的消毒。我国传染病防治法规定，需要进行终末消毒的传染病有霍乱、伤寒、副伤寒、细菌性痢疾、病毒性肝炎、炭疽、脊髓灰质炎、肺结核等；不需要作终末消毒的传染病有麻疹、水痘、百日咳、流行性感冒等。

进行终末消毒前，需要专业人员在流行病学调查的基础上明确消毒的范围、物品及消毒方法。甲类传染病疫源地必须在卫生防疫人员的指导监督下进行严格的处理。被霍乱病原体污染的水源要进行有效的加氯消毒处理、污水经消毒后排放、污染的食物就地封存、消毒处理后废弃；污染的物品，如经济价值不大者一律焚烧，有价值或须保留使用的经严密消毒后再用；病人的粪便、呕吐物经有效氯消毒后废弃。鼠疫疫区内的空气、地面、墙壁、物品都要彻底消毒；彻底消灭疫区中的鼠类、蚤类，死鼠及解剖鼠尸一律焚烧；不能保证彻底消毒的啮齿动物的皮件必须在卫生防疫人员监督下焚烧。

对一些肠道传染病、炭疽病等疫区进行消毒处理时，污水可加氯消毒后排放；污物一律焚烧（如需保留，应严密消毒后洗净再用）；粪便经漂白粉等含氯消毒剂处理，达到无害化要求；饮水如被污染，应封闭或作水源消毒，经病原学检查确证已达到饮用水卫生标准后方可恢复使用；死于炭疽的动物尸体就地焚烧，污染的场地严密消毒，可铲除10cm厚的表层土，远离水源深埋。

（2）杀虫。杀虫是指采用各种手段，消灭蚊子、苍蝇、虱子、跳蚤等媒介昆虫，这对于虫媒病毒所致传染病的防治有重要作用。杀虫是切断虫媒传播传染病的传播途径不可缺少的一项工作，实际工作中可根据条件采用物理、化学以及生物学的方法。

（3）其他卫生措施。在肠道传染病的控制中，卫生措施有着特别巨大的意义。另外，对食品的卫生监督、对居民区内垃圾袋清除、排泄物的处理、消灭蚊蝇滋地、改变居民卫生习惯等均对预防和控制肠道传染病起着巨大的作用。通风换气对呼吸道传染病也有重要意义，因此卫生措施的作用是不可低估的。艾滋病、淋病、梅毒等性病患者在治愈前应严格约束个人性行为，用具、毛巾要分开，不去公共浴池、游泳池等公共场所。

3. 针对接触者和易感人群的措施。保护接触者（或被伤害者）和易感人群，主要是为了提高人群的免疫力和抵抗力，降低感染病原体的几率。

（1）对接触者的措施。对接触者可采取以下措施：①医学观察：观察中注意该病早期症状的出现和进行必要的医学检查，观察期限一般为该病的最长潜伏期。②留验：也称隔离检疫，限制其与他人接触，并进行检诊、查验与治疗。留验期为该病的规定检疫期限。③卫生处理：进行必要的消毒、杀虫等卫生措施。④预防接种：对潜伏期长于1周的传染病接触者可进行主动或被动预防接种。⑤药物预防：对某些有特效药物防治的传染病，必要时可用药物预防。药物预防主要用于密切接触者。

（2）对易感人群的措施。对某些潜伏期较长且有相应疫苗的传染病，当发生流行或暴发时，应当对易感人群进行紧急预防接种。例如，在麻疹、脊髓灰质炎等传染病发生流行时，对当地和邻近地区的易感人群进行疫苗应急接种，以控制流行；被犬等动物伤害后接种狂犬病疫苗等。应急接种应该在短时间内快速突击完成，以尽快形成新的免疫屏障，阻止新病例发生或流行发展。有些疾病也可进行人工被动免疫。人工被动免疫发挥作用快，但持续时间较短，应在接触后尽早采用。如甲型肝炎的密切接触者，注射丙种球蛋白；对狂犬咬伤者注射抗狂犬病血清等。在某些传染病流行时，为了防止受到威胁的易感人群发病，可以给与药物预防，如使用青霉素或磺胺药物预防猩红热，氯奎预防疟疾等。但是药物预防作用时间短，效果不巩固，而且易产生耐药性，因此药物预防只能是有限度地对可能受到感染的密切接触者所采取的应急措施。

（3）个人防护。对易感人群和密切接触者，戴口罩、手套、腿套、使用蚊帐或驱避蚊虫药物，使用避孕套等都可以起到一定的个人防护作用。个人防护对于现场处置的工作人员特别是医疗卫生工作人员更具有重要意义。工作人员要增强自我防护意识，在传染病门诊、隔离病房、疫区现场、实验室等场所要严格执行隔离消毒操作规程，穿戴必要的防护用品，禁止用手直接接触可疑染疫的动物、昆虫、标本，工作后对双手、全身及用物均需彻底消毒再洗净。对可能感染传染病的医疗卫生工作人员（尤其是实验室工作人员）应做好预防接种或药物预防，必要时需进行医学观察或留验。某些传染病的传播因素相对简单，而有些则较为复杂，甚至同一疾病在不同的条件下，其影响因素也不完全相同。

二、实训案例

【案例20-1】

2020年8月30日晚上9点，广东省某高校学生宿舍在晚间例行测量体温时，发现该宿舍的两名同学出现头疼、咳嗽、体温异常的情况，经询问，其中一名同学在14天内有汕尾陆丰的居住史。广东省卫生健康委员会8月14日晚通报，汕尾陆丰市在医疗机构发热门诊监测中，排查发现1名新冠肺炎核酸阳性人员，经省市卫生健康部门判定，为新冠肺炎确诊病例。

【问题】

1. 如果你是本宿舍的宿舍长，你将如何处置本次突发事件，围绕哪些方面组织此次处置？并制定突发事件处置的实施方案。
2. 处置过程中的人员应当如何分工？每个岗位的职责是什么？
3. 联系不上值班老师时，当晚你如何开展紧急应急处置工作？

三、实训目的

通过模拟对高校学生突发传染病事件处置的实战演练，了解高校学生突发传染病事件的产生和发展的情景，使参训学生掌握突发传染病事件的处置原则和方法，提高对突发传染病事件的有效预防、临场处置救援、协调作战能力。值得注意的是作为学校人员，在处置传染病事件当中的主要工作是协助配合疾病预防控制机构对本单位发生的传染病疫情等突发公共卫生事件进行调查和处理，协助急救医师和消防等单位进行医学救援、病人转运和现场洗消等。因此，训练重点应放在处置的协调配合技能上。

通过实训，使学生加深对突发公共卫生事件理论知识的理解，掌握突发公共卫生事件的处置技巧，准确执行各项应急协助任务，为今后可能出现突发公共卫生事件时能够参与处置打下坚实的基础。

四、实训内容

1. 处置高校学生突发传染病事件的应急方案制作。
2. 高校学生突发传染病事件的预防与应急准备。
3. 高校学生突发传染病事件的疫情报告流程。
4. 高校学生突发传染病事件的现场情况控制。

五、实训场地和器材

（一）实训场地

以班为单位在校内空旷处组织模拟演练，本次实训中，事件发生的实训主场地是学院教学楼下的模拟宿舍，实训前任课教师对模拟宿舍进行相应的布置；事件处置过程的实训主场地为学院医务所门前设置的单独隔离室。

（二）实训器材

1. 红外额温枪、水银体温计、口罩。
2. 担架、防护服、75%酒精消毒液、84消毒液、洗手液。
3. 对讲机等通讯器材。

六、实训的步骤、方法和注意的问题

（一）实施步骤、方法

1. 训前准备。

（1）布置实训场地，准备好实训器材。

（2）对学生进行实训前安全教育，再次讲解实训的基本过程，示范红外额温枪、水银体温计的正确使用方法，口罩佩戴的规范动作要领，用洗手液洗手的规范动作要

领,提醒学生使用消毒液进行室内消毒的正确使用方法与注意事项。模拟对场地进行消毒训练时,尤其是在使用消毒水配置消毒液进行消杀等环节注意操作动作的规范,既要让整个模拟过程严肃、真实,又要保证学生的人身安全,避免吸入消毒液。

2. 学生分组。根据实训需要,对学生进行分组。学生分为4组,每组11~13人。其中每组安排以下角色:1人扮演疑似感染者,1人扮演值班老师,1人扮演医务室医生,1人扮演学校分管疫情处置工作领导,其他人扮演同宿舍的同学、疾控中心人员、120急救医生、警察等角色,每组确定1名负责人。

3. 模拟实施突发传染病事件的处置。

(1)负责人向各位组员介绍传染病事件发生的基本情况,及应急处置实训方案的基本情况,并完成对不同组员扮演不同角色的任务分工,确定各个岗位职责。

(2)宿舍按例每日晚间测体温制度,使用红外额温枪完成对每个同学进行体温测量的流程。

(3)发现有同学体温异常后使用水银体温计再次对其腋下体温进行测量,确定体温异常后,联系学校医务室与值班老师,及时将突发传染病疫情报告给老师和有关管理部门。

(4)用84消毒液对宿舍进行消毒,全员按洗手的规范步骤进行洗手,按照口罩佩戴的规范动作佩戴口罩,负责运送疑似感染同学的人员按照规范步骤进行防护服的穿着训练。

(5)对疑似疫情感染同学进行应急处置,利用担架将该同学运送至医务所门前设置的单独隔离室,模拟整个应急处置的过程。

(6)按照案例中的情节,模拟突发事件,让担任宿舍长的学生完成对该突发事件的准确处置,包括制定应急预案,及时上报医务室与值班老师。

(7)各组同步开展实训,在实训过程中,学生互相配合模拟练习,并进行角色互换练习,同学之间可以针对训练中的问题进行讨论、总结,也可以向老师寻求帮助。

4. 事后总结。

(1)完成实训后,由本组的负责人对本组的实训情况进行总结自评。

(2)没有进行实训的其他组也可以进行互评,提出实训组存在的问题和建议。

(3)所有组实训完成后,由任课老师进行总结点评,并要求实训组以组为单位提交实训报告。

(二)注意问题

1. 实训开始时学生不佩戴口罩,在实训过程中发现体温异常的疑似感染者后再按规范要求佩戴口罩。

2. 使用消毒水进行消毒时要注意消毒水的配制,可以考虑使用84消毒液。因消毒液具有腐蚀性,所以要佩戴橡胶手套进行防护,在用84消毒液进行家庭消毒时应注意

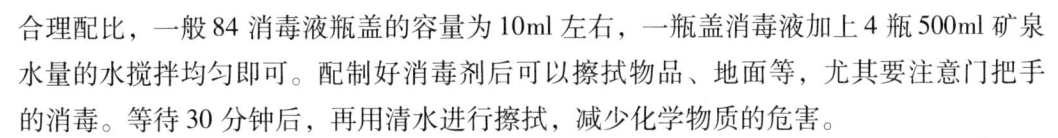

合理配比，一般84消毒液瓶盖的容量为10ml左右，一瓶盖消毒液加上4瓶500ml矿泉水量的水搅拌均匀即可。配制好消毒剂后可以擦拭物品、地面等，尤其要注意门把手的消毒。等待30分钟后，再用清水进行擦拭，减少化学物质的危害。

3. 参加实训的学生要按照实训要求认真进行演练，听从指导老师的安排，整个演练过程必须严肃、真实。

4. 教师在实习过程中要全程进行指导、监督。

七、实训考核

（一）实训考核要求

1. 严格按照考核标准考核。

2. 考核要公平、公正、客观。

3. 实训成绩按照一定比例计入期末考试成绩。

（二）实训考核标准

考核模块	考核要点	考核分值	考核得分
知识运用模块	1. 红外额温枪的使用规范	5	
	2. 水银体温计的使用规范	10	
	3. 口罩的佩戴规范	5	
	4. 防护服的穿着规范	15	
	5. 84消毒液配制消毒水的规范	20	
组织协调模块	6. 人员分工	5	
	7. 实训中的纪律	5	
	8. 实训器材的准备	5	
能力培养模块	9. 组织管理能力	5	
	10. 口头表达能力	5	
	11. 器材运用能力	10	
	12. 问题处理能力	10	

八、思考题

1. 如果在上述案例中，出现体温异常的同学有多个，而且在现场无法与值班老师及医务室取得联系，那么在应急与处置过程中有哪些需要特别注意的地方？

2. 在校园突发传染病事件的应急处置过程中，除了体温异常疑似传染病感染人员无法行动以外，还有哪些较常见的突发状况？应该如何处置？

治安管理技能实训篇

单元二十一 巡逻

一、基础知识点

（一）人民警察巡逻前的准备工作

1. 明确人民警察巡逻的法定职责和权限。

（1）人民警察巡逻的职责。人民警察在巡逻执勤中的职责包括：维护警区内的治安秩序；预防和制止违反治安管理的行为；预防和制止犯罪行为；警戒突发性治安事件现场，疏导群众，维持秩序；参加处理非法集会、游行、示威活动；参加处置灾害事故，维持秩序，抢救人员和财物；维护交通秩序；制止妨碍国家工作人员依法执行职务的行为；接受公民报警；劝解、制止在公共场所发生的民间纠纷；制止精神病人、醉酒人的肇事行为；为行人指路，救助突然受伤、患病、遇险等处于无援状态的人，帮助遇到困难的残疾人、老人和儿童；受理拾遗物品，设法送还失主或送交拾物招领部门；巡察警区安全防范情况，提示沿街有关单位、居民消除隐患；纠察人民警察警容风纪；执行法律、法规规定由人民警察执行的其他任务。

（2）人民警察巡逻的权限。人民警察在巡逻执勤中依法行使以下权力：盘查有违法犯罪嫌疑的人员，检查涉嫌车辆、物品；查验居民身份证；对现行犯罪人员、重大犯罪嫌疑人员或者在逃的案犯，可以依法先行拘留或者采取其他强制措施；纠正违反道路交通管理的行为；对违反治安管理的人，可以依照《中华人民共和国治安管理处罚法》的规定，执行处罚；在追捕、救护、抢险等紧急情况下，经出示证件，可以优先使用机关、团体和企业、事业单位以及公民个人的交通、通讯工具。用后应当及时归还，并支付适当费用，造成损坏的应当赔偿；行使法律、法规规定的其他职权。

2. 明确巡逻任务。人民警察巡逻的任务包括：维护公共秩序，特别是党政机关、重点要害部位、大型公共场所、校园周边等重点地区的治安秩序；对可疑人员依法进行盘问和检查，对可疑物品依法进行检查；抓捕违法犯罪嫌疑人员；救助走失儿童、老人、伤病人员及其他急难者；排解纠纷；接受群众询问及口头报案、举报、控告。

3. 规划巡逻区域。公安机关应当根据辖区面积、地域特征、治安、交通状况等因素，划分若干个巡逻区域，把重点单位、要害部位、治安混乱地区等作为巡逻重点，确定设立岗卡的部位和巡逻密度、快速反应所需的时间，形成巡逻路线，并根据治安形势的变化适时进行调整。

4. 制定巡逻计划。结合巡逻环境和任务等因素，因地制宜分配巡逻民警的数量，确定巡逻人员及负责人。在执行巡逻勤务前，带班负责人应当带领巡逻民警熟悉巡区的环境、路线，并了解上一巡逻班组的巡逻情况及相关信息，对所收集的信息进行分析研判，将可能出现的情形进行预测评估，确定巡逻工作的重点部位，明确巡逻方式，搭配巡逻力量，配备巡逻交通工具、通讯工具、武器警械等必要工具。

（二）巡逻勤务的组织实施

1. 选择巡逻方式。根据巡逻区域和巡逻内容，合理选择步巡、自行车巡逻、机动车巡逻、空中巡逻、骑马巡逻、舟巡等方式。可多种巡逻方式交叉选择，以保障巡逻工作全面推进，不留死角和盲区。

2. 搭配巡逻力量。根据巡逻人员的能力、经验、专长等特点，合理搭配巡逻力量。提高巡逻搭档熟悉程度，培养巡逻小组的默契。巡逻班组成员每组不得少于两人。根据巡逻任务的不同可以搭配着装巡逻和便衣巡逻，以便隐蔽、有效地完成特殊任务，提升群众的安全感和满意度。

3. 规划巡逻路线。巡逻路线应根据各地的治安状况，从直线巡逻、环线巡逻、直线加环线交叉巡逻和网格化巡逻中选择科学、合理、有效的巡逻路线。巡逻民警应按照指定路线巡逻，不得无故超出巡逻区域，或者减少巡逻时间和巡逻密度；到达巡逻重点地区时，应当停留作小区域巡查。

4. 配备、携带装备。执行巡逻任务时，人民警察要保持警容风纪，按照要求配备和携带单警装备、手持电台、手持身份证识别仪器和执法记录仪等警用装备，在道路或夜间巡逻时要穿着反光背心；执行特殊任务时要穿着防弹背心，戴防弹头盔；选择车辆巡逻时，要在警用驾驶车辆上配备防弹衣、反光背心、防弹头盔、防毒面具、车载电台、停车示意牌、急救药箱、搜索灯、强光手电、阻车路障、警戒带、反光锥桶等装备。

5. 发现处置警情。人民警察在巡逻过程中发现有违法犯罪嫌疑的人员、可疑物品时，应依法进行盘问、检查；遇有突发事件或者事故，先期处置，及时报告；接受处理案（事）件任务时，将任务执行情况及时向下达指令的部门报告。注意在巡逻过程中处理警情时，必须下车进行处理，不得仅在车内观望，停放车辆不得妨碍交通；下车巡查时，车上或者车侧应留一人保护车辆安全及负责通讯联络和必要时呼叫支援等。

二、实训案例

【案例 21-1】

光明派出所处于城乡接合部，辖区治安环境复杂，治安乱点较多。为提升辖区治安整体防控能力，周一上午该所召开工作部署会，所长在会上通报了上周夜间 11 时至凌晨 3 时的警情情况，要求夜间 11 时后巡逻民警根据警情具体情况进行有针对性的巡逻。该所上一周警情记录如下（下图中每个三角形、圆形、正方形、五边形都分别代表一起警情）：

时间 警情数（起） 警情类型	23：00~24：00	00：00~01：00	01：00~02：00	02：00~03：00
纠纷	5	2	0	0
求助	3	4	0	0
打架斗殴	0	6	1	1
盗窃电动车	0	0	5	3

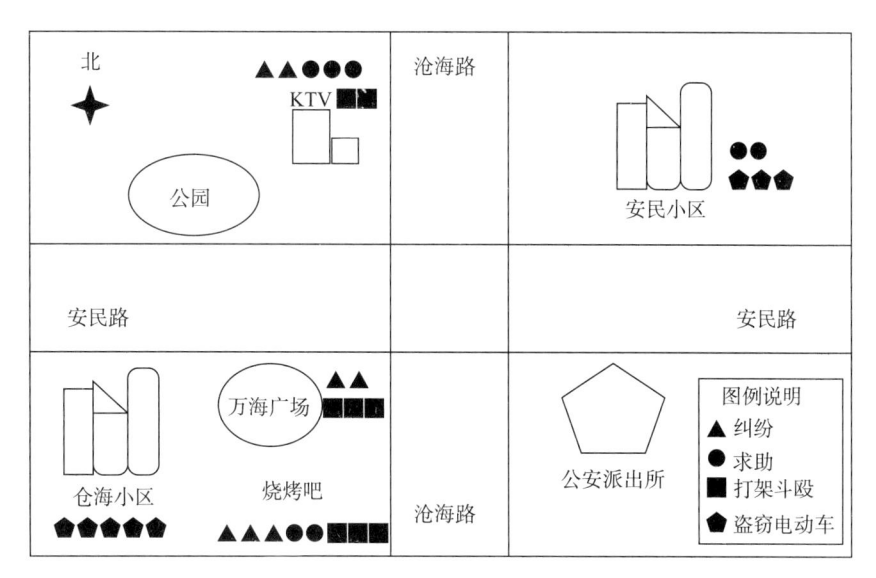

某派出所部分治安重点区域及上周警情分布图

【问题】

1. 若你作为巡逻民警按班在周一夜间 23：00 从派出所出发，开始执行巡逻任务，请问 23：00~24：00；00：00~01：00；01：00~02：00；02：00~03：00 四个时间段的重点巡逻的路段分别是什么？

2. 指挥中心指示接到万海广场发生打架斗殴警情，巡逻民警赶到万海广场，发现十多人互殴，还有人拿着刀站在旁边。你和搭档应如何应对该警情，应当采取哪些措施？

3. 你和同事在 04：00 时发现一醉酒男子躺在路边，作为巡逻民警你们应该怎么做？

4. 05：34，接到指挥中心指示，有一患有阿兹海默症的八旬老人走失，报警人请求帮助寻找，你和同事应该掌握哪些信息，如何开展走失人员找回工作？

三、实训目的

巡逻勤务是人民警察常态化工作中的重要工作内容。通过科学有效地布置巡逻力量，开展巡逻工作，能够对违法犯罪活动进行有效防控，达到震慑违法犯罪活动的目的。与此同时，巡逻勤务在密切警民关系方面也发挥了不可替代的作用。学生通过实训，能够掌握巡逻工作的职责、巡逻民警的权力等理论知识，能够结合情景，明确巡逻民警紧急或先期处置突发事件的方式和方法，为今后从事基层民警执法勤务工作打下坚实的基础。

四、实训内容

1. 依据案例 21-1，制作此次巡逻任务的实施方案。
2. 处理巡逻中接到的警情。
3. 合理对待醉酒人员。

五、实训场地和器材

（一）实训场地

本次实训中，巡逻的实训主场地是学院教学楼下的模拟街区，实训前任课教师对模拟街区进行相应的布置。

（二）实训器材

1. 巡逻民警的证件。
2. 单警装备、反光背心、防弹背心、防弹头盔、防毒面具、车载电台、停车示意牌、急救药箱、搜索灯、强光手电、阻车路障、警戒带、反光锥桶等装备。
3. 手持电台等通讯器材。
4. 手持身份证识别仪器等器材。
5. 执法记录仪等录音录像设备。
6. 巡逻警用车辆。

六、实训的步骤、方法和注意的问题

（一）实施步骤、方法

1. 训前准备。

（1）布置实训场地，准备好实训器材。

（2）训练学生徒步巡逻过程中的齐步走基本功，保持巡逻队伍行进中的严肃性和规范性。

（3）对学生进行实训前安全教育，提醒学生在进行对抗性训练时，尤其是在使用

约束性警械、处置突发事件等环节时注意动作的规范操作,既要让整个模拟过程严肃、真实,又要保证扮演违法犯罪嫌疑人的学生的人身安全,避免受伤。

2. 学生分组。根据实训需要,对学生进行分组。学生分为4组,每组11~13人。其中,每组安排4人扮演巡逻民警,1人扮演110指挥中心民警,其余人员扮演违法犯罪嫌疑人及围观群众。每组确定1名负责人,1名摄像记录人员。

3. 模拟实施巡逻。

(1) 巡逻班组负责人向队员介绍巡逻任务及巡逻的注意事项,对巡逻人员的任务进行分工,确定各方职责。

(2) 分别让群众组同学扮演不同类型的可疑人员,考查扮演民警的学生能否看出其异样。

(3) 通过对110指挥中心民警派警的模拟,检验学生对接警标准用语及执法规范的运用情况。

(4) 着装民警、便衣民警表明身份,分别完成巡逻中发现的警情及突发事件的处置工作。

(5) 巡逻过程中遇到醉酒的人员,考查学生正确运用约束性保护措施的具体操作方法。

(6) 巡逻过程中遇到群众求助找寻走失人员,民警要做好与群众沟通的工作,收集走失人员的基本信息,掌握知情人员提供的相关线索,制定寻找路线,尽快协助找回走失人员。

(7) 实训过程中,学生互相配合模拟练习,并进行角色互换练习,同学之间可以针对训练中的问题进行讨论、总结,也可以向老师寻求帮助。

4. 事后总结。

(1) 完成实训后,由本组的负责人对本组的实训情况进行总结自评。

(2) 没有进行实训的其他组也可以进行互评,提出实训组存在的问题和建议。

(3) 所有组实训完成后,由任课老师进行总结点评,并要求实训组以组为单位提交实训报告。

(二) 注意问题

1. 扮演着装巡逻民警的学生必须着警服,可用学生证代替"人民警察证"。

2. 扮演便衣巡逻时,便衣民警、违法嫌疑人和围观群众应当着便服。

3. 参加实训的学生要按照实训要求认真进行演练,听从指导老师的安排,整个演练过程必须严肃、真实。

4. 教师在实习过程中要全程进行指导、监督。

七、实训考核

（一）实训考核要求

1. 严格按照考核标准考核。

2. 考核要公平、公正、客观。

3. 实训成绩按照一定比例计入期末考试成绩。

（二）实训考核标准

考核模块	考核要点	考核分值	考核得分
知识运用模块	1. 警力配置	5	
	2. 路线设置	5	
	3. 巡逻方案	20	
	4. 巡逻动作的规范	15	
	5. 执法流程规范	10	
组织协调模块	6. 人员分工	5	
	7. 实训中的纪律	5	
	8. 实训器材的准备	5	
能力培养模块	9. 组织管理能力	5	
	10. 口头表达能力	5	
	11. 武器警械运用能力	10	
	12. 突发事件处理能力	10	

八、思考题

在上述案例中，如果不是执行一般巡逻任务，而是执行国庆安保巡逻任务，那么有哪些需要特别注意的地方？

单元二十二

盘查

一、基础知识点

(一) 盘查前的准备工作

1. 明确盘查工作的适用情形。盘查工作包括盘问和检查两部分内容。盘查是指公安机关人民警察在执法执勤过程中，为维护公共安全、治安秩序，预防、发现、控制违法犯罪活动而依法对有违法犯罪嫌疑的人员采取的盘问、检查的法律活动。当民警发现有一定证据表明人员具有一定的可疑行为或携带可疑物品，在不确定其具体的违法、犯罪事实的情形下，需要对其进行盘查来查明事实时，经表明身份，便可以当场盘问、检查。

2. 明确盘查工作的警力配备。盘查工作需要由两名以上人民警察共同进行。当盘查警力不足以有效控制被检查人时，应当在保持对其控制状态的前提下，立即用通讯工具向组织报告，请求支援。当被检查人为女性时，应由女性工作人员对其进行人身检查。

3. 盘查前做好各项保障工作。盘查工作不是在固定时间、固定地点开展的，而是随时随地都有可能开展的一项执法工作。在执勤前，民警要检查单警装备是否齐全完好，装备位置顺序是否合理；检查电台、身份证识别仪器以及执法记录仪、手持金属探测器、安检仪等设备是否电量充足、运行完好。设卡检查时，要穿着防弹背心、戴防弹头盔，夜间准备反光背心；检查车辆使用性能是否完好，油料是否加足；自查民警警容风纪是否符合要求等。

4. 制定盘查工作的应急方案。执行盘查任务时，民警应加强安全防范。在盘查过程中保持高度的警惕，注意被盘查人的身份、体貌、衣着、行为、携带物品等可疑之处，防止其做出反抗、逃跑、自杀、自残等危险行为，随时做好应对突发情况的准备；对有一定危险性的违法犯罪嫌疑人，先将其控制并进行检查，确认无危险后方可实施盘问；盘查时由一人主问主查，其他人员负责警戒，防范被盘查人或者其同伙的袭击。

(二) 盘问的组织实施

1. 发现可疑人员。在日常执法执勤过程中，民警要保持警惕，发现周围的行人、车辆或乘客是否具有从事违法犯罪的可疑行为。

2. 制定盘问问题。民警在实施盘问行动前，要提前做好问话内容的准备工作，根据情境设计问题，将疑点作为问话的切入点来展开问话。要讲究问话和沟通技巧，让违法犯罪嫌疑人在盘问过程中漏出破绽。同时也要注意有理有节，语言规范，避免激化对方情绪。

3. 表明执法身份。

（1）着装民警应向被检查人主动表明执法身份，并且要求对方配合。当事人要求出示人民警察证的，应当将证件打开出示，但不要交给当事人。

（2）便装民警应持人民警察证向被检查人表明执法身份，并且要求对方配合。出示人民警察证时，应当确保证件安全，防止被他人抢夺或损毁。

（三）证件检查的组织实施

1. 请对方配合证件检查。民警请被检查人员出示证件时，要加强注意对方的动作、表情是否有异样。当警察拿到证件时应与被检查人保持安全距离，并将证件举至与肩同高查验，保证证件与嫌疑人同在视野范围内。

2. 查验被检查人身份。民警在查验身份时，应当先请被检查人出示居民身份证；未携带身份证的，请其出示居住证、护照、社会保障卡、驾驶证等能够依法证明其身份的证件，也可以请其提供居民身份证号码、姓名、住址、工作单位等信息进行查验。查验身份证件应当遵守下列规定：

（1）查验证件防伪暗记或标识，或者通过居民身份证阅读机具，判定证件真伪。

（2）查验证件内容，进行人、证一致性认定。

（3）注意被盘查人的反应，视具体情况让持证人自述证件内容，边问边查。

（4）通过公安机关相关信息系统进行核对。

（5）对拒绝查验身份，涉嫌违法犯罪的，可以依法传唤至公安机关；有违法犯罪嫌疑而身份仍然不明的，可以依法将其带回公安机关继续盘问；对实行现场管制时拒绝查验身份的，可以依法强行带离现场或者立即予以拘留。

（四）人身安全检查的组织实施

民警经过当场盘问，确认盘问对象有违法犯罪行为或无法排除其违法犯罪嫌疑的，应当先对被盘查人依法进行人身安全检查，再检查其随身携带物品。在开展人身检查时，要保证在被检查人已经被完全控制的情况下进行，防止其反抗，攻击或伤害到民警。对可疑人员进行人身安全检查时，要注意下列方面：

（1）有效控制被检查的嫌疑对象，在警戒人员的掩护下进行检查，防止自身受到攻击和伤害。

（2）对女性进行人身安全检查，应当由女性工作人员进行，可能危及检查民警人身安全，或者直接危害公共安全、情况特别紧急的除外。

（3）对拒绝接受检查的，可以依法将其带回公安机关继续盘问；对体内可能藏有可疑物而现场没有检查设备的，以及其他不适合当场检查的，可以带至公安机关或者指定地点进行检查。

（4）检查其是否携带凶器、武器和爆炸物品等危险品。如有，应当当场扣押，依法办理扣押手续。对可能携带凶器、武器和爆炸物品等危险品的可疑人员，必要时可以依法使用约束性警械约束后再进行检查。

（5）责令被检查人张开双手，伸开双臂高举过头，面向墙、车等，扶墙或车站立，双脚分开尽量后移，民警站于其身后并将一只脚置于其双脚中间，一只手抵住其后背施加压力，另一只手迅速从上到下、从头到衣领及身体各个部位进行检查，完成一侧后再检查另一侧，特别注意头发内部、衣领、腋下、腰部、裆部及双腿内侧等可能藏匿凶器或者武器的部位。如果被检查人的危险性较大，站立检查没有把握的，可以命令被检查人双膝跪地，将一只脚重叠在另一只脚上，双手十指交叉后抱头。检查时，先用一只脚踩住其上方脚底部，一只手抓紧其手指并向后施加压力，然后用另一只手进行检查。

（6）必要时民警可穿戴防护用具或者使用工具进行检查，谨防被注射器、刀片、腐蚀性液体等物品感染疾病或者伤害。

（7）在保证安全的前提下，可以命令被检查人将其衣服口袋翻出、解下腰带、脱掉鞋袜接受检查。

（8）检查时避免将佩戴枪支一侧靠近被检查人。

（9）当被检查人有异常行为时，民警要立即发出口头警告，命令其停止动作，并做好自身防范，必要条件下，可以依法视情节使用警棍、催泪喷射器、武器等予以制止，必要时可以要求其他民警配合协助。

（10）不得采取侮辱人格、有伤风化的方式进行检查。

（五）物品安全检查的组织实施

当被检查人随身携带有物品时，为了确认或排除其可疑身份，要对其物品进行检查。检查过程应遵循下列规定：

（1）责令被检查人将物品放在安全位置，不得让其自行翻拿。

（2）由一名民警负责检查物品，其他民警负责监控被检查人。

（3）开启箱包时应当先仔细观察，注意避免接触有毒、爆炸、腐蚀、放射等危险物品。

（4）按照自上而下顺序拿取物品，不得掏底取物或者将物品直接倒出。

（5）对有声、有味的物品，应当谨慎拿取。

（6）发现毒害性、爆炸性、腐蚀性、放射性物品或者传染病病原体等危险物质时，应当立即组织疏散现场人员，设置隔离带，封锁现场，及时报告，由专业人员进行排除。

(7) 对违禁品，应当会同在场见证人和物品持有人查点清楚，当场开列清单，予以扣押或者收缴。

(8) 避免损坏或者遗失财物。

(六) 车辆安全检查的组织实施

当被检查人员驾驶机动车辆时，要先对其进行人身检查、再对其所驾驶的机动车辆进行检查。检查机动车辆时，应当遵守下列规定：

(1) 对行进中的车辆进行拦截检查时，应当手持停车示意牌或者放置停车标志，在被检查车辆侧前方向其作出明确的停车示意等非直接拦截方式；不得站立在车辆行进方向的行车道上拦截车辆，不得站在车辆前强行拦截，不得脚踏车辆踏板、将头或者手臂等伸进车辆驾驶室、攀爬车辆。

(2) 责令驾驶员将车辆熄火，拉紧手制动，将双手放在方向盘上确认安全后拉开车门责令其下车，必要时应当暂时收存车钥匙。

(3) 对人员进行检查并予以控制。

(4) 查验身份证件、驾驶证、行驶证和车辆牌照，条件允许情况下，通过公安信息查询系统进行查询比对。

(5) 观察车辆外观、锁具和内部装置。

(6) 检查车载货物和车内物品。

(7) 检查车的后备厢以及车底部。

(8) 驾驶员拒检逃逸的，应当立即报告本单位有关负责人请求部署堵截；除驾车逃跑后可能对公共安全和他人生命安全有严重威胁以外，民警不得驾车追缉，可采取通知前方执勤民警堵截或者记下车号，事后追查等方式处理。

(七) 设卡检查的组织实施

执行设卡检查任务时，应当遵守下列规定：

(1) 制定方案，周密部署。方案应当包括任务目标、卡点布局、指挥关系、协作机制和警力、装备、通信、后勤保障措施以及处置突发情况的应对措施等内容。

(2) 设置卡点应当选择视野开阔、便于拦截检查和展开警力的地点，并尽量避开人群、居民稠密区、密林地、易燃易爆和剧毒化学物品仓库等复杂地段和场所。

(3) 检查卡点应当根据任务需要配置警力，每个卡点一般不得少于4人，民警之间应当明确拦截、警戒和盘查等任务分工。

(4) 执行重要设卡堵截任务时，应当在卡点前方设置阻车路障，并在前方适当距离内设置隐蔽观察哨位，以便提前发现目标及时通知卡点准备拦截。

(八) 盘查后的处理

1. 礼貌放行排除嫌疑的被检查人。

2. 确认是逃跑或被通缉的犯罪嫌疑人的，民警应依法按程序向有关机关移交逃犯。

3. 确认被盘查人涉嫌违法犯罪的，可以依法对其进行口头传唤、传唤或者依法采取其他强制措施。

4. 符合继续盘问条件的，公安派出所民警应当将其带回继续盘问。

5. 对酗酒、精神病患者，应在采取保护性措施后，移交所在地派出所处理。

6. 对于受害者，民警要立即展开调查，及时采取解救措施。

（九）继续盘问的组织实施

对于民警在当场盘问、检查后，不能排除其违法犯罪嫌疑，或有下列行为之一的，可以依法将其带至公安派出所继续盘问：其一，被害人、证人控告或者指认其有犯罪行为的；其二，有正在实施违反治安管理或者犯罪行为嫌疑的；其三，有违反治安管理或者犯罪嫌疑且身份不明的；其四，携带的物品可能是违反治安管理或者犯罪的赃物的。

二、实训案例

【案例 22-1】

派出所民警在巡逻中，发现一名形迹可疑的男子，很吃力地推着一辆电瓶车，电瓶车尾架上放着一个明显很重的编织袋。民警上前把该男子叫停，对其进行了当场盘查。

【问题】

1. 假如你是派出所民警，对该名男子进行盘查时应该选择什么样的场地？应当如何开展盘查工作？

2. 民警检查该男子证件时应注意哪些问题？

3. 民警检查发现编织袋里装有 80 余个矿泉水瓶，瓶中分别装有不同毫升的汽油。该男子说不清汽油的来源和用途。民警对该男子能采取哪些措施？

4. 对该男子进行人身检查后，发现该男子身上有大量的现金，男子无法解释清楚现金的来源，这种情形下，对该男子是否适用继续盘问？

【案例 22-2】

10 月 24 日上午 11 时许，派出所民警在市区黄埔大道附近巡逻时，发现一名驾车男子看到警车后，快速驶离民警视线，行为躲闪，形迹可疑。民警欲上前对其进行盘问，遂对其喊话要求其路边停车。该男子犹豫之后，把车停在路边。经盘问，该男子言辞闪烁，没有任何能证明身份的证件，这加深了民警对其身份的怀疑，于是民警对其进行盘查。盘问初期，该男子对于民警提出的问题拒不回答，仅说自己叫"小明"，是外地人。民警凭借有限的线索通过大量细致地信息比对，发现该男子与一名叫"孙某"的 F 市公安局上网逃犯非常相似。民警立即与 F 市公安机关联系，经两地公安机关联合研判、信息互通，最终确定该男子为在逃人员孙某。经警方查明，孙某今年25岁，F市人。犯罪嫌疑人孙某与妻子长期有家庭矛盾，今年6月份，二人再次因为琐事发生争吵，妻子离家出走，跑到母亲家中。孙某心生愤恨，事先从网上购买刀具，6月7日晚21时许，窜至其丈母娘家中，翻墙入院，进入家中将妻子及丈母娘的头颅、背部等多处砍伤。6月13日，孙某因涉嫌故意杀人罪被F市公安局上网追逃。

【问题】

1. 当巡逻民警是两人时，孙某下车后，对孙某盘查时的站位应是怎样的？当巡逻民警是三人时，对孙某盘查时的站位应是怎样的？

2. 若民警在对其车辆进行检查的过程中发现其后备厢有一带血的刀具，应如何处理该刀具？

3. 在民警发现其确有犯罪事实时，民警接下来对他的处置方式是什么？

4. 若该男子没有停下车来，而是将车驶向高速公路方向，民警应该如何应对？

三、实训目的

盘查工作是人民警察预防、发现和控制违法犯罪的有效工作内容。通过实训，让学生掌握盘查适用的对象和情形，有意识地培养学生在盘查工作中的安全意识，让学生能够全面深入地掌握证件检查、人身检查、物品检查以及车辆检查中的注意事项，能够掌握继续盘问的程序，会填写相关法律文书，以便为今后的盘查实践工作打下基础。

四、实训内容

1. 依据本案例，制定此次盘查任务的实施方案。
2. 盘问任务的执行。
3. 人身安全检查的执行。
4. 物品检查的执行。
5. 车辆检查的执行。
6. 设卡检查的执行。
7. 继续盘问的执行。
8. 完成"当场盘问、检查笔录""继续盘问审批表""继续盘问笔录"等法律文书的制作。

五、实训场地和器材

（一）实训场地

本次实训中，盘查的实训主场地是模拟街区，实训前任课教师对模拟街区进行相应的布置；继续盘问的实训主场地为学院实训楼模拟派出所。

(二) 实训器材

1. "当场盘问、检查笔录""继续盘问审批表""继续盘问笔录"等法律文书。

2. 单警装备、反光背心、防弹背心、防弹头盔、防毒面具、车载电台、停车示意牌、急救药箱、搜索灯、强光手电、阻车路障、警戒带、反光锥桶等装备。

3. 手持电台等通讯器材。

4. 手持身份证识别仪器等器材。

5. 执法记录仪等录音录像设备。

6. 模拟被盘查交通工具。

六、实训的步骤、方法和注意的问题

(一) 实施步骤、方法

1. 训前准备。

(1) 布置实训场地,准备好实训器材。

(2) 对学生进行实训前安全教育,强调示范盘查过程中的相关规范动作要领,提醒学生在进行盘查训练时,尤其是在人身安全检查、车辆检查等环节注意动作的规范操作,既要让整个模拟过程严肃、真实,又要保证扮演有违法犯罪嫌疑的学生的人身安全,避免受伤。

2. 学生分组。根据实训需要,对学生进行分组。学生分为4组,每组11~13人。其中,2组同学模拟案例一,2组同学模拟案例二。每组安排4人扮演犯罪嫌疑人,其余人员扮演民警。每组确定1名负责人,1名摄像记录人员。

3. 模拟实施盘查。

(1) 警组负责人向队员介绍盘查工作注意事项,并分配好盘查搭档。

(2) 民警向被检查人表明身份,说明意图,取得配合意愿,开展盘查工作。

(3) 根据被检查人员的表现,分别采取证件检查、人身安全检查、物品检查、车辆检查及设卡检查等检查方式和方法。

(4) 将需要继续盘问的违法犯罪嫌疑人带至指定地点模拟开展继续盘问工作。

(5) 按照案例中的情节,模拟突发事件,让担任盘查任务的学生完成对该突发事件的准确处置。

(6) 实训过程中,学生互相配合模拟练习,并进行角色互换练习,同学之间可以针对训练中的问题进行讨论、总结,也可以向老师寻求帮助。

4. 事后总结。

(1) 完成实训后,由本组的负责人对本组的实训情况进行总结自评。

(2) 没有进行实训的其他组也可以进行互评,提出实训组存在的问题和建议。

(3) 所有组实训完成后,由任课老师进行总结点评,并要求实训组以组为单位提交实训报告。

（二）注意问题

1. 扮演执行盘查任务民警的学生必须着警服，可用学生证代替"人民警察证"。

2. 扮演具有违法犯罪嫌疑的可疑人员的学生应当着便服。

3. 参加实训的学生要按照实训要求认真进行演练，听从指导老师的安排，整个演练过程必须严肃、真实。

4. 教师在实训过程中要全程进行指导、监督。

七、实训考核

（一）实训考核要求

1. 严格按照考核标准考核。

2. 考核要公平、公正、客观。

3. 实训成绩按照一定比例计入期末考试成绩。

（二）实训考核标准

考核模块	考核要点	考核分值	考核得分
知识运用模块	1. 警力配置	5	
	2. 法律文书填写的规范	5	
	3. 盘问语言的规范	20	
	4. 检查动作的规范	15	
	5. 继续盘问流程的规范	10	
组织协调模块	6. 人员分工	5	
	7. 实训中的纪律	5	
	8. 实训器材的准备	5	
能力培养模块	9. 组织管理能力	5	
	10. 语言表达能力	5	
	11. 武器警械运用能力	10	
	12. 应急处突能力	10	

八、思考题

1. 在22-1案例中，如果盘查的对象随身携带有毒品，那么民警应该采取的措施有哪些，应该如何处理该男子？

2. 继续盘问的时限都由哪些人员负责审批？请根据不同情形，分别列举说明。

单元二十三 常住人口登记

一、基础知识点

（一）常住人口登记的内容

常住人口登记，是指户口登记机关依法对具有常住户口的公民用统一的常住人口登记表和居民户口簿填写每个公民的身份、居住地和亲属等关系及其变动情况的业务活动。

公民在申报登记常住人口时，户口登记机关应该为其建立常住人口登记表。常住人口登记表为一人一表，共设置34个登记项目，包括：户别、户主姓名、与户主关系、姓名、曾用名、性别、民族、出生日期、宗教信仰、住址、本市（县）其他住址、出生地、籍贯、文化程度、婚姻状况、兵役状况、身高、血型、服务处所、职业、监护人、监护关系、公民出生证签发日期、居民身份证件编号、居民身份证签发日期、何时何因由何地迁来本市（县）、何时何因由何地迁来本址、何时何因迁往何地、何时何因注销户口、申报人签章、承办人签章、登记日期、登记事项变更和更正记载、记事。

（二）常住人口登记表的填写

常住人口登记表应使用国务院公布的汉字简化字填写，民族自治地区可使用本民族的文字或选用一种当地通用的民族文字填写。常住人口登记表可用计算机填写，也可用手工填写。凡用手工填写的，应使用黑色或蓝黑色墨水钢笔书写，字迹要清楚、工整，不得涂改；填写内容相同的，要将内容都写上，不得以"同上"或其他符号代替；表23-1为常住人口登记表式样。

表 23-1　常住人口登记表

户别		常 住 人 口 登 记 表		户主姓名	与户主关系
姓名				性别	
曾用名				民族	
出生日期	年　　月　　日　　时　　分					
监护人			出生地		
监护关系			公民出生证签发日期		
住址					
本市（县）其他住址					
籍贯			宗教信仰		
居民身份证件编号			居民身份证签发日期		
文化程度		婚姻状况		兵役状况	
身高		血型		职业	
服务处所					
何时何因由何地迁来本市（县）					
何时何因由何地迁来本址					
何时何因迁往何地					
何时何因注销户口					

申报人签章：　　　　　　　　　　　　　　　　　　　　加盖户口登记机关
　　　　　　　　　　　　　　　　　　　　　　　　　　户口专用章

承办人签章：　　　　　　　　　　　　　　　登记日期：　　年　　月　　日

（三）常住人口变动登记

常住人口变动登记包括出生登记、死亡登记、迁出登记、迁入登记、变更登记和更正登记。应做到一有变动，及时登记，切实掌握人口增减变动情况。

出生登记，是指户口登记机关根据公民申报，为新生婴儿登记户口的活动。婴儿出生后 1 个月内，由婴儿的父母或者其他监护人或者邻居凭《出生医学证明》或者居（村）民委员会证明，向婴儿父母常住户口所在地户口登记机关申报出生登记。

死亡登记，是指户口登记机关根据公民申报，为死者办理注销户口的活动。公民死亡后，城镇在葬前，农村在 1 个月内，由其亲属、抚养人、邻居或者死者所在单位向死亡公民常住户口所在地户口登记机关申报死亡登记。申报死亡登记，应当持医疗部门或者有关单位出具的死亡证明。

迁入登记，是指户口登记机关根据公民申报，凭合法有效的迁移证或其他入户证件，为其办理户口登记的活动。

迁出登记，是指户口登记机关根据公民申请，在其由现户口管辖区迁往另一个户口管辖区前，为其办理户口迁出手续的活动。

变更、更正登记，是指公民因户口登记项目的内容需要变更或者更正时，向户口登记机关申请办理变更或者更正事宜的一项登记制度。

（四）常住人口登记表各项目的填写方法

1. 户别：户分"家庭户"和"集体户"。

2. 户主姓名：填写户口登记立户的户主姓名。户主应由具有完全民事行为能力的人担任。

3. 与户主关系：本人是户主的，填写"户主"。户内其他人员按本人与户主的血亲或姻亲关系等写明具体称谓。具体排列顺序为：户主，户主的配偶，户主的子女，户主的孙子女，户主的父母、祖父母、外祖父母，户主的旁系亲属（同胞中的兄弟姐妹，同一祖父母中叔伯一支的堂兄弟姐妹，姑母一支的表兄弟姐妹，同一外祖父母中姨舅一支的表兄弟姐妹等）和非亲属（一般指保姆、同乡、同学、同事等）。

4. 姓名：姓名是一个人的称号，是人格独立的象征。填写本人的正式姓名，并要填写全称。

少数民族和被批准入籍的公民，可依照本民族或原籍国家的习惯取名，但应在本栏中填写用汉字译写的姓名。如本人要求填写民族文字或外文姓名的，可同时在本栏中填写。

弃婴，可由收养人或收养机构按上述原则为其取名。

5. 曾用名：填写公民过去在户口登记机关申报登记并正式使用过的姓名。没有曾用名的，此栏不填，不可填写"无"。

6. 性别：填写"男"或"女"。

7. 民族：按照国家认定的民族的名称填写全称。本人是什么民族就填写什么民族。我国各民族名称表上没有列入的民族，按当地本民族的名称填写。新生婴儿填写父母的民族，如父母不是同一民族的，其民族成分由父母商定，选填其中一方的民族，弃婴，民族成分不能确认的，应按照收养人的民族成分填写或由收养机构确定一个民族。

外国人加入中华人民共和国国籍的,如本人的民族成分与我国某一民族相同,就填写某一民族,如"朝鲜族";没有相同民族的,本人是什么民族就填写什么民族,但应在民族名称后加注"入籍"二字,如"乌克兰(入籍)"。

8. 出生日期:按照公历,用阿拉伯数字填写本人出生的具体时间,如"1992年6月27日"。如公民按旧历申报,则须换算成公历填写。如果出生日期不详,应由本人或其亲属确定一个日期。弃婴,如果出生日期不详,可由收养人或收养机构确定一个出生日期。

9. 监护人:新生婴儿申报出生登记以及16周岁以下的公民补办常住人口登记表时,户口登记机关应为其填写或补填父亲、母亲等监护人的姓名。弃婴,应填写收养人姓名或收养机构名称。

10. 监护关系:按监护人与新生婴儿以及16周岁以下公民的血亲关系或收养关系写明具体称谓,如"父亲""母亲"等。社会福利机构收养的弃婴,此栏不填。

11. 出生地:填写本人出生的实际地点。城市填至区或不设区的市,农村填至乡、镇,但须冠以省、自治区、直辖市的名称或通用简称。如"广东省广州市天河区""辽宁省黑山县黑山镇"。弃婴,如果出生地不详,应以发现地或收养人、收养机构所在地作为其出生地。

12. 公民出生证签发日期:用阿拉伯数字填写公安机关签发公民出生证的具体日期(从颁发公民出生证之日起填写)。

13. 住址:填写本户常住户口所在地住所的详细地址。住址前须冠以省、自治区、直辖市的名称或通用简称。如"北京市朝阳区劲松二区206楼2单元308号"。集体户口须填住所的详细地址名称,不能写单位名称。如重庆市摩托车制造厂某职工住该单位集体宿舍,其住址应为"重庆市沙坪坝区烈士墓街道5号楼1门403号"。对省会市或自治区首府所辖范围的住址登记,可不在住址前冠以省、自治区的名称或通用简称。

14. 本市(县)其他住址:填写本人常住户口所在地住址以外的本市、县其他住所的详细地址。

15. 籍贯:填写本人祖父的居住地。城市填至区或不设区的市,农村填至县,但须冠以省、自治区、直辖市的名称或通用简称。弃婴,如果籍贯不详,应将收养人籍贯或收养机构所在地作为其籍贯。外国人经批准加入中华人民共和国国籍的,填写其入籍前所在国家的名称。

16. 宗教信仰:信仰什么宗教就填写什么宗教的名称。如佛教、道教、天主教等,不信仰宗教的不填。对18周岁以下的公民,不作"宗教信仰"登记。

17. 居民身份证编号:填写户口登记机关为公民编定的个人身份证件编号。

18. 居民身份证签发日期:填写公安机关签发居民身份证的具体日期,如"1990.11.05"。

19. 文化程度:依据国家正式承认的学历等级,按本人现有学历根据学历证书填写。如："研究生""大学本科""大学专科""中专（中技）""高中""初中""小学"毕业（肄业），等等。正在学校读书的学生填"上大学""上小学"等。

12周岁或12周岁以上未受过学校教育但能认字的，其中认识500字以下的填"不识字"，农村认识500~1500字、城市认识500~2000字的填"识字很少"。已达到脱盲水平，或读完6年制4年级、5年制3年级的，应根据县级教育部门颁发的脱盲证填写"小学"。

对有学位的人的文化程度，应按其获得学位前的文化程度填写，如在大学毕业后获得学士学位的，其文化程度应填"大学"。

20. 婚姻状况：户口登记机关进行婚姻状况登记时，必须以婚姻登记的合法手续为依据。已结婚的填"有配偶"，结婚后离婚的填"离婚"，结婚后配偶死亡未再结婚的填"丧偶"，再结婚的填"有配偶"。未结婚的不填。

21. 兵役状况：按本人的情况填写。系退出现役的，填"退出现役"；服预备役的，据情填写"士兵预备役"或"军官预备役"；未服兵役的此栏不填。

22. 身高：16周岁以上公民按国家法定计量单位填写本人登记时的身体高度，如"170厘米"。

23. 血型：根据本人的血液类型，分别填写O、A、B、AB或卫生部门规定的其他血液类型。

24. 职业：填写本人所做的具体工作。

各类专业、技术人员，应填写具体职务名称，如"教师""记者"等。

国家机关、党群组织、企事业单位的工作人员，如果是负责人，应注明具体职务名称，如"局长""处长""科长"；如果是一般工作人员，可填"科员""办事员"等。商业、服务人员，可填"售货员""厨师"等。农林牧副渔劳动者，可填"粮农""棉农""菜农""渔民""牧民"等。生产工人、运输工人，可填"钳工""汽车司机"等。个体劳动者，在所登记的职业前须冠以"个体"二字，如"个体修理皮鞋""个体卖菜"等。没有固定职业做临时工作的，在所登记的职业前须冠以"临时"二字，如"临时瓦工"。

无业的人员，填写"无业"。

25. 服务处所：填写本人所在的机关、团体、企事业等单位的具体名称，应写全称，不能填写简称或习惯名称。经工商管理部门批准营业的个体劳动者，填写"个体户"。

26. 何时何因由何地迁来本市（县）：对由本市（县）以外迁入的公民，填写其迁入落户的时间、原因和迁出地的详细地址。世居本市（县）的，填写"久居"。

27. 何时何因由何地迁来本址：填写本人迁来本市（县）户口管辖区之前在本市（县）的常住户口所在地详细地址及迁入落户的时间、原因。世居本址的，填写"久居"。

28. 何时何因迁往何地：填写本人迁出户口管辖区的时间、原因和迁入地的详细地址。

29. 何时何因注销户口：据情填写注销户口的时间、原因，如"出国定居""应征入伍""因病死亡"等。

30. 申报人签章：申报人对常住人口登记表的登记项目确认无误后，应在本栏中签字或盖章。

31. 承办人签章：户口登记机关具体承办人应在本栏中签字或盖章。

32. 登记日期：填写户口登记机关建立常住人口登记表时的具体日期。

33. 登记事项变更和更正记载：除姓名的变更、更正，需重新建立常住人口登记表外（原常住人口登记表应附在新建的常住人口登记表之后），其余登记项目内容发生变更、更正，应在本栏填写变更、更正后的项目内容、时间，并由申报人和承办人签字或盖章。

本栏填满后，应在原常住人口登记表后附一张空白常住人口登记表继续填写。

34. 记事：填写登记项目中需要说明的事项。

常住人口登记表由承办人按规定填写完毕后，应加盖户口登记机关的户口专用章。

二、实训案例

【案例 23-1】

假设你（学生本人）已经有了孩子，在孩子出生后为孩子到公安机关申办户口，到模拟派出所向户籍登记部门申请，填写常住人口登记表，户籍民警在人口信息管理系统进行模拟操作训练，打印输出常住人口登记表。

【问题】

1. 谁可以来为孩子申办常住户口？需要准备哪些证件及材料？
2. 新生儿新入户应填写哪些项目？
3. 人口信息管理系统可以办理哪些业务？
4. 通过人口信息管理系统，如何更高效地对辖区人口实施管理？

三、实训目的

通过训练，使参训学生亲身体验常住人口登记的主要方法，加深对常住人口信息登记的一般知识及相关法律法规的理解，掌握常住人口登记与填表的基本技能，具备户政与人口管理工作最基本的能力。练习公安机关人口信息管理系统的操作，掌握在符合人口管理规范的前提下，进行人口管理内容填写的技能。

四、实训内容

1. 常住人口登记表的手工填写练习。
2. 常住人口登记表的上机填写练习。

五、实训场地和器材

（一）实训场地

模拟派出所办证服务区。

（二）实训器材

计算机、打印机、派出所人口信息管理系统、空白的常住人口登记表、身份证阅读器、身份证阅读程序。

六、实训的步骤、方法和注意的问题

（一）实施步骤、方法

1. 训前准备。

（1）打开电脑，安装好身份证阅读器，启动人口信息管理系统及身份证阅读程序。

（2）准备好空白的常住人口登记表。

（3）准备好办证人的身份证件、一份自制的孩子的出生证明、模拟户口专用章等所需要证件与材料。

2. 学生分组。根据实训需要，对学生进行分组。学生2人一组。其中，1人扮演孩子家长，1人扮演户籍民警。

3. 进行常住人口登记。

（1）申办人向民警提出为新生儿办理入户的申请。

（2）接待民警检查申办人的证件及材料，通过身份证阅读器检查其身份证以确认申办人的身份信息。证件齐全的，拿出纸质空白的常住人口登记表给申办人填写，并对其应填写的项目进行指导。

（3）申办人填写完毕，递交给民警。

（4）民警打开人口信息管理系统，打开"常住人口管理"，点击"出生入户"，对其填写信息进行录入登记：

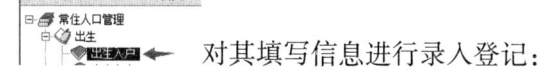

①点F2查询（或直接点击搜查栏右侧"查询"键），找到新生儿入户的地址及户主，填写申报人身份证号码、姓名。

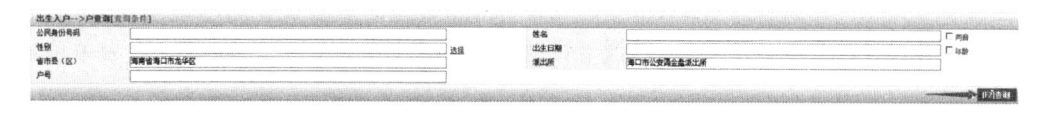

②点击"F2出生登记"。填写以下弹窗项目。

③依次按照出生登记所需填写内容进行输入，带*号为必填，出生地必填，未成年孩子必须填写监护人信息。（上图中画框位置为必填）。

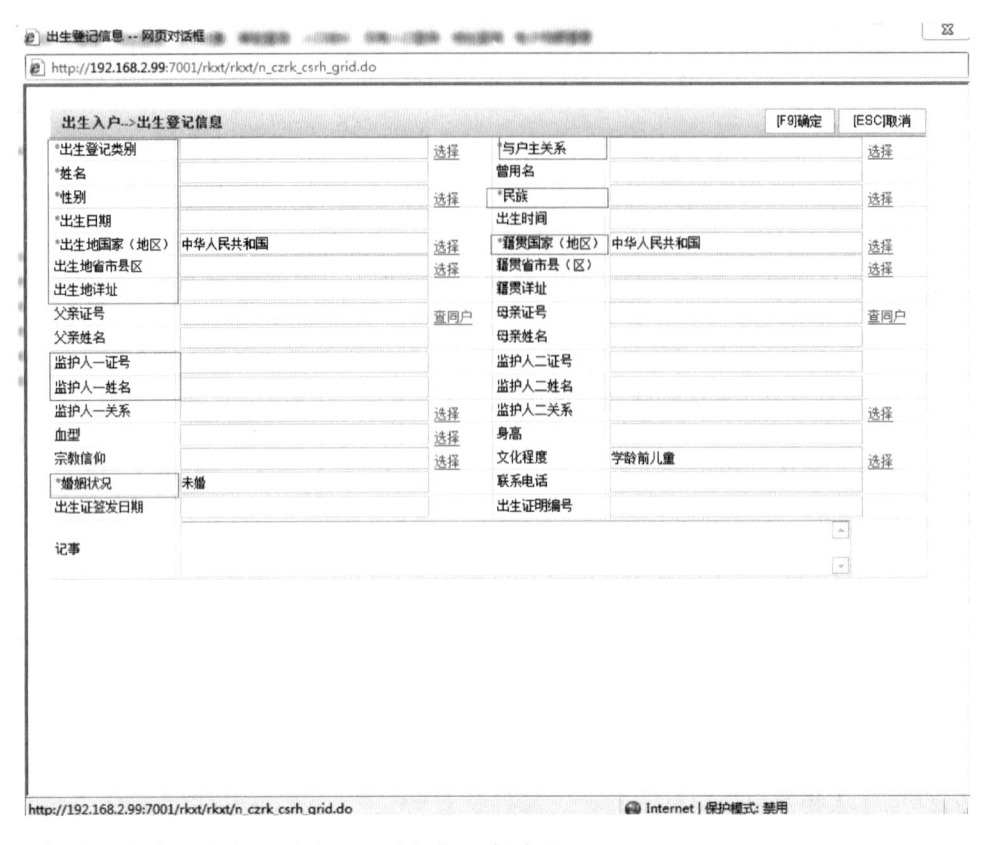

④填写完毕，点击"确定"，再点击"保存"。

⑤输出打印。将空白的常住人口登记表放入打印机，点击系统中的"打印"键进行打印。

⑥申办人进行核对并在登记表上签名确认，户籍民警加盖公安机关户口专用章。

（5）实训过程中，学生互相配合模拟练习，并进行角色互换练习，同学之间可以针对训练中的问题进行讨论、总结，也可以向老师寻求帮助。

4. 事后总结。

（1）完成实训后，由本组的负责人对本组的实训情况进行总结自评。

（2）没有进行实训的其他组也可以进行互评，提出实训组存在的问题和建议。

（3）所有组实训完成后，由任课老师进行总结点评，并要求实训组以组为单位提交实训报告。

（二）注意问题

1. 由于本次实训是预想的事实，所以需要提前准备一些登记所需要的项目内容：提前为孩子取好名字；事先设想孩子出生地；设定孩子的出生日期，但该日期必须在进行实训的真实日期之前。

2. 由于所用的人口信息系统是模拟版本，所以入户的地址必须是选择系统中原有的地址，而不能自己添加。

3. 参加实训的学生要按照实训要求认真进行演练，听从指导老师的安排，整个演练过程必须严肃、真实。

4. 电脑操作过程中出现问题及时提出，尽快解决。

5. 教师在实训过程中要全程进行指导、监督。

七、实训考核

（一）实训考核要求

1. 严格按照考核标准考核。

2. 考核要公平、公正、客观。

3. 实训成绩按照一定比例计入综合实训成绩。

（二）实训考核标准

考核模块	考核要点	考核分值	考核得分
知识运用模块	1. 熟悉常住人口登记表	15	
	2. 申办流程规范	10	
	3. 人口信息系统操作熟练	15	
	4. 物品准备齐全	10	
组织协调模块	5. 人员分工	5	
	6. 实训中的纪律	5	
	7. 实训资料的准备	10	
能力培养模块	8. 组织管理能力	5	
	9. 口头表达能力	5	
	10. 电脑办公系统操作能力	10	
	11. 问题处理能力	10	

八、思考题

1. 如果申办人所带证件和材料并不齐全，作为户籍民警，你会如何处置？

2. 申办人与被登记人员的关系如何判断并确认？

3. 练习过人口信息系统的"入户登记"的操作，如果是常住人口变动登记的其他项目，你是否也能进行操作呢？

单元二十四

治安调解

一、基础知识点

（一）治安调解的概念和适用条件

治安调解是指对于因民间纠纷引起的殴打他人、故意伤害、侮辱、诽谤、诬告陷害、故意损毁财物、干扰他人正常生活、侵犯隐私等情节较轻的治安案件，在公安机关主持下由各方当事人协商，并以书面形式达成解决争议的协议，而可以不予治安管理处罚的一种处理方法。

治安调解的适用条件：

1. 行为的性质必须是因民间纠纷而引起的违反治安管理的行为。包括：亲友、邻里、同事、在校学生之间因琐事发生纠纷引起的；行为人的侵害行为系由被侵害人事前的过错行为引起的；其他适用调解处理更易化解矛盾的。

2. 行为的主要方式限于殴打他人、故意伤害、侮辱、诽谤、诬告陷害、故意损毁财物、干扰他人正常生活、侵犯隐私等。

3. 行为的结果是已构成违反治安管理行为，且情节较轻。对不构成违反治安管理行为的民间纠纷，应当告知当事人向人民法院或人民调解组织申请处理。

4. 当事人双方或多方自愿。实践中，只要有当事人一方不同意对案件作治安调解处理，公安机关就不能强制适用治安调解。

5. 案件不属于不能适用治安调解案件的范畴。根据《公安机关办理行政案件程序规定》第179条，具有下列情形之一的，不适用调解处理：①雇凶伤害他人的；②结伙斗殴或者其他寻衅滋事的；③多次实施违反治安管理行为的；④当事人明确表示不愿意调解处理的；⑤当事人在治安调解过程中又对针对对方实施违反治安管理行为的；⑥调解过程中违法嫌疑人逃跑的；⑦其他不宜调解处理的。

（二）治安调解的程序

1. 准备调解。

（1）调查取证，这是做好治安调解工作的前提和基础。公安机关办案人员在进行调解前，首先应当查明案情，全面调查并获取相关证据，在此基础上开展治安调解工作。这既有利于分清当事人各方是非对错大小，也便于在调解不成后迅速转入法定处罚程序作出治安管理处罚决定。

（2）征求调解意愿。征求当事人的调解意愿，当事人愿意调解的，应当要求其提交调解申请书或者在询问笔录中记录。当事人不愿意调解的，应当要求其提交声明或在笔录中记录。

2. 决定调解。调查取证结束后，由公安机关依法决定是否适用治安调解方式结案。公安机关可根据案件实际情况，从是否有利于妥善解决民间纠纷，是否有利于促进人民群众间的团结及社会安定，是否有利于减少处罚面及诉累，是否有利于增进警民鱼水关系，多方面考虑作出相应决定。实践中，由公安机关主动调解的方式占了大多数。

3. 进行调解。

（1）调解的主持人和参加人。调解由办案人员主持，在调解过程中，要有针对性地对各方当事人进行法制教育。对于主动承认违法错误的当事人，公安民警应当进行鼓励；对于态度蛮横、无理取闹的当事人，则应当进行严肃地批评教育，为达成治安调解协议打下良好的思想认识基础。当事人中有不满16周岁未成年人的，调解时应通知其监护人到场；对因邻里纠纷引起的治安案件调解时，可邀请当事人居住地的居（村）委会的人员或各方当事人熟悉的人员参加帮助调解。

（2）治安调解的方式。公安机关调解治安案件，通常采取公开进行的方式。有两种情况除外：一是涉及各方当事人个人隐私的；二是各方当事人都要求不公开调解的。

（3）调解的次数。调解一般为1次，必要时可以增加1次。对1次调解不成功，有必要再进行调解的，应当在第1次调解后的7个工作日内完成。

（三）制作治安调解协议书

治安调解达成协议的，在公安民警的主持下，制作治安调解协议书，双方当事人应当在协议书上签名，并履行协议。治安调解协议书作为履行协议、结案处理的依据。

治安调解协议书应当包括以下内容：治安调解机关名称，主持人、当事人和其他与案件相关的人员的基本情况；案件发生的时间、地点、人员、起因、经过、情节、结果等情况；协议内容、履行期限和方式；治安调解机关的印章，主持人、当事人和其他参加人签名。

治安调解协议一式三份，双方当事人各执一份，公安机关留在附卷备查一份。

（四）履行调解协议

调解协议履行期限满3日内，办案人员应当了解协议履行情况。对已经履行的调解协议应当及时结案。

二、实训案例

【案例 24-1】

老李和老刘是住楼上楼下的邻居,某日,楼下老刘发现安装在入户花园的天花板和鞋柜发霉,原因是楼上装修防水没做彻底,导致漏水。老刘要求楼上老李立即整改,并赔偿其损失,包括重新安装入户花园的天花板、更换新的鞋柜。楼上老李认为,虽然损失是楼上漏水所致,但天花板和鞋柜的发霉不是一天二天的事,这个损失双方都有责任。老李和老刘因为赔偿问题吵过多次,某日,双方又因为赔偿的事吵起来继而互殴。邻居报警,所在地 G 派出所受案,民警金某、吴某负责办理该案。

【问题】

1. 如果你是本案的出警民警,你将做哪些方面的工作?
2. 分析本案,分析选择不同处理方式的优劣势。
3. 治安调解过程中,当事人反悔,作为办案民警应该如何处置?

三、实训目的

通过实训,使学生理解治安调解在治安管理中的重要作用,掌握治安调解的适用范围和相关程序,熟悉治安调解的基本流程、方法和技巧,通过调解及时、高效地化解纠纷,处理因民间纠纷引起的违反治安管理的行为。

四、实训内容

1. 治安调解范围的界定。
2. 违反治安行为相关证据的收集与固定。
3. 治安调解的方法。
4. 治安调解协议书的制作与跟进。

五、实训场地和器材

(一) 实训场地

教室、模拟派出所、调解室。

(二) 实训器材

计算机、打印纸、摄像机、桌椅、身份标示牌。

六、实训的步骤、方法和注意的问题

(一) 实施步骤、方法

1. 训前准备。

（1）复习治安调解的相关知识。

（2）根据实训需要，对学生角色分工。一般每组10人。其中，2名扮演警察、2~4名扮演纠纷当事人、2~4名为旁观者。学生完成相关物品、道具准备。

2. 进行调解实训。

（1）根据给定的案例，完成接警介入。

（2）民警演绎治安调解的相关过程和程序，收集与案件有关的证据并固定；对案件准确定性、定责，明确案件性质、起因及双方当事人责任。对案件进行分析、辨析，确定是否符合治安调解的条件。

（3）布置调解现场。

（4）启动调解程序、制作调解协议书。

（5）了解协议履行情况。

3. 调解实训结束后总结。

（1）完成实训后，由本组的负责人对本组的实训情况进行小结自评。

（2）没有进行实训的其他组也可以进行互评，提出实训组存在的问题和建议。

（3）所有组实训完成后，由任课老师进行总结点评，并要求实训组以组为单位提交实训报告。

（二）注意问题

1. 扮演民警的学生必须着警服，可用学生证代替"人民警察证"。

2. 扮演违法嫌疑人和其他调解参与人等学生应当着便服。

3. 参加实训的学生要按照要求认真进行调解实训，听从指导老师的安排，整个调解过程必须严肃、真实。

4. 教师可在实训过程中进行必要指导、提示。

七、实训考核

（一）实训考核要求

1. 严格按照考核标准考核。

2. 考核要公平、公正、客观。

3. 实训成绩按照一定比例计入期末考试成绩。

（二）实训考核标准

考核模块	考核要点	考核分值	考核得分
实训过程的表现	1. 实训态度	5	
	2. 遵守纪律	5	

续表

考核模块	考核要点	考核分值	考核得分
调解前准备	3. 受理立案	5	
	4. 调查取证	10	
	5. 法律告知	5	
	6. 准备调解	5	
	7. 决定调解	5	
调解过程	8. 调解开场阶段，争取信任、安抚情绪、劝解与斡旋	15	
	9. 调解中场阶段，适时引导、控制节奏、防范与处置异常、形成调解笔录	15	
	10. 调解收场阶段，达成调解意向	10	
	11. 形成调解文书	10	
调解小结	12. 对调解的方法、策略、成效及存在问题进行分析	10	

八、思考题

1. 在调解过程中，出现当事人争吵、互相拉扯等常见的突发状况，调解无法进行下去应该如何处置？调解不成功，能否反复进行调解？调解的次数以多少次为限？

2. 在上述案例中，如果当事人对调解达成的协议不履行，公安机关对该案应如何处理？

附治安调解相关文书格式：

1. 调解申请书：

调解申请书

当事人（自然人姓名、性别、年龄、民族、职业、单位或者住所、法人及社会组织的名称、住所地、法定代表人姓名和职务）

纠纷事实及申请事项：

特申请　　　　　主持调解。

申请人（签名）　　　　　　　　　　　　申请日期：202　年　月　日

2. 治安调解协议书：

（此处印制公安机关名称）
治安调解协议书

公（　）调解字［　］　号

主持人　　　　　　工作单位

调解地点

当事人基本情况（姓名、性别、年龄、身份证件种类及号码、工作单位、现住址）：

其他在场人员基本情况（姓名、性别、年龄、身份证件种类及号码、工作单位、现住址）

主要事实（包括案件发生时间、地点、人员、起因、经过、情节、结果等）：

经调解，双方自愿达成如下协议：（包括协议内容、履行方式和期限等）：

本协议自双方签字之时起生效。对已履行协议的，公安机关对违反治安管理行为人不再处罚；不履行协议的，公安机关依法对违反治安管理行为人给予治安管理处罚，被侵害人可以就民事争议依法向人民法院提起民事诉讼。

本协议书一式三份，双方当事人各执一份，调解机关留存一份备查。

主持人：　　　　　　　　　　　年　　月　　日
见证人：　　　　　　　　　　　年　　月　　日
当事人：　　　　　　　　　　　年　　月　　日

（调解机关印章）
年　月　日

单元二十五

治安案件查处

项目一 治安案件查处的普通程序

一、基础知识点

治安案件查处的普通程序是指公安机关依法对违反治安管理案件，经过受理、调查取证、告知并听取当事人的陈述和申辩，作出处理决定的执法过程。

（一）受案

《治安管理处罚法》第77条规定："公安机关对报案、控告、举报或者违反治安管理行为人主动投案，以及其他行政主管部门、司法机关移送的违反治安管理案件，应当及时受理，并进行登记。"对任何一种来源的案件都应当立即接受，除案件性质和事实涉及国家秘密的以外，都必须进行网上登记，填写受案登记表，审查受理材料，确定是否属于违反治安管理行为，履行审批手续。

（二）调查取证

1. 传唤。传唤是指公安机关依照《治安管理处罚法》的规定，通知违法行为人按指定的时间和地点到案接受询问的措施。

（1）传唤的对象：只能是违反治安管理的行为人。

（2）传唤的地点：既可以是违法行为人的住所、单位，也可以是违法行为人所在市、县的"指定地点"，但严禁借传唤异地抓人。

（3）传唤的方式包括口头传唤、书面传唤和强制传唤三种。

2. 询问及制作询问笔录。

（1）询问违反治安管理行为人。询问违反治安管理行为人是公安机关为了查明和证实治安案件的事实真相，依法对涉嫌违反治安管理的行为人进行询问，以获取其供述和辩解的一种调查方法。根据《治安管理处罚法》第83条的规定，公安机关在传唤违反治安管理行为人后应及时询问查证，询问查证的时间不得超过8小时；情况复杂，依照《治安管理处罚法》规定可能适用行政拘留处罚的，询问查证的时间不得超过24小时。询问时，在文字记录的同时，可以根据需要录音、录像；被询问人要求就被询问事项自行提供书面材料的，应当准许；必要时，人民警察也可以要求被询问人自行书写。

（2）询问被侵害人或者其他证人。询问被侵害人或者其他证人，是指公安机关为了查明案件事实情况，收集、核实证据，而向被侵害人或其他证人进行查询的一种调查活动。

①询问地点：可以到其所在单位或者住处进行；必要时，也可以通知其到公安机关提供证言。

②人民警察在公安机关以外询问被侵害人或者其他证人，应当出示工作证件。

③询问规则：根据《治安管理处罚法》第85条的规定，询问被侵害人或者其他证人应注意的问题同询问违反治安管理行为人时应注意的问题相同，在此不再赘述。

（三）告知

治安案件查处中的告知是指公安机关在作出治安管理处罚决定之前，将拟作出治安管理处罚决定的事实、理由和依据，以及当事人依法享有的权利，告知当事人的法律活动。告知应当制作公安行政处罚告知笔录，内容包括：告知单位名称、告知人姓名、被告知人姓名（个人）或名称（单位）、被告知单位法定代表人姓名。"告知内容"第一栏填写时应当写明对违反治安管理行为人拟作出行政处罚决定的事实、理由及依据。按要求填写清楚，但不要求写明拟作出处罚的种类和幅度。"告知内容"第二栏仅在公安机关拟作出符合听证范围的行政处罚决定之前，向违法嫌疑人告知有要求听证的权利时填写。"拟作出的行政处罚"后面的横线上填写处罚的种类和幅度。"提出"前面的横线上填写受理听证申请的具体部门。

（四）听取陈述和申辩

听取陈述和申辩是指公安机关在作出治安管理处罚决定之前，违反治安管理行为人有权陈述和申辩，公安机关应当充分听取核实，理由成立的，应当采纳。《治安管理处罚法》第94条第2款规定："违反治安管理行为人有权陈述和申辩。公安机关必须充分听取违反治安管理行为人的意见，对违反治安管理行为人提出的事实、理由和证据，应当进行复核；违反治安管理行为人提出的事实、理由或者证据成立的，公安机关应当采纳。"

在公安机关作出治安管理处罚决定之前，违法行为人对自己的行为进行陈述或申辩是一项法定权利，公安机关应当保障当事人这一权利的充分行使，并且不得因违反治安管理行为人的陈述、申辩而加重处罚。

（五）决定

治安案件的处理决定，指在对调查结束的治安案件进行审核后，公安机关依据

《治安管理处罚法》第 95 条和《公安机关办理行政案件程序规定》第 172 条的规定，对不同的案件可以作出以下处理的决定。

1. 决定治安管理处罚。公安机关在对治安案件进行调查后，认为确有应当给予治安管理处罚的违法行为，就应当根据违法行为的情节轻重及具体情况，依照法律法规相关规定，给予相应的治安管理处罚。

2. 决定不予处罚。公安机关对当事人作出不予处罚的决定，有两种情况：一是当事人的行为已经构成违法，但情节特别轻微，依法可以不予治安管理处罚的，决定不予处罚；二是公安机关对违法事实不能成立的案件，作出不予处罚的决定。违法事实不能成立，通常包括三种情形：①有充足证据证明违反治安管理的事实不存在；②没有充分的证据证明违法事实成立；③没有证据证明当事人实施了违法治安管理行为。

3. 决定给予其他处理。公安机关对吸毒行为人等需要给予强制戒毒等其他处理的，依法作出决定。

4. 决定移送司法机关。对于违法行为涉嫌构成犯罪的案件，公安机关应转为刑事案件办理或移送有权处理的主管机关、部门办理。

5. 发现违反治安管理行为人有其他违法行为的，在对违反治安管理行为作出处罚决定的同时，通知有关行政主管部门处理。

二、实训案例

【案例 25-1】

2012 年 7 月 7 日上午 10:22，成都双流机场，本已延误的国航 CA4205 航班（成都—西宁）正在登机。"请问您的箱子里面是什么东西？"机组人员向正在摆放行李的一位旅客姚某问道。这名旅客随口答道："是炸弹。"空乘人员当即严正告知该旅客不要乱开玩笑。该旅客听后，随手将行李放置在经济舱第一排行李架上后便向后舱自己的座位走去。面对这一情况，空乘人员立即将这名旅客拦住并带出机舱，同时向机场公安报警。接到报警后，公安民警立即赶往现场将该男子带回候机楼派出所做进一步审理，并取消了其在该航班的登机资格，同时按照相关规定，立即组织对该架飞机进行清舱。12:32 时，在再次延误 2 个小时后，CA4205 航班终于起飞。据姚某交代，之所以谎称箱子里有炸弹是因为航班延误，登机口更换，再加上携带的箱子又很重，当乘务员询问其箱子内物品时心情不好随口乱说的。因姚某一句无心的玩笑话，造成航班又延误了两个多小时，干扰了航班的运行以及其他旅客的出行，其行为已构成散布谣言扰乱公共秩序。根据《治安管理处罚法》相关规定，四川机场公安局候机楼派出所以散布谣言扰乱公共场所秩序给予姚某行政拘留 5 天的处罚。

【训练问题】

1. 本案中的姚某的行为侵犯的直接客体是什么？
2. 姚某违反治安管理的行为在其主观方面是什么心态？

三、实训目的

通过实训，培养学生规范的执法意识，训练学生办理治安案件所需要的各项能力，包括掌握治安案件查处的一般程序，规范、完整制作相应的法律文书。

四、实训内容

1. 接报案件、规范填写受案登记表。
2. 审查报案材料，正确区分案件性质，对违法嫌疑人进行询问并制作询问笔录。
3. 填写治安管理处罚审批表、公安行政处罚告知笔录、公安行政处罚决定书。

五、实训场地和器材

（一）实训场地

模拟派出所或社区警务室。

（二）实训器材

空白法律文书：受案登记表、公安行政处罚告知笔录、公安行政处罚决定书、传唤证、治安管理处罚审批表、笔墨、印泥等。

六、实训的步骤、方法和注意的问题

（一）实施步骤、方法

1. 训前准备。

（1）复习治安案件查处普通程序的相关知识。

（2）根据实训需要，对学生角色分工。一般每组6人。其中，2名扮演警察、2~3名扮演纠纷当事人、1~2名为旁观者。学生完成相关物品、道具准备。

2. 进行查处实训。

（1）根据给定的案例，完成接警介入。

（2）民警演绎治安案件查处普通程序的相关过程和程序，收集与案件有关的证据并固定；对案件准确定性、定责，明确案件性质、起因及双方当事人责任。根据模拟案情，正确区分案件性质，填写受案登记表、制作询问笔录。

（3）根据模拟案情，要求学生按照治安案件查处的一般程序，进行告知、审核、决定程序的训练，包括公安行政处罚告知笔录、治安管理处罚审批表、公安行政处罚决定书文书的制作。

3. 实训结束后总结。

（1）完成实训后，由本组的负责人对本组的实训情况进行小结自评。

（2）没有进行实训的其他组也可以进行互评，提出实训组存在的问题和建议。

（3）所有组实训完成后，由任课老师进行总结点评，并要求实训组以组为单位提交实训报告。

（二）注意问题

1. 扮演民警的学生必须着警服，可用学生证代替"人民警察证"。

2. 扮演违法嫌疑人和其他参与人等学生应当着便服。

3. 参加实训的学生要按照要求认真进行实训，听从指导老师的安排，整个实训过程必须严肃、真实。

4. 教师可在实训过程中进行必要指导、提示。

七、实训考核

（一）实训考核要求

1. 严格按照考核标准考核。

2. 考核要公平、公正、客观。

3. 实训成绩按照一定比例计入期末考试成绩。

（二）实训考核标准

考核模块	考核要点	考核分值	考核得分
实训过程的表现	1. 实训态度	5	
	2. 遵守纪律	5	
实训前准备	3. 分组和角色扮演	5	
	4. 道具准备情况	5	
治安案件查处	3. 制作受案登记表	15	
	4. 制作询问笔录	20	
	5. 制作告知笔录	15	
	6. 制作处罚决定书	20	
实训小结	7. 对调解的方法、策略、成效及存在问题进行分析	10	

八、思考题

1. 在治安案件查处的过程中，如何开展案件的调查取证工作？

2. 在案件查处过程中，如果当事人提出要调解，你作为办案人员应当如何处理？

3. 在调查或询问过程中，遇到违法嫌疑人自杀、逃跑等突发事件该如何处置？

附常用训练文书：

1. 报警情况登记簿：

<h3 style="text-align:center">报 警 情 况 登 记 簿</h3>

202　　年　　　　　　　　公（　　　）字　　　　　　　第　　号

报警时间					
发生时间					
报警人姓名		工作单位或住址		电话	
接警人姓名		联系电话			
报警类别	□治安　□刑事　□事故　□救助　□其他					
报警方式	□口头报警　□执勤巡逻　□电话　□投案　□移送　□其他					
报警情况：					
处理意见	□本部门处理　□移交其他部门处理　□其他情况					
领导意见：					
接收单位		接收人		接收时间	

注：1. 报警人签名，如报警人未在报警现场，由接警人签收。

2. 接警类别、报警方式按表中所列类别在□处打√。

2. 受案登记表：

市公安局　　　区分局
受 案 登 记 表

公　　　行受字 [20　] 第　号

案件来源	□110指令　□工作中发现　□报案　□投案　□移送　□扭送　□其他					
报案人	姓名		性别		出生日期	
	身份证件种类		证件号码			
	工作单位			联系电话		
	现住址					
移送单位		移送人			联系方式	
接报民警		接报时间	年 月 日 时 分		接报地点	
简要案情或者报案记录（发案时间、地点、简要过程、涉案人基本情况、受害情况等）以及是否接受证据：							
受案意见	□属本单位管辖的行政案件，建议及时调查处理 □属本单位管辖的刑事案件，建议及时立案侦查 □不属于本单位管辖，建议移送　　　　处理 □不属于公安机关职责范围，不予调查处理并当场书面告知当事人 其他 受案民警　　　　　　　　　　　　　　　　　　　　　　　　年　月　日					
受案审批	受案部门负责人　　　　　　　　　　　　　　　　　　　　　　年　月　日					

注：一式二份，一份附卷，一份存根，办案人多人的，可加附页。

第　页共　页

3. 询问笔录：

询 问 笔 录

时间　　年 月 日 时 分至　　年 月 日 时 分
地点
询问人　　　　　　　　　工作单位
记录人　　　　　　　　　工作单位
被询问人　　　　　　　性别　　年龄　　　　出生日期

身份证件种类及号码　　　　　　　　　　□是□否人大代表
现住址
工作单位　　　　　　　　　　　　　　联系方式
户籍所在地
　　问：我们是　　　　　　　　　的工作人员，现依法向你询问
　　　　　案的有关问题，请你如实回答。对与本案无关的问题，你有拒绝回答的权利。你听清楚没有？
　　答：

　　　　　　　　　　　　　　　　　　　　　　签名：
　　　　　　　　　　　　　　　　　　　　　第　　页共　　页

4. 公安行政处罚告知笔录：

市公安局　　　　分局
公 安 行 政 处 罚 告 知 笔 录

告知单位　　　　　　　　　告知人
被告知人
被告知单位名称　　　　　　法定代表人
告知内容：

1. 根据《中华人民共和国行政处罚法》第三十一条规定，现将拟作出行政处罚决定的事实、理由、依据告知如下：
对上述告知事项，你（单位）有权进行陈述和申辩。
2. 拟作出的行政处罚：
对公安机关拟作出的上述行政处罚，根据《中华人民共和国行政处罚法》第四十二条规定，你（单位）有权要求听证。如果要求听证，你（单位）应在被告知后3日内向　　　　　　　　提出，逾期视为放弃听证。
　　问：对以上告知内容你听清楚了吗？
　　答：
　　问：对上述告知事项，你是否提出陈述和申辩？
　　答：

　　　　　　　　　　　　　　　　　　　被告知人（签名）：
　　　　　　　　　　　　　　　　　　　　年　　月　　日

5. 行政处罚决定书：

（此处印制公安机关名称）
行政处罚决定书

公（　）行罚决字〔　〕　号

违法行为人（姓名、性别、年龄、出生日期、身份证件种类及号码、户籍所在地、现住址、工作单位、违法经历或被处罚单位的名称、地址和法定代表人）：

现查明

，以上事实有

等证据证实。

根据　　　　　　　第　条第　款第　项和第　条第　款第　规定，决定给予　　　　　　的处罚。

执行方式和期限　　　　　　　　。逾期不交纳罚款的，每日按款数额的百分之三加处罚款，加处罚款的数额不超过罚款　　本数。

被处罚人如不服本决定，可以在收到本决定书之日起六十日内向　　市公安局或者　　　区人民政府申请行政复议或者在六个月内依法向　　　人民法院提起行政诉讼。

附：　　　清单共　　　份。

（公安机关印章）
年　　月　　日

行政处罚决定书已向我宣告并送达。

被处罚人（签名）：
年　　月　　日

一式三份，被处罚人和执行单位各一份，一份附卷。治安案件有被侵害人，复印送达被侵害人。

项目二　治安案件查处的简易程序

一、基础知识点

（一）简易程序适用条件

简易程序也叫当场处罚，是指公安机关依照法律的规定，对在执行公务中发现的部分轻微违反治安管理行为，当场进行处罚的办案程序。

1. 简易程序的适用范围。《治安管理处罚法》第100条规定："违反治安管理行为事实清楚，证据确凿，处警告或者200元以下罚款的，可以当场作出治安管理处罚决定。"

《公安机关办理行政案件程序规定》第37条第1款规定："违法事实确凿，且具有下列情形之一的，人民警察可以当场作出处罚决定，有违禁品的，可以当场收缴：①对违反治安管理行为人或者道路交通违法行为人处200元以下罚款或者警告的；②出入境边防检查机关对违反出境入境管理行为人处500元以下罚款或者警告的；③对有其他违法行为的个人处50元以下罚款或者警告、对单位处1000元以下罚款或者警告的；④法律规定可以当场处罚的其他情形。"

2. 简易程序的适用条件。因为简易程序的局限性，《行政处罚法》《治安管理处罚法》等法律法规都对简易程序的适用作出了严格的规定：

第一，必须是公安人员在执行公务时当场发现的违反治安管理的行为；

第二，必须是情节轻微的违反治安管理行为；

第三，必须是案情简单、因果关系明确的违反治安管理行为。凡是案件涉及需要使用扣押财物、检验、检测、法医鉴定等调查取证措施的，不能适用简易程序作出治安管理处罚；

第四，必须符合法律规定的处罚幅度和处罚种类。根据上述法律法规中关于简易程序适用范围的规定可以看出，简易程序仅限于数额较小的罚款和警告。除此之外的治安管理处罚，因为较严厉，涉及的案件较为复杂，对当事人影响较大，故而要慎重而不适用简易程序；

第五，不属于法律法规规定的不能适用简易程序的案件。公安部规定，卖淫嫖娼案件，引诱、容留、介绍卖淫的案件，拉客、招嫖案件和赌博案件，不适用当场处罚程序。

（二）简易程序的程序

根据《治安管理处罚法》第101条和《公安机关办理行政案件程序规定》第38、39条的规定，公安机关当场作出治安管理处罚决定的，应当履行下列程序：

1. 表明执法身份。执法人员向当事人出示其执法身份证件，用以证明其行为属于公务行为而非个人行为，具有合法性和正当性；同时，执法身份证件也用于确定执法人员执法的范围和职权。

2. 告知。公安机关人员在作出治安管理处罚决定之前，应当告知当事人作出治安管理处罚决定的事实、理由和依据。无论是适用一般程序还是简易程序，告知程序都是执法人员的法定义务。

3. 听取陈述和辩解。执法人员在履行告知之后，应当充分听取违法行为人的陈述和申辩。这是当事人的一项法定权利，不得因当事人的申辩而加重处罚。同样，对于不应当处罚的当事人，也不能因为申辩而给予处罚。

4. 制作当场处罚决定书并交付被处罚人。执法人员制作当场处罚决定书并将决定书交付给被处罚人，是当场处罚的主要标志，也是当场处罚的唯一书面证据材料。因此，应当有被处罚人在决定书备案联上签名。决定书一式两份，一份交被处罚人，一份留公安机关备案。如果有被侵害人的，应将处理结果当场抄告被侵害人。当场收缴罚款的，同时填写罚款收据，交付被处罚人；不当场收缴罚款的，应当告知被处罚人在规定期限内到指定的银行缴纳罚款。

5. 向所属行政机关备案。《治安管理处罚法》第101条第3款规定："当场作出治安管理处罚决定的，经办的人民警察应当在24小时内报所属公安机关备案。"其具体形式是：由经办民警上交治安管理处罚决定书的存根和副本，或者在所属机关就基本事项进行登记。

人民警察当场作出治安管理处罚决定时，是由1名警察直接作出决定，还是需要2名或者2名以上警察才能作出，《治安管理处罚法》并未作出具体规定。根据《公安机关办理行政案件程序规定》第39条第1款规定，适用简易程序处罚的，可由办案人员1人作出行政处罚决定。

二、实训案例

【案例25-2】

2020年2月24日，某市某区居民张某，在去菜市场买菜时，不按要求佩戴口罩，被某市某区光明派出所巡逻民警查获。公安民警对其不遵守《某市新型冠状病毒的肺炎疫情防控指挥部通告》（第1号）第6条"人员外出须佩戴口罩"的规定予以批评，并视情节依照《中华人民共和国治安管理处罚法》第50条第1款第1项规定，以构成拒不执行人民政府在紧急状态下发布的决定和命令，当场对张某作出罚款50元的行政处罚。

【问题】

1. 本案件是否可用简易程序？治安案件适用简易程序的条件是什么？
2. 在本案件查处过程中，如果当事人提出要申辩，你作为办案人员应当如何处理？

三、实训目的

通过训练，使参训学生掌握治安案件适用简易程序的范围和程序，能对适用简易程序的治安案件进行查处，并准确填写当场处罚决定书。

四、实训内容

1. 接报案件判断案件能否适用简易程序。
2. 按照简易程序进行案件查处。
3. 规范填写当场处罚决定书。

五、实训场地和器材

（一）实训场地

模拟街道或社区。

（二）实训器材

空白当场处罚审批表、笔墨、印泥等。

六、实训的步骤、方法和注意的问题

（一）实施步骤、方法

1. 训前准备。

（1）复习治安案件查处简易程序的相关知识。

（2）根据实训需要，对学生角色分工。一般每组4人。其中，1名扮演警察、1~2名扮演纠纷当事人、1~2名为旁观者。学生完成相关物品、道具准备。

2. 进行查处实训。

（1）按照老师提供的案例进行报案。

（2）出警，表明身份、收集证据、口头告知、听取陈述与申辩。

（3）填写当场处罚决定书。

3. 实训结束后总结。

（1）完成实训后，由本组的负责人对本组的实训情况进行小结自评。

（2）没有进行实训的其他组也可以进行互评，提出实训组存在的问题和建议。

（3）所有组实训完成后，由任课老师进行总结点评，并要求实训组以组为单位提交实训报告。

（二）注意问题

1. 扮演民警的学生必须着警服，可用学生证代替"人民警察证"。

2. 扮演违法嫌疑人和其他参与人等学生应当着便服。

3. 参加实训的学生要按照要求认真进行实训，听从指导老师的安排，整个实训过程必须严肃、真实。

4. 教师可在实训过程中进行必要指导、提示。

七、实训考核

（一）实训考核要求

1. 严格按照考核标准考核。

2. 考核要公平、公正、客观。

3. 实训成绩按照一定比例计入期末考试成绩。

（二）实训考核标准

考核模块	考核要点	考核分值	考核得分
实训过程的表现	1. 实训态度	5	
	2. 遵守纪律	5	
实训前准备	3. 分组和角色扮演	5	
	4. 道具准备情况	5	
治安案件简易程序	3. 表明身份	5	
	4. 收集证据	15	
	5. 口头告知	10	
	6. 听取陈述与申辩制作告知笔录	10	
	7. 制作受案登记表、处罚决定书	20	
实训小结	8. 对简易程序处理治安案件的方法、策略、成效及存在问题进行分析	20	

八、思考题

1. 在治安案件查处的过程中，哪些案件不可适用简易程序？

2. 人民警察当场作出治安管理处罚决定应当注意哪些问题？

附常用训练文书：

当场处罚决定书：

（此处印制公安机关名称）
当场处罚决定书

编号：

违法行为人姓名或者单位名称

性别　　　　年龄　　　　出生日期　　　　　　身份证件种类及号码

法定代表人

现住址或者工作单位

现查明

　　　　　　　　　　　　　　　　　　　　　　　　　　，以上事实有

　　　　　　等证据证实。

根据《　　　　　　　　　　　》第　　　条第　　　款第　　　项之规定，决定给予　　　　　　　　　　　的处罚。

执行方式：□当场训诫　□当场收缴罚款　□被处罚人持本决定书在十五日内到　　　　　　　　　　　　　　　　银行缴纳罚款。逾期不交纳罚款的，每日按款数额的百分之三加处罚款，加处罚款的数额不超过罚款本数。

　　　　被处罚人如不服本决定，可以在收到本决定书之日起六十日内向市公安局或者　　　　　区人民政府申请行政复议或者在六个月内依法向人民法院提起行政诉讼。

处罚地点

办案人民警察

附：收缴物品清单

（公安机关印章）
　　　　　　　　　　　　　　　　　　　　　　年　　月　　日

处罚前已口头告知违法行为人拟作出处罚的事实、理由和依据，并告知违法行为人依法享有陈述权和申辩权。

被处罚人（签名）：
年　　月　　日

一式两份，一份交被处罚人，一份交所属公安机关备案附卷。治安案件有被侵害人的，复印送达被侵害人。

参考书目

1. 王楠、刘兴华、多杰热旦：《公安派出所警务工作指南》，中国人民公安大学出版社 2018 年版。
2. 葛志山主编：《治安执法基本技能实训》，中国法制出版社 2018 年版。
3. 郑志坚编著：《警务技能训练教程》，厦门大学出版社 2019 年版。
4. 李栋、周静茹主编：《突发事件预防与处置实务》，中国政法大学出版社 2016 年版。
5. 刘晓晖主编：《低伤害武力控制》，中国人民公安大学出版社 2019 年版。
6. 付萍、刘桂芝主编：《安全防范技术应用》，华中科技大学出版社 2014 年版。
7. 田加知、周静茹主编：《司法警察实务》，中国政法大学出版社 2020 年版。
8. 刘振华、刘轶、李骥主编：《治安学专业实训教程》，武汉大学出版社 2015 年版。
9. 邓泽国编著：《安防视频监控实训教程》，电子工业出版社 2015 年版。
10. 公安部政治部编：《警务实战基础训练教程》，群众出版社 2007 年版。
11. 罗光华：《警务急救实用教程》，中国政法大学出版社 2019 年版。
12. 湖南省人民检察院编：《司法警察岗位专用操作规程》，中国检察出版社 2016 年版。
13. 曾郁、周静茹主编：《治安管理实务》，中国政法大学出版社 2020 年版。
14. 最高人民法院政治部警务部编：《人民法院司法警察基础理论》，人民法院出版社 2015 年版。
15. 最高人民法院政治部警务部编：《人民法院司法警察警务实务》，人民法院出版社 2015 年版。
16. 王继平、金川主编：《人民法院司法警察理论与实务研究》，浙江工商大学出版社 2009 年版。
17. 李国军主编：《人民法院司法警察手册》，中国文化出版社 2012 年版。
18. 林岚、周静茹主编：《公共安全管理实务》，中国政法大学出版社 2014 年版。
19. 寇丽萍编著：《应对危机——突发事件与应急管理》，中国人民公安大学出版社 2013 年版。

20. 师宕编著：《司法警察必备》，海南出版社 2001 年版。
21. 金川：《法院执行研究》，吉林人民出版社 2003 年版。
22. 童付章主编：《法院执行实务》，中国政法大学出版社 2017 年版。
23. 齐霞、周静茹主编：《安全防范技术与应用》，中国政法大学出版社 2018 年版。
24. 王凌云、周静茹主编：《法院执行原理与实务》，中国政法大学出版社 2016 年版。
25. 黄素萍主编：《押解与看管实务》，中国政法大学出版社 2017 年版。